余生余记

支玉恒 著

山东城市出版传媒集团·济南出版社

图书在版编目（CIP）数据

余生余记 / 支玉恒著. —济南：济南出版社，2022.12

ISBN 978-7-5488-5040-3

Ⅰ.①余… Ⅱ.①支… Ⅲ.①小学语文课-教学研究-文集 Ⅳ.①G623.202-53

中国版本图书馆CIP数据核字（2022）第244449号

出 版 人	田俊林
责任编辑	朱　琦　代莹莹
责任校对	于　畅
装帧设计	胡大伟
出版发行	济南出版社
地　　址	济南市市中区二环南路1号（250002）
发行电话	（0531）86131729　86131746
	82924885　86131701
印　　刷	济南鲁艺彩印有限公司
版　　次	2022年12月第1版
印　　次	2023年1月第1次印刷
成品尺寸	148mm×210mm　32开
印　　张	13
字　　数	260千
定　　价	68.00元

（济南版图书，如有印装质量问题，请与印刷厂联系调换）

目录

沧桑，一种厚重而深刻的美 002
序 余生很长 005

第一部 感恩贵人

1 我的父亲、母亲 003
2 两位姐姐养育我们长大 007
3 我的领导兼老伴 009
4 工作最初的几位贵人 014
5 贾春，最普通的工人救了我儿的命 018
6 我叫她光璎大姐 022
7 可敬的底学峰老先生 025
8 深切怀念斯霞老师 029
9 杨再隋教授对我的严厉训诫和诚挚帮助 033
10 袁瑢老师是做人的榜样 037
11 陈琴，一座古典文学的宝库 042
12 圣洁睿智、特立独行的何金钟 045
13 把课讲到作者奶奶家 051
14 别人放弃，施茂枝先生毅然接过 056

第二部　岁月回眸

1 我童年时的儿童节……063
2 十二岁的街头宣传画"老师傅"……066
3 花前月下与白山黑水……069
4 结婚不易，离婚也不易……075
5 我可怜的两个妹妹……079
6 深坑救学生——有点后怕……085
7 我做过的一件"非好事"……088
8 "革命"年代的"革命"学生……091
9 脸皮厚也有好处……093
10 "短命"校长……096
11 为所去学校留言……100
12 病床上的打油诗……104
13 濒临死亡的回忆……109
14 水浒人物群像十二幅……112
15 自撰曲牌名仿"元曲"宋江自述……115

第三部　师友情长

1 偶然与必然……121
2 与支老师几千公里的缘……124
3 我与支玉恒老师（上）……126
4 我与支玉恒老师（下）……129
5 我和我的徒弟们（一）……133
6 我和我的徒弟们（二）……140

7 "冒死"为博士作序——爱在灵魂里 145

8 为学伟作"序"——"顽徒"张学伟 149

9 给杨修宝老师著作的序 152

10 一次有趣的当众对话 156

11 揭露支玉恒课堂的六大"罪状" 158

12 为支玉恒先生赋壮词以寄二首 161

13 挚友贾志敏 163

14 "遭遇"支玉恒 169

15 师友应和的打油诗 175

16 鼓励老师"抢占"房屋 178

17 我所"认识"的支老师 181

第四部 教育拾零

1 几点对语文教学最基础的认识 187

2 实实在在教语文 190

3 语言是最简洁有效的教学方式 193

4 不仅仅是教学 198

5 四步学诗词,读讲问品都让学生自己忙 201

6 有感于支玉恒老师的课堂"奖励" 203

7 玩玩逻辑 207

8 随手涂鸦 212

9 这也是文化 216

10 给大家介绍一位教研老将军(一) 219

11 给大家介绍一位教研老将军(二) 222

12 "作文教学"的课例一 226
13 "作文教学"的课例二 230
14 对话张学伟 235
15 努力培养学生的自信心一 238
16 努力培养学生的自信心二 241
17 努力培养学生的自信心三 244
18 在不经意间提高文化修养一 248
19 在不经意间提高文化修养二 250
20 在不经意间提高文化修养三 253
21 在不经意间提高文化修养四 256
22 在不经意间提高文化修养五 259
23 在不经意间提高文化修养六 262
24 在不经意间提高文化修养七 265
25 在不经意间提高文化修养八 267
26 运用读写新教法一 270
27 运用读写新教法二 274
28 运用读写新教法三 278
29 童年无忌趣事多 281
30 "异样课堂"课例一 285
31 "异样课堂"课例二 289
32 诸葛亮没话找话为哪般一 293
33 诸葛亮没话找话为哪般二 297
34 理解词句办法多之一 301
35 理解词句办法多之二 304
36 理解词句办法多之三 307

37 培养想象力三连缀之一..........310
38 培养想象力三连缀之二..........313
39 培养想象力三连缀之三..........318
40 又见支玉恒..........322
41 肚子里的东西消化了..........327
42 旁敲侧击更有效..........331
43 绣花鞋上有文章..........334
44 掐指一算错不了..........337
45 人的外貌可逆写..........340
46 学生看耍猴..........343

第五部　地方记趣

1 家乡有山可赐儿，有水则为水母宫..........351
2 西昌讲课看火箭发射..........355
3 中国著名石窟：龙门、云冈、大足、麦积山..........359
4 喀纳斯湖与中国魔鬼城..........364
5 克拉玛依的西瓜..........368
6 新疆喀什香妃墓..........371
7 喀什大巴扎，想买不着东西都难..........374
8 天山脊上羊肉串..........377
9 在汝州与武则天"同池"沐浴..........380
10 从大兴安岭到陈巴尔虎旗..........384
11 响沙湾，地球的音乐..........389
12 邯郸——古赵京都，疯狂产成语..........393
跋..........396

2008年深秋，游览长江三峡的途中

沧桑，一种厚重而深刻的美

——有感于支老师的一张照片

这是一幅随意抓拍的照片。照片中没有生机盎然的花花草草，镜头前的景致似乎缺少了鲜亮与光彩。但仔细品味，却不难发现这萧条单调中的沧桑与硬朗。浩荡的江水与解不开的迷雾，老人微皱的眉头与染霜的鬓发，再依托磅礴的山体、斑驳的岩石，更显出历史的蹉跎与厚重。

照片摄于 2008 年深秋，我随同支老师夫妇游览长江三峡的途中。照片上的老人便是小学语文界鼎鼎有名的大师——支玉恒老师。

他出生于 20 世纪 30 年代末，5 岁开始说话，30 岁才结婚，当过"反革命"，挨过批斗，蹲过牛棚……

他是大家公认的特级教师，虽然没有正式的"特级"证书。他当过校长，做过教研员，却在 54 岁，仅拿着一张身份证，背井离乡，南下广东，成为"教师打工族"中的一员……

他承受过那个时代的人经历的巨大压力。

  他是名师,却只有初中学历。他是小学语文界的泰斗级人物,但他毕业于体育学校,40岁以前一直是一位体育教师,后因身体原因不得不改教语文。为了练习写字,他用小楷毛笔写教案,批改作业,写教学论文,给学生写评语;为了练好朗读,他对着录音机读课文;他去低年级老师家中拜师学习汉语拼音;他听课的笔记本高达一尺多厚;他家里的藏书可以开个小型书店……他感受过一般教师无法理解的成长艰辛。

  他早已年逾古稀,却仍然活跃于讲坛。他迈着稳健的步伐行走于祖国的大江南北,除没到过西藏、澳门、台湾外,到过中国版图的每一个角落。他是一个患过脑梗、做过心脏搭桥手术的病人,他经历过一只脚踏入"阴曹地府"的生死考验。他一生坎坎坷坷,却坦坦荡荡。他一路走来,历尽沧桑,却为教坛吹来凉爽的风;他一路轻歌而过,却在不经意间为我们留下了一代宗师无为而治的厚重与深刻。人们都说支老师课里课外都有我们学不完的东西。我想,那便是经历了岁月的沧桑,酝酿沉淀的厚重与深刻吧。或许,在走过千山万水之后，我们也能达到那种境界。然而此刻，我为这一种沧桑而感动，内心充满由衷的敬意，无限的诗意亦随之弥漫开来……"路漫漫其修远兮"，谁又能说，大师微皱的眉头与斑斑白发，不是对不懈求索最美的诠释呢？

摄影、撰文 刘德莉
2008年，湖北宜昌大公桥小学

序 余生很长

徐俊

这是先生嘱我作的第二个序。再次受重托,我的心情不再是前一次为先生的文集作序《先生三立》时的惶恐和不安,而是一种莫名的沉重和悲凉。

先生这本书,取名《余生余记》。他耄耋之年,身患重病,刚被下过病危通知,出了医院便与我商量,说准备写这么一本书,还说这是自己的封笔之作了。这怎不让人心里一沉。

两个月前,先生突然查出患了重病,我们一众弟子便相约前往先生在威海的家中看望先生。我们"讳疾忌病",谁也不敢提及先生的病情,先生自己倒是轻描淡写,似乎是在说别人的事。先生的坦然让我们好生心疼。那两日,先生还与我们座谈了许久,临别时,夜色中,先生与我们一一拥别后,在楼下久久伫立,目送我们。弟子们谁也不敢回头,我们害怕看见夜色中先生瘦削的身影,我们生怕忍不住落泪。

先生这一生,过得着实不容易。自小罹患各种重病急症，一辈子至今被下过近十次病危通知。饶是如此，先生依旧热爱生活，每每谈起这些常人想都不敢想的经历，总是谈笑风生。

先生这一生，虽然坎坷，但成就却非常人可及。一个踢了半辈子足球、做了十九年体育教师的人，四十岁改行教语文，却以"门外汉"的身份在全国小语界刮起了四场"支玉恒旋风"，引发了三场全国性的大讨论，留下了百多堂堪称典范的课例，出版了数十本教育教学专著和不少音像专辑。

先生这一生，著作等身，成就卓越，其人却非常豁达、洒脱。在全国小语界公认的"四大名师"中，先生是唯一一个既不是特级教师，也不是劳动模范，更没有官方给予的荣誉称号的名师。但这丝毫不影响先生对语文的挚爱。先生一辈子讲课一千多场，受众数十万，足迹遍布全国二百多个城市，桃李满天下。八十三岁这年，还执教了两堂全新的公开课。先生说，只要老师们有需要，但凡他还能走得动，他很愿意多给大家上上课。

先生病后，我们担心他的身体，劝他多休息，不要再写作了。先生却说，他喜欢语文，他喜欢写作，写作是一种享受，写作让他觉得很充实。我知道，语文和教育，上课和写作，已经成为融入先生骨血的生命存在。如果不让先生想着语文的事，不让先生上上课，不让先生写写文章，先生的身和心恐怕早就支撑不住了。先生为此书拟名《余生余记》，说这是他的封笔之作时，让人愈感悲凉。

先生给这本书拟就了这样的提纲：感恩贵人、岁月回眸、师友情长、教育拾零、地方记趣。这些内容，都是以前未曾发表，也未曾收入先生的文集的。先生的意思，这些文章，和教育教学直接关联不多，主要内容是教育教学以外的，这一辈子遇见的贵人、走过的地方、经历的趣事等那些平凡、坎坷又难以忘却的人生过往。

  拜读先生的文稿，我看到的不再是语文教学泰斗的形象，而是饱经岁月又亲切和蔼的老父亲的形象。先生说，希望在今年十二月二十七日，生日前，能见到这本书正式出版。我真希望这个时间先生还在写稿子，而且还有很多没写完。我还希望，这本书先生一直写下去，我们便能时常在电话里沟通、分享其中的乐趣。

  余生很长，先生，这本《余生余记》，您慢慢记，我们慢慢读，真的挺好的。

2022 年 9 月 1 日于杭州栖心斋中

第一部 感恩贵人

1 我的父亲、母亲

我的家乡是塞北张家口。

父母共养育我们七个子女。我有两个姐姐、两个妹妹、两个弟弟,可以说是个大家庭。父亲先是从商,后来同友人一起集资建了张家口第一家电影院,名为庆泉。中华人民共和国成立后电影院被收归国有,改为民主影院,父亲继续在影院任职,直到 1959 年 5 月。父亲因心脏病去世,年仅 58 岁。我 1959 年 7 月初中毕业,父亲没有享受我哪怕一天的供养。父亲并没有留下任何遗产,但是我遗传了父亲的心脏病。我丝毫没有抱怨,因为父亲这一生也不易,尤其是后期。父亲有点胖,当时人们都很羡慕,纷纷夸赞"富态"!但其中苦楚只

我的父亲、母亲

有父亲自己心里知道。他血压高,血脂高,血管栓塞,到最后,为了维持家庭生活,只能拄着拐杖,每天从桥西区的家,一瘸一拐,蹒跚走到远在桥东区的电影院,晚上散了最后一场电影,再同样艰难走回家,那可是摸着黑往前挪啊!走到街门口,已无力敲响门让院子里的家人听到,只能用拐杖敲得声音大一点。我在纪念父母的相册上,对父亲写了这样简单的一段话:"父名兆连,字璧城(1900—1959),看似慵怠,实则一生劳碌,却安对清寒。性情平和,无嗜无癖。不及花甲,乘鹤而去。未享儿子一日敬奉。哀哉!"

父亲的"名"和"字"大有深意,"兆连"是财富多上加多,是爷爷奶奶的企盼。它与"字"中的"璧城"二字,有着内涵上的紧密联系,而且与几千年前的历史事件密不可分——蔺相如和氏"璧"换十五"城"!可惜父亲让老一辈人失望了。

我贡献给母亲的几句话是:"母乔惠珍(1910—1995),生于贫家,童养做媳,持家勤俭,教子严格。人品端正,性情刚直,意志坚强。晚期病重卧床,未闻呻吟,直至寂然长辞。老母安息,儿孙永铭。"我的性格大多继承了母亲。因此我这一生也是性情耿直,不会谄媚讨好,不会见风使舵,不会欺辱弱者。我给自己立下的座右铭是"善待他人,不受委屈"。

我少年时性情顽劣,常被母亲严责,父亲却没有一句责怪,这好像违背了一般家庭的规律。说实话,正因如此,我才对母亲的记忆和挚爱更加深刻,受到的熏陶和影响也更大。母亲弥留时期,我正在广东,接信后我连夜赶回家乡。母亲已半昏迷多日。弟妹们说母亲天天无意识地叨念："你大哥回来没有？"我失声痛哭，以致摔倒在地。我带回来荔枝、芒果，母亲只勉强吞下去小指尖大小的一块芒果。母亲尿急了，但她动不了，为了避免再次尿湿被褥，母亲指定我给她把尿。我把母亲抱在怀里，把起两腿，母亲身体轻得好像没有重量，我的眼泪混合着她稀少的尿液，掉到一个盆子里，我不由得想到，这也许就是血脉的融合吧！也是我对母亲的"羔羊跪乳"吧。把完尿，如果没有两个妹妹的帮助，我已经没力气把母亲放回到原来的褥子上。

母亲还是走了。我给母亲写了一副挽联：

昨日膝下相拥，受教受爱本愿永聆尊训；
今朝仙山独去，痛思痛念何得再睹慈颜。

还写了讣告贴在门前：

先高堂乔氏惠珍，祖籍宣化。生于庚戌年八月初八。因病医治无效，于乙亥年五月十一日（一九九五年六月八日）辞世。享年八十五岁。

先母生性爽直，一生耿介，图强慈爱，勤劳俭朴，饱经世事磨难。养儿育女，历尽人间沧桑。上天不负，人间造化，至老四世同堂，儿孝女贤，媳婿敬重，孙甥承欢。

今老母含笑九泉，后辈痛惜。

此告上敬苍天，下慰小辈，愿老母荫泽后世，福源不绝。

呜呼！老母安息。

孝子女：玉春、前镜、玉凤、玉恒、珍翔、玉洁、玉田、玉敏、学孟、玉峰

公元一九九五年六月八日

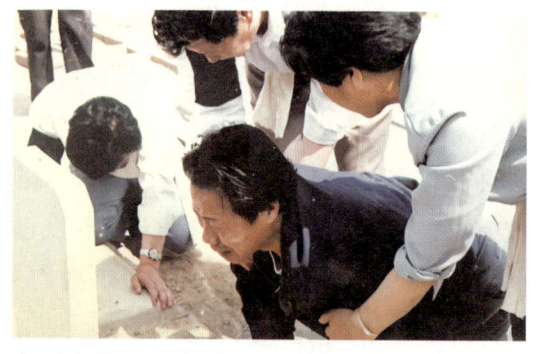

与母亲做最后告别

我给母亲买了一块坟地，葬礼那天，我作为长子，双手捧着骨灰盒，轻轻稳稳地放进墓穴，把母亲留在世上最后一点物质，寄存在她眷恋的大地里。我哭得站不起来，三个人连搀带抱才把我拖起来。

母亲走了，但母亲的精神光照，永远亮在我的心中。

感恩生我养我的父母亲大人！

2 两位姐姐养育我们长大

大姐和二姐,没念几年书,很早就离开家去谋求工作。目的只有一个:挣钱帮助父亲养家。她们工资本就菲薄,发了工资只留下自己的必需,剩下的全部寄给母亲,养活四个弟和妹。就这样,一直寄了十多年,直到弟和妹都有了工作。应该说没有两个姐,就没有这个完整的家。

大姐的工作在离张家口 100 公里左右的官厅水库。自那以后,她就成了水利部的人。全国哪里建水库,大姐就跟着到哪里。我曾去过她在成都的家。大姐异常聪明,文化底子不厚,却自学成了国家认可的主治医生。大姐在弟、妹中,最看好的就是我,她喜欢我的秉性,她的两个女儿与

大姐(左)二姐(右)

两位姐姐在官厅水库岸边小憩

我的感情也极好。我每到成都讲课都要去她家里看望她,感谢她的养教之恩。如今大姐已经 90 多岁了,衷心祝福她长寿永康!

二姐脾气温顺,但性格稍显软弱。二姐从初级师范学校毕业后,被分配到山西省广灵县当小学教师。当时交通不便,只能雇驴车赶路。走了一天,又遇到河流阻隔。没有舟船,只能靠"背河人"背着过河。背河人过来了,赤身露体,一丝不挂。十六七岁的二姐吓坏了,赶紧躲到赶驴人身边,嚷着要返回张家口。赶驴人答应了,又走了一天才回到了家。她要去找大姐,于是也跟着建水库的团队去了许多地方。后来结婚生了一双子女。

二姐"学历"比大姐高一些,她钟情文学,酷爱读书。她读过的书也许比我还多。诗词歌赋、小说散文、史地文化、人物传记、社会生活……她的床头经常放着几本书,百看不厌。年老后,因家庭突变,她终日内心抑郁,日见萎靡,过了几年委屈而逝。唉!选错了人,最终辜负了自己的前半生。

感恩我的两位姐姐,永志不忘!

3 我的领导兼老伴

由于在"文革"中,我被打成"现行反革命",所以30岁才成了家。

我的老伴名叫郭珍翔,雅号"锅真香"(由我命名),因为她善于做出不同一般的美味家常饭。

老伴最拿手的是烙馅饼。皮薄馅大、油花闪烁,咬一口,满嘴香。东西南北,很多到过我家的朋友都吃过。成都的青年特级教师王莉一口气吃了五张,手揉着肚子说:"还想吃!"我的徒弟张学伟略逊一筹,吃了四张半,迄今为止,他仍旧是亚军。但是,我可给他们一笔一笔都记着账呢!延期不还,准备收取高额"滞纳金"。

老伴擀面条也是一绝。她特别注意和面、擀面、切面、打卤四个环节。面条出锅、浇汁后,又长又韧,细若火柴棍,不粘不坨,顺滑爽口。1999年,我在广东过60岁生日,几乎全校的老师都到我家吃了长寿面。广东人不爱吃面条，但那些老师吃完一碗还要一碗。有些老师竟然要求带点生面条回家自己煮着吃。我满足了这一要求，但我担心，面条放置时间长了，会变软粘连，另外时间、火候他们掌握不好，卤汤、配菜也不会做，恐怕煮熟后成了一锅面条糊糊粥！

还要提一下的是，她会推莜面窝窝。她把一小块和好的莜面，用手掌根部在案子上推成薄片，然后用食指挑起来，再一转一抖，就卷成了一个小小的莜面圆筒儿。一排排的圆筒儿整齐竖立地码在笼屉里。一寸左右高，齐刷刷地立着，像是蜂窝，所以叫莜面窝窝。蘸上口蘑炖肉末儿，那是端起碗来就不想放下了。更让我惊喜的是，她现在"人到古稀脑洞开，发明创造随手来"。她把苹果、红枣、豆类、谷类、药材，一起放入打浆机，粉碎后变成了浓郁可口的"多味浆"，喝一口芳香满口，舒爽全身。

老伴今年也快80岁了，身体还好。去医院查查，凡是有指标的项目都正常，如

老伴做的莜面窝窝（上）
莜面小鱼（下）

转氨酶、肝功、肾功、血压、血脂、血糖等；凡是没有指标的都一塌糊涂。单说脊椎，从颈椎、胸椎、到腰椎，到尾巴尖，都有毛病。特别是腰椎，不但椎间盘突出，椎管狭窄，还有囊肿，压迫神经从坐骨到脚后跟都疼，睡觉也疼，十分缠人，却没有好办法治疗。贴膏药管点事，又因皮肤过敏不能用。幸好我们有个好心的邻居，邻居的女儿在国外工作，不断地送来膏药，老伴贴上不过敏了，但总靠人家赠送也不是办法。

现在老伴想开了，每星期去做两次按摩和推拿，花点钱倒是心里安然。有一种针剂叫"骨密达"，专治骨质疏松，一年注射一次，3400元，但医院里都不进这种药，每次注射得先和医院联系，申请进药。前两年已经注射了两次，这几天正在申请，已经半个多月了，还没有申请到。这种病要不了命，但是非常折磨人。

因为老伴腰腿疼痛，坐也坐不了半个小时。有时她和儿孙们玩一会儿牌，就得起来站一站，走一走。这就让孩子们提高警惕了，开玩笑说是站起来想偷看他们的牌。坐飞机总是要靠过道坐，坐一会儿就得起来在过道上前后走动走动。这又引起了空姐的注意，以为这个女人有什么不轨图谋，就上来盘问。看来没有什么小嫌疑，空姐就在最后排给她调整了一排三个空座，让她躺一躺。有人劝她多活动。她就开始去跳广场舞。说来也怪，这样反而比静养舒服，从此就欲罢不能了。那几年每天晚上，我开车送她去海边广场，跳完再带她回家。看她随着音乐伸伸胳膊蹬蹬腿，扭扭屁股展展腰，还蛮有韵致。她的"舞技"进步神速，不久就成了广场"领袖",被推举站在最前排领舞。但好景不长,过了一年多,因为腰痛加重就自动往后挪位了。到现在每天还去,但只能站在最后排充充样子了。可怜啊!就因为身体条件不允许,跳跳舞活动活动也不成了。可叹啊,但也无奈!可见天下事,事事不由人。

老伴文化程度不太高,但她很爱阅读,领悟力也颇高,往往出口就是成语。多年来,她跟我一起走遍了大半个中国,东到上海、江浙,西到西安、四川,北到哈尔滨、牡丹江,南到昆明、三亚。她很高兴,每每在电视中看到介绍一些名胜古迹,就会喃喃自语:"这儿,我去过,这儿我也去过!"喜不自胜。这也算是我带给她的一些安慰吧!

老伴很聪明。她会说很多奇妙的歇后语(张家口方言叫作"俏皮话"),有不少还是她独创的,张口就来:

照着镜子咧着嘴——自己觉着自己美!

见了丈母娘叫大嫂——没话找话!

老伴教我识字

耗子掉到面缸里——翻白眼!

毛驴钻进草垛里——舒服死了!

砂锅里煮驴头——半边软了,半边还硬着!(讽刺不认输)(在她口里,毛驴怎么这么倒霉!)

下雨天做个梦——闲着也是闲着!

行了,不说了,举不胜举,不胜枚举!

要说老伴对我、对别人的关心,那真是无微不至,但我无法再说下去了——否则,将是一篇几万字的长篇小说。

但最初在极其困难的生活里也有许多快乐和向往。这个家,孕育了两个子女,也孕育了新的希望。

感恩陪伴我一生的老伴!

4 工作最初的几位贵人

第一位要讲的是我初教语文时的校长刘树勋先生。这位刘校长高个子，黑脸庞，表情严肃，酷爱听课。但他听课有一个特点：把他那块时刻揣在怀里的大怀表拿出来，在表盘玻璃上画上下课时间的记号，放在桌角上，听课听到不满意的地方，他就不由自主地咳嗽几声。那就表明下课后饶不了你。他经常听我的课，我经常被他训斥，也经常得到他"严肃"的表扬。因为他特爱听我上课，我就多得了他许多的咳嗽声。我就在这咳嗽声中，快速地进步着。因此可以说，我的语文教学初期就是在这"吭吭"的短咳声中锻炼出来的。

还有一位区教育局长刘淑贤，为人特别和气，听课时，老师讲得好了，她就绽开了满面笑容。下课后，肯定有一番清风扑面的微笑，不断的啧啧称赞声送入你耳道的最深处。也因此，我得到了刘局长许多美丽的笑。

我受邀回张家口讲课，特意请30年前培养我的两位局长刘淑贤（左2）、刘树勋（右2）共进晚餐。

这有点凶凶的咳嗽声和柔柔的微笑，或许是我前进的动力。2007年，我应邀回家乡张家口讲课。我特意邀请了这两位已经年逾古稀、白发苍苍的老人来听课。下课后，我对二老说："看见你们一位笑得比年轻时还灿烂，另一位也没有再咳嗽，我就知道您二老对我今天的课还算满意。"二老频频点头微笑，招呼我快些坐下。我平时几乎滴酒不沾，但是在吃饭时，我还是满满地敬了不再咳嗽的校长三小杯酒，"微笑女局长"不能喝酒，我敬了她一杯茶，深深地鞠了一个躬。这是为了报答30多年前，他们推着、喊着、扶着我走上了这一生的路。

还有一位叫李德善的老师，他是当时张家口地区教研室

李德善，时任张家口教育学院教务长

的主任。此人相貌堂堂，才华横溢，擅长文学与语文教学。他出口成章，对教材的理解迅速而深入，又能清晰明了地讲给大家听。他对我影响最大的，就是使我看到了语文教学的"天花板"，激起了我努力追求语文教学理想境界的欲望和行动力量。没有他，可以说就没有我后来对语文教学的热爱，以及对语文教学所具有的特殊嗅觉。他曾亲自给小学生去上课，被一位局长斥为"臭显"（张家口方言，意即显示自己而发臭）。对这些讽刺挖苦，他只是嗤之以鼻，他有他的正气与傲气！李德善主任当时专门带领我和张家口几位优秀的语文教师，组成了一个"特别研究小组"（好像"教研别动队"），经常定期或不定期地一起讨论教学问题，组织编写了《小学语文教材分析和教学建议》四册，共75万多字，其中还特别收录了全国小语教学研究会第一任会长袁微子先生的几篇关于小学语文教学的学术报告，还编写了28万多字的《小学生作文评析》。我们经常互相听课切磋，举办教学研究会，等等。我就是在这样的磨炼中一步步向前走，一直走出了张家口，走出了河北省。

回忆起来我们这个"教研别动队"，主要由韩凤山、孙林格、赵光永、李爱兰和我几个人组成。当时这几位老师也对我有过许多帮助和激励,也应该说是我的贵人。但由于每个人的抱负不同、境遇不同、心性不同,最后少有联系。有的评为特级教师后,连本校内的公开课也不讲了,从此逐步默默无闻。有的一心要扑上领导岗位,废弃了才华横溢的语文教学。我深深地为他们扼腕叹息——他们没用自己最杰出的才华,为社会做出更大的贡献。

感恩最早给予我帮助与信任的乡亲!

5 贾春，最普通的工人救了我儿的命

20世纪70年代中期，正是我贫病交加、生活窘迫的时候。当时我月工资31.5元，老伴20多元。月月不够用，只能从学校工会办的互助小组提前借贷，下个月从工资中扣除。最少的一次月工资扣款后，只领到14.5元。我当时因为十二指肠溃疡，严重贫血在家长休。每天早晨老伴带上饭盒和一把小米去上班，并在单位厨房的蒸箱里，把小米饭蒸好，中午带回家。我则在家中买上2分钱菠菜煮成汤。小米饭加菠菜汤，这就我们每天雷打不动的"午餐"。"屋漏偏逢连夜雨"，两个孩子又同时得病住院。女儿患的是痢疾，还不算大问题，刚刚两三岁的小儿子却患了严重的佝偻病。看起来脑袋挺大，脖子很细，浑身没有多少血色，几乎是一张皮包着一身嶙峋的瘦骨。前胸正中有一个拳头大的坑，医生说这是"漏斗胸"，典型的缺乏营养的

症状。双手抱起他来,头和双臂顺着我的左手向下垂,两腿从我的右臂往下垂。医生想了许多办法不见好转,只能天天输液。手上脚上已经无处可扎针,只好在孩子布满抬头纹的前额上找地方扎针输液。我和他妈妈看着病态垂危的孩子,心中长痛,眼泪长流。住了近半个月医院,完全看不到希望。我们要求出院到北京去治疗。但当时进京看病,必须有省级医院开具的转院证明。这样的病孩子,带到石家庄再带到北京,辗转千公里,他还是个活人吗!我要强行出院,只好与医院签订了"自行出院,医院不承担任何后果"的协议。至于省级证明,我相信孩子本身就是证明。万一在北京儿童医院,碰不到一位肯给孩子治病的医生,我们也认命!就这样我们把孩子抱回家,准备去北京碰运气。

但是我们在急切中忽略了一个最大的问题。钱!哪里有钱?我家、母亲家、岳母家、亲戚家、朋友家,在那个困难时期,谁家能拿出这一笔钱?

还好,天无绝人之路!邻居贾春是一个20来岁的机床厂工人。小贾平时常来我家坐坐,很喜欢和我谈天说地,他说和我聊天帮他长知识。他也很喜爱我这个小儿子,常常抱他到街门口站站,还弯着腰牵着他的小手走走。小家伙老爱捏捏小贾的脸蛋,两个傻小子,一块儿傻笑。

这天小贾看到了他惨不忍睹的小朋友,两眼湿润了。他知道了情况后,转身走了,须臾又回来把一个存折塞给我说:"里面有200元,给孩子去看病!"我想推辞,又不能推辞,不敢推辞,更不忍推辞。

我知道小贾有点钱。他是家中长子，岁数也够了，全家人帮他攒钱娶媳妇。他果断地拿出这些钱给我儿子看病，这是多么艰难的选择，多么坚定的决心，又是多么大的恩情！

第二天我们起程进京，好在只有200公里，下火车后立即坐车奔向复兴门北京儿童医院。我们没有挂号，直接抱着孩子找到一间人少的诊室，我急急忙忙把孩子抱给医生看，而且急切地问："大夫，这孩子还有救吗？"我这样做、这样说，都是为了避免医生询问有没有那些手续，给医生造成"这孩子危险"的先入为主的印象。果然，医生细看了一下孩子的病情，说："怎么这个样子了才送来医院？"话语中含着心急和埋怨。我赶紧诚恳地说："我们不是北京人，也没有省里的转院证明。"医生愣了一下，说："孩子都这样了要什么证明？这孩子我接下啦！"我们夫妇流着泪向这位医生深深地鞠躬，口中抽咽却说不清楚"谢谢"两个字。

我们夫妇在医院附近租了一个地下室中隔出来的小包间，有一张简陋的单人床。白天，老伴休息，我在医院陪护小家伙，买点蛋糕、饼干、熟肉什么的给他吃；晚上老伴来陪孩子，我去"小单间"睡觉。半个月熬过去了，孩子已有明显好转。软骨病一下子治不好，需要长期保养恢复，但消化系统、呼吸系统的并发症都治好了，整个身体的状况、精气神都与之前截然不同。医生说可以出院了，回去还要小心呵护，增加营养，能吃胖一点，体质增强了，软骨病也不难消除。我们谢过这位善良、正义的医生，打道回府。

在北京看病总共花了300元出头。小贾的200元我们有

10元还10元，有5元还5元，小贾从来没说什么，反而给他的小朋友买了不少好吃的、好玩的。他还劝我们不要着急，说自己的丈母娘，还不知道生下闺女没有呢！这200元我们节衣缩食，一直还了两年才还清。

多年后，我们的生活宽松了，小贾却双腿生病，不能走路，因而下岗了，生活很困难。我们多次资助他。我还带着长大后的小家伙，去看望他的救命恩人，嘱咐他要牢记这份恩情。

感恩贾春，我儿子的救命恩人。

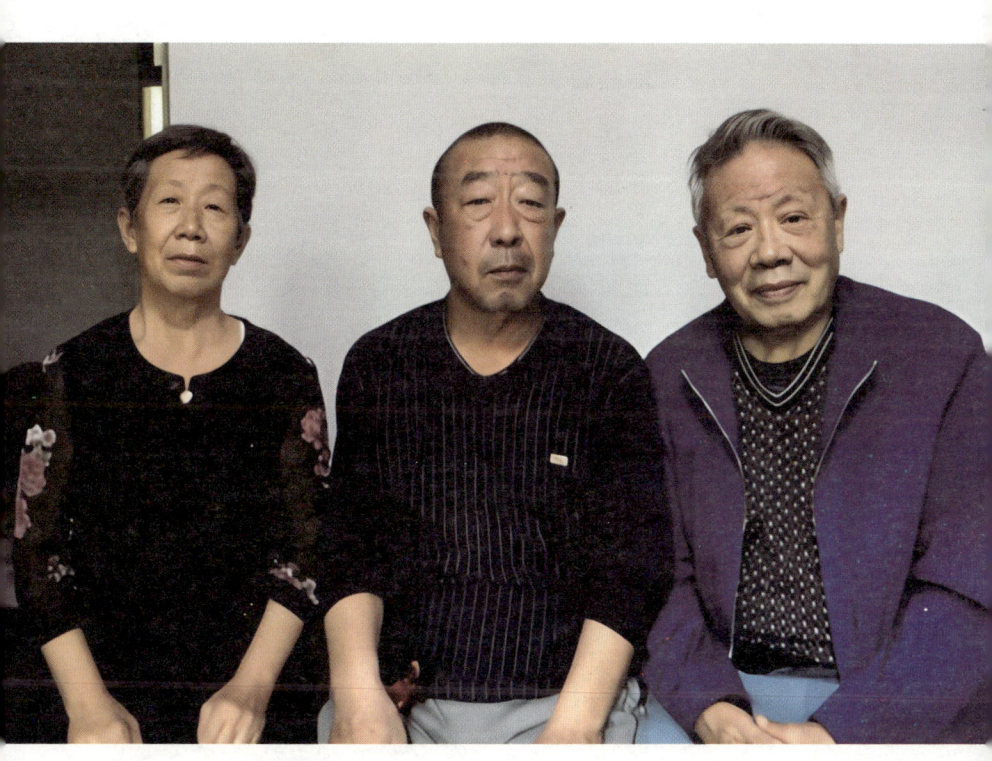

救命恩人贾春和他的妻子

6 我叫她光璎大姐

张光璎老师是住在北京、在北京教育岗位上工作了一辈子的著名的特级教师。她为人宽厚刚直，极其乐于助人，所以有很多人都称她为光璎大姐。我的教学曾得她多次耐心指导。我教语文初期，有一段为教学水平裹足不前忧心忡忡，她给我题字"天下本无事，庸人自扰之"，使我放下包袱奋起直追。她写的字遒劲有力，有一位大学的老师曾夸她"光璎字有骨，一扫女儿风"。她是中国民主促进会（简称"民进"）的中央委员。现在她已经80多岁了，依然精神矍铄，反应迅速，所以依然指导着很多老师的教学。

我第一次见到她，是在"文革"结束不久的20世纪80年代初。那一次她是受北京市教委委派到张家口讲课的（随行还有位男老师，但想不起姓名了）。由于我当时刚刚改教语文不久，一切都是从头学起，也没有资格和张老师单独接触，只是如饥似渴地坐在礼堂中倾听张老师的讲课和报告。虽仅如此，也真如醍醐灌顶，脑洞大开。她那优雅的、略带南方口音的讲话，不但振动着我的耳鼓，也深深地震动着我的心弦。从此，我立下了要当一个像张老师那样的语文教师的志向，并为此不懈努力。

1985年夏，国家教委举办"全国小学教育研究班"。全国各省、自治区、直辖市各推荐几名人员参加。我是河北省教委推荐去的。在北京，我有机会又见到张光璎老师。她邀我去她的学校（右安门一小）讲课，面对面地接受了她的指导和帮助。时隔不久，她又邀我去讲课，我讲的是《飞夺泸定桥》。这次她还请了北京市的一些教研员和老师去听课。张老师的妹妹张光珞（海淀区教研室主任）也带了人去听课。讲完课张光珞老师没有让我就地吃饭，开车拉着我去了海淀区。我们在海淀区吃了饭，下午我就在海淀区的花园小学又讲了一遍《飞夺泸定桥》。而且我还根据上午讲的情况，增加了阅读和表达训练，一口气上了三节课。听课的几百位老师给了我热烈的掌声。我知道我讲课进步了，这也得感谢张老师姐妹。自此，北京市的学校就不断地请我讲课。有一次，洛阳市教研室的老师到北京海淀去学习，海淀教研室给他们播放了我讲的《飞夺泸定桥》。后来这些洛阳的老师就到处打听我的联系方式，我就又在洛阳讲了好几次课。所以说，北京是我走向全国的开始，而张光璎老师是这一切的开创者。

1987年，我被任命为张家口市桥东实验小学的校长。我想把这个新校名在校门口的墙上做成浮雕。于是又想到了张光璎老师。她是民进的中央委员，我是民进会员做了校长。我想请张老师带着我去民进中央，请赵朴初先生（民进中央

在北京讲课后张老师特意来看望我

主席)或是启功先生给题写个校名(人们都说我胆大妄为,不知天高地厚)。到了民进中央,负责的人很亲切地接待了我们,说:"题几个字没问题,可惜现在赵朴初主席在国外,启功老生病了。能不能由民进中央副主席葛志成老给您题写?"我马上答应了。于是由葛老题写的校名终于镶嵌在我们的校门口。

这之后,我和张老师始终没有断了联系。她从做人、做事、教育、教学、待人接物各方面都毫不保留地支持、鼓励、鞭策我不断努力。就在前不久,北京丰台教科院的马洪波先生请我去北京讲课。张光璎老师还特意从很远过来看我。我们执手叙话,共进晚餐。张老师还鼓励我老骥伏枥,也嘱咐我年事已高,注重保养。

回忆20世纪八九十年代,张光璎老师始终是我的一位导师,我在教学上稍有一点疑惑,就拨这位大姐的电话求助。多年来的求教,使我在教学中路子越走越宽,越走越顺,到1989年,走到成都讲了《第一场雪》,一直走到今天,而且还要继续走下去!

感恩光璎大姐给予我最早的光照!

7 可敬的底学峰老先生

底学峰老先生是原洛阳市西工区教研室的一位教研员。他高高的个子,浑身清瘦,脸上皱纹不少,一笑,脸上像开了一朵菊花。他生性严肃,但又诙谐开朗,真是一个怪老头儿。

西工区教研室是一个团结务实的集体,主任叫谢学仁,勤恳和善。从1978年到

在洛阳讲课后与底先生在王城公园

1989年，教研室连续请我到洛阳，讲了近20场课和讲座。1989年，我去成都讲《第一场雪》之前正在洛阳，还是教研室的老师送我到车站，奔赴成都的。我每一次去洛阳，底老先生总请我和教研室的老师到他家吃饭。他家住一个小院，一排平房。底老先生酷爱信鸽，养了一群。每次去吃饭，他都含着泪坚持要宰一只鸽子做菜，弄得我们也心中不忍。这11次去洛阳，除去讲课，教研室的老师带我游览了洛阳及周边的风景名胜，如闻名天下的龙门石窟、关林、白马寺、白园（白居易墓）、古墓博物馆等，还开车去了两次少林寺。这样常来常往，我们相处得非常亲密，无话不说，还经常开一些善意的玩笑。大家都管副主任李金茹叫"李鸿章"；管教研员白六成（后来当了西工区教育局长）叫"白崇禧"；底老先生年纪大，学识渊博，对教学研究有深入、独特的见解，所以他虽不是教研室的领导，但在研究教学或策划活动时，往往开口能定夺，成了工作安排的决定者，连主任们也听他的，所以大家叫他"地头蛇"。常去和我们研究、聊天、帮忙工作的还有张相文和彭巧长两位校长，以及学习认真、力求上进的张丽霞老师（后来当了教研室主任）。张相文校长还是我们到底老先生家中聚餐时的掌勺大厨。

20世纪80年代末90年代初，我当时在张家口当校长，我联系了北京南口的徐永德校长和洛阳西工区教研室，召开了四次"京张洛三校教学交流联谊会"，其中有两次是在洛阳召开的。第一次我正好得了脑血栓住院，就安排几位老师（其中包括两位讲课的老师）去洛阳参加了联谊会。底老师非常惦记地仔细询问了我的病情和诊疗情况。他们在吃饭时，底老先生举杯领着全体老师祝福我早日恢复健康，大家都干了杯。会后，底老先生就让我去洛阳治病，说他认识一位住在乡下的宿医，专门治疗各种重症。我听从了安排，由女儿陪同去了洛阳。底老先生拉着我的手问长问短，关切焦忧之情溢于言表。他说在洛阳的食宿费用和医疗费一律不用我操心。我再三推辞，底老先生就是不允。第二天，他就托人借了一部汽车准备下乡求医，底老先生、彭巧长校长还有两位老师一路护送。宿医住的乡下，路很远，乡间公路也不好走，一路颠簸，天又下着大雨。不顺的是，车陷在一个泥泞的大坑中，怎么也开不出去。大家到旁边的麦田里，抱来不少麦秸捆垫在车轮下，但还是车轮飞转，车不前行。没办法，大家就去车后合力推车。最后车是开出来了，但大家满身都被雨淋透，还溅满了污泥。顾不上清理，大家赶紧上车继续前行。到了宿医家，医生给我号了脉，仔细观察了我的眼睛、舌底，给我施了针灸，开了药方。告别了宿医，天色已经不早了，大家只能在乡村野店吃了一些面条，匆匆赶上归程。果然神医圣手，不几天我的病就大为好转，以至痊愈。直到今天，我想起大家满身泥浆却笑脸相迎的情景，心中还会涌起一阵阵热流。

1993—2000年，我去了广东。因为所在单位的人事管理办法，一直没有机会再见到底老先生，但通信或电话一直不曾中断。

2005年，我携家人去武汉讲课，听说底老先生染病在床，讲课后特意取道洛阳去看望他老人家。底老先生正躺在医院走廊的临时病床上。我坐在病床边与他执手相叙，盼他尽快恢复健康。

2010年9月21日，我在威海突然接到底老先生女儿的电话。她哽咽地告诉我，她父亲已经去世了。我听了像五雷轰顶，胸间一下子紧紧收缩疼痛，情不自禁地失声痛哭……我在家中给底老先生烧了纸，烧了香，给他老伴寄去了一些钱。三十年的老朋友就这样一去不复返了。

后来，我去了洛阳，本打算到他墓前磕头，但他老伴也已随他去了，大家担心我的身体心情承受不了（毕竟也已经70多岁了），极力劝阻，就没有成行。临走，我给老先生留下八句话：

> 七八洛城初相见，
> 十年十度相聚欢。
> 促膝谈教求共识，
> 执手游城赏牡丹。
> 白园走过不胜酒，
> 龙门去后难成眠。
> 今朝再来先生故，
> 焚香叩首泪流干。

今天回忆到此，我又已经满眼模糊……写不下去了……感恩学峰先生给予我珍贵的友谊！

8 深切怀念斯霞老师

我与斯霞老师的第一次见面,是1984年在广西南宁召开的全国小学语文教学研究会年会上。

有一天下午,我到南京市参会代表的驻地看望她老人家。那年她已72岁,但看上去也就是50多岁的样子。她亲切和蔼,很健谈。她高兴地接待了我,问了我的家乡、年龄和一般情况。谈到生活,她说自己年纪大了,没有别的嗜好,吃饭也是稀的软的为主,爱喝各种米粥。

后来和我聊的主要是教学的事。我告诉老人家,在家乡曾看过她老人家讲课的电影。斯老师说:"我的文化基础不很高,讲不出什么好课来。"我听了哑口无言。因为这么谦和的人我还是第一次遇到,使我不知所措。我向斯老师汇报了我的教学工作,也请教了不少问题。斯老师鼓励我继续努力,并且不厌其烦地给我指点迷津。我怕过分打扰老人家休息，就告别要走，斯老师还主动提议互留电话（那时还没有手机，都留的是家庭座机），并且嘱我经常联系。我记下了斯老师的通信地址，回到张家口后就给斯老师寄去一些北方的好小米，熬粥最好了。

和斯老师分别后，我还经常与她老人家联系，但因一南一北相隔千里，始终没有再见面。直到20世纪90年代末，才有了机会。

大概是1999年，上海市举行了一次教研会，邀请我去讲课。年届90岁的斯老师也参加了这次会议。我那次讲的是《太阳》，可能讲得还算成功。吃完晚饭，斯老师拉着我坐在宾馆大厅的椅子上，一通惊叹表扬。她说她从来没有听过这样的课，用了那么多从来没有人用过的方法。周围还有不少人也凑过来听斯老师说话，弄得我非常不好意思，有点激动得无地自容。

我壮着胆子请斯老师到广东顺德去参加我们学校举办的一个会议（我当时在顺德的一个学校任职）。没想到斯老师未加考虑，开口就答应了。旁边围观的上海市的一个领导诧异地说："斯老师，您不是已经不再答应外地的邀请了吗？这次我们请您到上海来，再三邀请您才应允，为什么支老师一开口，您就毫不犹豫地答应了？"斯老师只回答了一句话："我想去听支老师讲课。"人们再不吭声了。我又对斯老师说："您去了什么也不用讲，只听一下我们的课就行。请您的女儿陪您去照顾您。您去了，我们的老师亲眼看到您，就是他们的福气。"

有一天，我和一些老师到街上看夜景，回到宾馆已经22点多了。在走廊上我看见斯霞老师在踱来踱去，走廊里灯光不太亮，只有斯老师一个人。我很奇怪，就问："斯老师，您怎么还不去休息？"斯老师悄声说："和我同屋的老师还没睡着，我今天有点咳嗽，怕影响老师睡觉。"听了这样的回答，我无语，心里只有深深的感动。

我们要派专人到南京去接斯老师赴粤，但她执意不肯，说有女儿陪着就万无一失了（女儿是医生）。

2000年，顺德的会议召开了。那次会议我们还请了袁瑢老师、杨再隋教授、贾志敏老师一起参加。广东省教育厅厅长本来答应要出席我们会议的开幕式，但临时要去开更重要的会，就特派省教育厅办公室主任代他来参会。

广东的人们都说这次会议，是顺德市有史以来规格最高、规模最大的一次教育会。会上我讲了《高粱情》。讲课前，我让同学们提前给斯老师唱生日歌，祝贺斯老师90寿辰（离斯老师生日还有几天）。斯老师在参会时，每天一直坐在台下听课，一听就是一天。斯老师这样的精神，使参会的老师们看到了一代尊师的高风亮节，心中又是佩服，又是万分的感动。

我最后一次见到斯老师是2000年。那年江苏省和南京市要为斯老师举行90华诞庆典，斯老师特意以自己个人的名义给我发了请柬（是所有与会者中的唯一）。我给斯老师带了一个60cm高的花瓶，还请人做了一幅120×80cm的斯老师

到南京参加庆贺斯老90寿辰及塑像落成，斯老师邀我与家人合影

的喷绘照片。开会时斯老师让我坐在她的旁边，还让我和她全家在她的大理石塑像前留了合影。我兴奋极了，斯老师这是给我多高规格的待遇啊！

可叹的是，分手后就再也没有看见她，直到她老人家辞世。

深切怀念斯霞老师！感恩斯老师！

9 杨再隋教授对我的严厉训诫和诚挚帮助

我此生教学水平的提高,一刻也离不开杨教授的鞭策。1989年我刚讲完《第一场雪》,杨教授第一时间就发表了评论文章,讲述了优缺点,加以鼓励,还说这是刮起的一场旋风。后来我又讲了一些课,杨教授又分别发表了评论文章,并说这是第二、三场旋风。我讲《只有一个地球》和《难忘的启蒙》后,杨教授又写了一篇重量级的文章《教学的艺术性与科学性的统一》。每一次都对我产生了巨大的鼓舞。多年来,杨教授听了我无数课,每次都跟我长谈,剖析课的

杨再隋教授

成败得失，有时却非常严厉地批评。

很多年前，有一次我讲《伟大的友谊》。讲完第一课时后，有一位著名教授对我说："课的最后应该加一些写作的训练。"

我很为难。因为备课时并没有这样的安排，现在课已讲了一半，要加写作训练最少也得15分钟，这该怎么加？但是我又想，这位教授可是一位举足轻重的人物，他就坐在第一排听课，要是不加，他一定非常生气，对我今后的发展也恐怕有阻碍。再说，也说明了我没有现场改变教学计划的能力。

第二课时，我就极力压缩原有教学流程，砍掉了不少教学内容。最后，写作训练倒是加上了，但破坏了整个教学的完整性和协调性，使得课堂支离破碎，虎头蛇尾。

下课了，杨教授红着眼睛走到我面前："怎么搞得乱七八糟？不成体统！"我解释了前因后果，杨教授怒气未息地说："简直是胡闹！你为了讨好别人，就不顾课堂的科学性吗？遇事只考虑个人的得失，就对教学这样不负责任吗？不要以为自己有点本事了，就胡作非为！教学是应该灵活的，但更应该是严肃的，应该有绝对老实的态度！"

自此，我牢记杨教授的严厉训诫，不敢在教学中搞任何一点弄虚作假的事情。这次教训，是我整个教学生涯的一座里程碑。

多年来，杨教授一直实心实意地帮助我。我在全国许多地方遇到过杨教授，并且同台讲课。他老人家没有一次不是牺牲休息时间，坐下来从头到尾地听完我的课。课讲好了，他欣喜地给我评说；课没讲好，他一定会严肃地坐下来和我长谈，特别是从教学理论上帮我剖析课的得失。

我讲《只有一个地球》时，讲完课文后，又安排了一个"实话实说"的即兴"表演"。于是在学生中"聘请"了五位嘉宾：环保局长、天文学家、地理学家、宇航员、污染了地球环境的企业老板。我当主持人，台下的同学是与会的群众和电视机前的观众。我和五位嘉宾围坐在台前，由我来主持谈话，"与会的群众"和"电视机前的观众"也可以随时举手发言或通过热线电话（用话筒）发言或提出问题。我利用主持人的身份，把谈话内容控制在联系课内外、联系日常生活的范围内。这个"表演"我觉得很成功。各位嘉宾也按照自己的身份，讲了对保护地球的想法，有的还提出了问题（这些问题也在"表演"中解决），台下的"群众"也不时表达观点或提出问题。表演受到了听课老师热烈的掌声鼓励。

我这样安排的初衷是想利用这一"表演"，解决一下不宜在正课时间内解决的某些问题（如什么是再生能源、为什么搬离地球是不可能的等），是想通过表演对学生进行一次综合性的自由表达训练，进一步提高学生的认识水平。

但是这一安排受到了一位很有名气的教授的严厉批评。他说最后的"实话实说"是教师"在展示个人的教学机智和教学魅力"。

我对此很不理解，难以接受。我在一篇文章中申诉："实话实说"是作为"综合性学习"设计的。它在课堂中所起的作用，大家一看自然明白，不再赘言。我在全国讲过无数次课，听过我的课的老师有几十万人。我在课上什么时候显摆过自己？再说，教学水平是在教学过程中自然地体现出来的，哪里用得着特别"展示"呢？这位知名教授并没有亲自来听课，只看了一些文字资料就这样说话，确实有点着急了。

我征求了杨教授的意见。他说："你不应有这么大的抵触情绪，不要暴躁，不要沉不住气，要理性地思考。评课的人，对课堂会有不同的看法和感觉，这很正常，但不要怕。好好想想自己对课的设计意图，人家说的，有则改正，无则加勉。你要在正课讲完后，进行一次综合性学习，这没有错。'课标'中明确提出要重视对学生的综合性学习训练，而且在教材里专门开辟了综合性学习的安排，你这样做创造了随特定课文进行'趁热打铁'训练的先例。我支持你！但要压缩时间。正课要争取在一小时内处理完，用二十分钟完成综合学习，这样避免课时拖沓。"

杨教授的一席话，既给了我巨大的鼓舞，又给我指出了继续前进的方向，使我永志难忘。

感恩杨教授几十年来对我的严格要求和诚挚的帮助。

10 袁瑢老师是做人的榜样

1982年，我随河北省组织的考察学习团到南方听课。这天要听上海实验小学殷国芳老师讲的《赤壁之战》。但是站在讲台上的却是一位白发苍苍、精神矍铄的老人。原来殷国芳老师的婆母病危，这节课由殷老师的师傅袁瑢老师来讲，内容不变。顿时台下响起了喜出望外的热烈的掌声。

袁老师当时名震全国，由于年事已高，早已不再亲自上课。她虽然辅导了殷老师备课，但毕竟没有做上课的准备。不过她不愿让远道而来的几百人失望而归，也不愿让殷老师心有不安。她没说什么激动人心的话，也没有丝毫"救场如救火"的慷慨，就是那样恬恬淡淡、从从容容地上完了课，讲得生动活泼，游刃有余。这是我第一次见到袁瑢老师，却给我留下了终生难忘的印象：教艺精湛，和蔼可亲，大公无私，人品高尚。

直到1989年，我在成都讲《第一场雪》，又在评委席上见到了略显苍老，但仍然神采奕奕的袁老师。我的课是示范课，不参与评选，袁老师课后跟我谈了很长时间。她欣喜地说对我的课很感兴趣，使我受到了很大鼓舞。她还嘱咐我，以后不管在哪里讲课都要告诉她，她还要去听我的课。

此后不久，我要到洛阳去讲课，我如约告诉了袁老师。果然，袁老师从上海坐了20多个小时的火车赶到了洛阳。她听了我讲的每一节课，每节课下来都要给我仔细地讲评。

会议结束，会务组特派我的老伴和女儿护送袁老师回上海。到达后，袁老师坚决要求她们到家里去住宿吃饭，百辞不允。第二天一早，袁老师就给她们画好了当日游览图，并详细注明所有换车和下车的站名，并严责她们一定要回来吃饭。然后送她们到乘车点，黄昏又亲自去下车点等着接她们，袁老师的儿媳已经做好饭菜等着，还烧好了洗澡水。如此一连三天，硬是不让她们返程。这么多年了，我们铭记在心，永远记着袁老师为我们付出的每一份心血。

1991年，在哈尔滨我又见到了袁老师，还同时见到了杨再隋、朱敬本等语文专家和张钧簏、靳家彦等老师。会后一行人又应牡丹江教科所李守仁老师之邀赴牡丹江市。那年东北三江齐汛，火车开到一个叫"鱼池"的地方忽然停下不走了。车窗外满眼是浑浊的汪洋。村民们都转移了，留下的猪狗都跑到房顶上狂吠嚎叫。已经是下午两点多了，一行人还没有吃饭。虽然路在抢修，但不知何时才能通行。（"鱼池"这个地名难道有点象征性？）这可急坏了带路的李守仁老师。

他一个劲儿地跑前跑后，急得满头大汗，气喘吁吁。给我们到车窗口买吃的东西，那里有附近村民在卖些自家做出来的吃食。我们也为同行的几位老人担心，特别是怕袁老师支撑不住。我们都围在她跟前问长问短。但袁老师的镇定自若倒使我们无地自容。她说："没什么了不起的，我很好，倒是你们要沉住气，一慌神就会乱了手脚！"我又受到了巨大的震动。

后来，有一次我去江西，汽车沿长江南岸从瑞昌向九江奔驰。不料中途长江决口溢水。潮头就在后面追赶着汽车，从后视镜中都能看到后面翻滚的浊浪。车上的人都很惊慌。这时我想到了火车上的袁老师。于是我稳稳地坐在副驾驶的位置上，和后面送行的两位老师谈笑风生。司机和老师见我非常平静，全车的人情绪都稳定下来了。所以说，袁老师给予我的教诲，绝不仅仅是教学工作上的。

1992年，北京一个培训机构的庞玉和主任邀请了一些知名教师在北戴河以教学观摩的形式为袁老师庆贺七十大寿。华中师大的晏炎吾老教授为袁老师题写了一首七绝："奉将鸠杖上经闱，绛帐风和乳燕飞。兰薰飘香桃李笑，华亭无处不春晖。"我就以这首诗为教材，上了庆寿会的主题课，以表达我心中对袁老师的敬仰之情。讲课中，一位学生提问："为什么这位教授给袁老师写诗，不给您写？"在全体学生和听课老师的笑声中，我由衷地说："袁老师是全国最著名、最优秀的特级教师，她德高望重，受到大家的崇敬和爱戴。我和袁老师差得太远了，没人会给我写诗的。"下课后袁老

我在广东任职时请袁瑢、斯霞二老到我校访问指导,二老欣然前往

师真诚地对我说:"你把我讲得太好了,这很不合适吧?"接着同我讲了一些教学上的事情。她说:"听了你很多课,感觉你的课往往讲得很深,学生接受有些吃力。"这对我后来改进教学产生了深远影响。

2003 年,我又在青岛举办的庆贺袁老师 80 寿辰的会上讲了主题课《袁瑢老师是盏灯》(贾志敏老师撰文)。后来又多次在上海、广州、顺德、马鞍山、昆明、大连、杭州、沈阳、烟台等许多地方见到了袁老师。袁老师每次都要给我的老伴和孩子带一些礼物,每次都要与我长谈教学、人生,丝毫没有大城市人的架子。

袁老师的学识、睿智、亲切、平和与高雅,永远是我心中的光辉!我想在她百岁生日时,再给她讲"庆寿课",哪怕只有她一个人听！我期待着，渴望着……

但是袁老师还是离去了，我也垂垂老矣，再也不能给她老人家讲课了。我心如刀绞！

感恩袁老师给予我的善待与关爱！

11 陈琴，一座古典文学的宝库

把活生生的一个人比喻成"宝库"，虽然不含贬义，但总觉得不太自然，不太严肃。但我才疏学浅，实在不知道怎样表达我对陈琴老师的敬仰之情。

2019年9月27日，我花了3个小时，老老实实地听了陈琴老师一节古典诗词视频课，和关于古典诗词教学的讲座。听完后我内心除去震撼就是羞愧！在讲座中，陈老师随口举例，不是一首古诗词，就是一段古文，连《黄帝内经》都背得滚瓜烂熟。我真不敢想，我这几十年语文教师是怎么混过来的。我连夜给陈老师写了一段文字通过微信发给她：

"听了您的课，我觉得自己就是一个语文白痴。您讲的许多东西我根本闻所未

陈琴老师

闻。这与我学历太低有关，但跟您相比，还是缺乏最基础、最根本的学习和钻研。现在想起我过去的讲课，真的是误人子弟，是浪费学生的生命。听完您的课我呆若木鸡，很长时间缓不过神来。我恨我当时在广东，没有在您最初研究素读的时候与您一起学习，所以现在深深感觉，不但误了那么多学生，也误了自己！但悔之晚矣！虽然今天您已用自己的课，对我当头棒喝，但我已经老朽。如果当时跟您一起学习，我今天也不会这样丧魂落魄！呜呼！"

陈老师除了安慰我万丈落差的心情，更多是鼓励我。她说："汉语的母体是文言，汉语的艺术源泉在以文言为载体的经典中。"我知道，历来有"诗难超唐，词难超宋"之说，语文，大概也难超前人。我们教学生学语文的重要目的是提高学生的语文素养。毫无疑问，这就要求教师要具备更高的语文素养。我想，如果小学语文教师都有陈老师这样高的语文素养，那我们培养的学生会是什么样的水平！但话说回来，陈老师的语文素养是从哪里来的？毫无疑问，是她刻苦学习、钻研古汉语得来的。古汉语是现代汉语的源头，也是中国文化重要的组成部分，更是中国几千年文化传承的重要载体。我遗憾自己从小没有学习古汉语的机会，当我做语文教师的时候，已经快四十岁，已无可能去触摸古汉语。设想一下，如果我有陈老师三分之一的古汉语素养，教出来的学生是不是可以像陈老师的学生那样写出可以得高分的高考试卷？是不是可以直接到大学中文系去深造？如果千千万万的老师都是这样，我们国家的教育又会是怎样的光辉灿烂？！

自此以后，我时常向陈老师请教，陈老师无不耐心详尽地给我回答。有时我还向陈老师"批发"问题。我平常喜欢信手写一些所谓的"打油诗"，我也不怕陈老师笑话，就发给陈老师，请她给我批评指正。但陈老师学问太深。她耐心地给我讲古典诗词的什么"格律"，什么"平仄"，什么"对仗"……有的我知道一点，有的根本不明所以。陈老师见我实在不开窍，就只能降低要求说（说得很有艺术性、迁就性和鼓舞性）："你天性淡然坦荡、豁达不羁，有点随性而为，那就不要死守那些清规戒律，只要不说假话，直抒胸臆即可。但既然'打油诗'也为'诗'，那起码该押韵必须押韵，句子中音调的起伏扬抑还要注意，不然读出来让人觉得别扭，成了'四不像'！"停了片刻，陈老师可能怕打击了我的情绪，又屈尊俯就地说："我看了你写的那么多诗（这里故意省略了'打油'两字），大多数都写得不错，表意清晰明了，语句不俗气，音调起伏也合理，而且押韵绝对正确。就这么写吧，写着写着，什么格律、平仄的规律，你自己就品出味儿来了。古人写诗，我想也是从自由发挥开始的。绝不会先制定了规矩，才开始写诗的。"这段话对我的鼓励非常大，里面暗含的道理我也服气。我想，如果没有深厚的底蕴，这段话也说不出来，不愧是我万分信赖的古典文学的宝库！

由于我的资质太差，陈老师无法帮助我全面提高古典文学的水平，但她的丰厚，她的善良，她的诚挚，她的耐心，她的机智，成功地挽救了我丧失勇气、丧失信心的颓废，使我又振作起来，走好人生最后一段路。

这就是恩典。感恩陈琴老师！

12 圣洁睿智、特立独行的何金钟

何金钟,是我一生遇到的一位最特殊的人。初次见面是一个傍晚,我正在家中休息,忽然敲门进来夫妇两个人。问询之后才知道是江南才子何金钟和他夫人郭秀云。

他们提着不少礼物,寒暄过后,何金钟对着我就要躬身行大礼,我赶紧扶起他,才知道了事情的原委——他是来竭诚拜师的。他对我老伴也是恭敬有加,一声声"师母"呼唤着,

何金钟老师

何金钟老师

态度诚恳至极，弄得我家老太太手足无措，只能跑到厨房去沏茶弄水。

金钟当时在江苏滨海市任职校长，一心要让这个学校更上一层楼。他当场下了"邀请令"，让我去学校讲讲课。我当然立即接受了"邀请令"，不久后便成行了。自此后我们就紧密联系起来。我才了解到，金钟文化底蕴丰厚，博学多才，而且谈人谈事见地明晰深刻，对世事的分析认识更是清澈中肯，真是少见的青年才俊。我们交谈他从来不说耳边喧嚣事，只讲心中静默思。而且分析鞭辟入里，判断推理逻辑严密，所以对于何金钟，我用上了"圣洁"二字。

他多次来到我家，几乎翻遍了我的藏书和各种教学资料。他对我早年用小楷毛笔写的一本本教案极感兴趣，连声感叹，有的还拍照留存。后来他为了更好地发展，迁居到南京，走进了一所名校任职。但是时间越长，他越觉得学生在校园里所能学到的东西实在太有限，与中国传统文化也没有多少亲和感。虽然现在努力倡导中国文化传承，教材中增编了足量的古典诗词，但也是读读背背，口耳相传，至于诗歌丰富的内涵，却无法触及。就如身在南京的六年级学生，学了杜牧的《江南春》："千里莺啼绿映红，水村山郭酒旗风。南朝四百八十寺，多少楼台烟雨中。"即使诗歌写的就是南京过去的事情，但学生们也只能知道这是一首歌颂美景的诗，别的大概率一无所知。诗中暗含的朝代更迭，腐朽重归，以及诗人对现实的嘲讽意味，完全等于零。这样的古诗学习，除了对语言文字表面意思的理解以外，对国家历史文化的传承，能起什么作用？另外，金钟也看到现在的许多学校教育，与现实生活隔绝太多，基本还是那句老话，"两耳不闻窗外事"。于是金钟产生一个非常大胆，令人吃惊诧异的想法——创造一种新的教育模式。

于是他辞去了正式教师职务，办起了"假日亲子文史游学"的活动。意即组织家长和孩子，一起在假日到名胜古迹参观游览，何金钟则负责讲解名胜古迹的历史演进、政治风云、风土民俗、建筑风格、存在价值等，还要指导学生写出一些当下的收获、感悟或疑问。师生、家长形成一个参观、听讲、询问、讨论、记写的"学习共同体"。开学时期的周末两日，一般举办南京及附近活动；寒暑两个长假则与旅游部门合作，到省外活动。这些年，金钟带着一群群家长和孩子，在旅游部门协助下，组成"特别任务旅行团"，远赴西安、洛阳、开封、厦门、泉州、长沙、绍兴、苏州、无锡、常州、镇江、淮安、宿迁、滁州、宣城、泾县（特地为了"听一听"令李白吟出"桃花潭水深千尺，不及汪伦送我情"的故地踏歌声）。

这些活动的文化传承作用，因有真地、真景、真游、真览、真讲、真论、真情、真感，学生们受到的传承教育，不知比在教室里宣讲道理管用了多少倍！但在这些"游学"活动背后，不知费尽了多少功夫！他虽然学富五车，但他毕竟不是百科全书。每计划去某地，他都要预先阅读许多历史资料，还要考虑学生的接受能力，讲什么不讲什么，什么重点讲，什么一笔带过，怎样讲更有效，怎样讲更亲和。为此他熬了多少夜，瘦了多少斤，只有他自己知道。因为苦功下到了，所以每次学生家长都能感到收获满满，兴高采烈。也因此他组织的游学活动，受到家长们的热烈欢迎。又因此，每次报名参加活动的家长学生越来越多，以至于多到无法安排。

深圳的李素环老师也在做这样的游学活动，而且也做得有声有色。他们活动的内容和形式有同有异。我特意给他们建立了联系，让他们互加微信，以便互相取长补短，共同发展。他们已在微信中交换了想法和意见，企盼他们能把这么有意义、有价值的活动更好地做下去。

讲了何金钟开创的事业，该讲一讲他高贵的人品了。

首先，他是一位重情重义、心软如绵的人。与人说话，同人办事，他首先考虑的是别人。让别人放心，让别人心无顾忌。因为他不会占别人便宜,不会损害别人的利益,却老想着让别人心中舒服,面子上也绝对不会尴尬。在我生病的那几年,他不知来了威海多少次。每次都温言问候,款款劝慰。我记不住他给了我多少经济支持,那种诚恳,那种真挚,让你无法拒绝。有时甚至悄悄地把厚厚的信封偷偷塞进褥角底下,走以后再发微信告诉我去看看某个位置。请看这次我确诊患癌时,他给我发来的微信(原文复制):

> 您几次转危为安,根本原因是您战略上藐视病魔,战术上重视康复,这次同样会凯旋。您这样的态度,也在意料之中,您一贯就是这样乐观豁达。我有一个请求,请让我给您汇一点钱,表达我们夫妇乃至全家的心意和祝福。昨天我请小小兰花妹妹告知我一个银行卡,她坚决不肯。但我相信,您要是首肯,她或许会同意。而今疫情还未完全平息,不太方便出入人群密集场所。我前几天其实就查询了南京到威海的航班,现在你们在烟台。我不确定前往烟台探视是否合适。如果能够通过汇一点儿钱把心情表示一下,探视的心情或可缓解一些。这些年来,您或许能够了解我的为人和方式,略显笨拙地用自己的方式表达对您的敬爱。感恩您的包容和理解,慢慢迁就了我的方式。过去的一年多,我在南京的教育项目和上海的经营利润,都是历史上最好的一段时期,家庭成员的生活得以更好的改善。今年夏天,再也不用像往年夏天那么拼,到各地游学赚钱了,而是做了三期古诗夏令营,全部收入都捐给南京的一个公益组织,注入希望小学支教老师差旅补贴基金。说这些的目的有两个:一是请您了解我的财务状况非常良好,请安心;二是在您生

病时，我有幸尽些孝心，是我的福报。如您体察我的恳切，就同意我的提议，给我一个银行卡号。

谢谢您！也祝福您早日康复！

徒儿金钟伏首

金钟对我如此，我想对任何朋友，他也会如此。就如上面所说，他把钱捐给了南京支持希望小学的基金会。

其次，他是一个重信守诺、意志坚强的人。有一次在我家，我发现他腰围粗了、肚子大了。我拿来软尺给他量了量，比我的腰围大了七厘米。我把数据用铅笔写在我家墙上，让他下次来我家时，腰围必须减去七厘米，他毫不犹豫地答应了。回家后他就开始"疯狂"地减肥。举杠铃、练体操、跑步，"无所不用其极"。在洛阳会议上还拿条软尺，让我会场上当面测量验收。这样的人品，怎能不让人信赖？怎能不让人敬佩？

最后说一句：何金钟确确实实是一位圣洁睿智、特立独行的人。

感恩金钟这样的人品和给予我的帮助！

13 把课讲到作者奶奶家

我讲课有个奇怪的想法——总想和作者（或作品主人公）更亲近一些。比如到了绍兴就讲《我的伯父鲁迅先生》《少年闰土》，到了山东临淄（齐国都城，历史名人有齐国宰相晏婴，还有个晏子小学）就讲《晏子使楚》，到了桂林就讲《桂林山水》，到了广东江门市新会区就讲《鸟的天堂》，到了南京就讲《繁星》，到了鄂尔多斯就讲《黄河象》，到了呼伦贝尔就讲《草原》，到了牙克石就讲《林海》，到了肇庆就讲《鼎湖山听泉》，到了山东梁山县就讲《景阳冈》，到了牡丹江就讲《可爱的草塘》，到了贵州安顺就讲《黄果树瀑布》，到了武夷山市就讲《天游峰的扫路人》，到了宁波石浦就讲"石浦之歌"的作文课，到了义乌就讲"夸夸义乌小商品"的作文课，后来迁居到威海就讲了不止一次《第一场雪》。因为这场大雪就下在胶东半岛的威海,而且作者峻青就是胶东半岛海阳的人,离威海只有一小时车程。

为什么会有这个想法?因为讲与学生有密切联系的课文,学生们的学习热情特别高,学习效果也格外好。学生们会普遍产生一种自豪感,更会热爱自己的家乡。如在宁波石浦,学生们学后高喊:"我们捕鱼用的船,是我们石浦自己制造的大钢船!我们有中国最大的海鲜城!"看到这种情况我也为他们高兴。讲完课了,学生们还拉着我不让我走。

我这个想法基本都能实现,但也有意外。如在东北佳木斯市,我本来计划也讲《可爱的草塘》,但教研室主任说他们准备请我讲《为人民服务》,《可爱的草塘》他们在哈尔滨听我讲过了,说《为人民服务》老师们不知道怎么讲。我答应了,用语文的手段讲了两课时,老师心里好像有了底,下午我还是讲了《可爱的草塘》。讲完课他们说我讲的和哈尔滨讲的不一样了。我说学生不一样,对草塘的熟悉程度也不一样,当然讲课也会不一样。

有一次四川仪陇请我去讲课。这里是朱德元帅的故乡。我就从其他书上,找了一篇写元帅和警卫的故事做教材。上午讲完课,下午教研室同志带我去拜谒朱德元帅纪念馆。巧得很,讲解员是朱德元帅的孙子。教研员向这位讲解员介绍了我,又说了我讲课的情况。没想到这位讲解员非常激动,大步走近我,两臂张开,紧紧地抱住我,两眼含泪说:"谢谢你!谢谢你!您讲的这个故事我知道,这个警卫员我也认识,他还抱过我,我也喊他爷爷!"真没想到,讲了一堂课,竟然与共和国开国元帅的家人，有这样的缘分！后来我又去朱德元帅曾经担任过体育教师的学校讲了课。仪陇地方小，这里的老百姓，毫无某些大城市居民骨子里的傲慢与偏见。约我讲课的吴林涛先生，是个博学多才的人，一手好书法，一动笔就能惊艳所有在场的人。他的座驾成了我的专用车，他也就成了我的专职司机。有个叫胡燕的年轻女老师，性格开朗，爱说爱笑，也是成天跟在我身边。她刚学开车没多久，老是记不住哪边是刹车，哪边是油门（这可不是小问题）。她说："我有办法，我给它们各贴上一块'创可贴'，上面写上'刹车''油门'就不会弄错了。"我们听到都哈哈大笑起来。我说："你别叫胡燕了，干脆改名为'创可贴'！"她倒很高兴，说这个名字好记，谁也离不开！于是这个命名传遍了仪陇小学语文界。还有一位彭小霞，特别爱钻研，也特别重情谊，曾经只身乘车来威海家中来看望正在生病的我。还有不少老师也都热爱学习，并且彬彬有礼地围拢在我身边。

　　王英梅是新政小学的一位教师。她满脸英气，一身飒爽，对人热情，诚恳周到。她专门负责接待我。初来时，刚一进宾馆，她端茶送水递水果。她见我吸烟，没吭声，转身出去了。不一会儿，买来两条烟进来。我一看正是我抽的成都生产的"天娇"牌香烟（成都人把熊猫看作天之骄子）。我还没说话，她又拿起刚买来的烟出去了。不久又换回了两条包装不同的"天娇"。她说："我刚才只见您吸的是这个牌子，没有看见您烟盒外包装，就去买了，结果您抽的是这种包装的，我给您换回来了，请您原谅，我粗心了！"我真是哑口无言。

我抽烟很随便，不计较什么牌子。面对这位果决干练的女强人，我有点自惭形秽。

以后的几天她始终跟着我。我在仪陇好几个不同大小的学校礼堂、会议室讲了课，王英梅一节也没落下。她笔直地坐在那里，心无旁骛，边听边记笔记，下课后还要向我求教，有时还提出疑问。直到我离开仪陇，还经常微信联系、问候。她知道我心脏不好，对我说仪陇有一位岐黄妙手，尊名张国鸿，她建议我去仪陇治病。和老伴商议后，我们决定千里去寻医。刚到仪陇，王英梅就把我们接到最好的宾馆。房间已订好，而且她已交付了房费和每天的餐费，也与张医生联系妥当。第二

在四川仪陇与王英梅在朱德纪念馆前合影

天早晨，我们一起去了医院。张医生诊室的走廊外面已经里外三层，围得水泄不通。王英梅打了个电话，张医的助手挤出来向人们解释："这是与张医生预约好的，从千里之外的山东特意赶来的，请大家谅解一下！"人们让开一个通道，我双手合十向大家躬身敬谢，走进了诊室。经过一番望闻问切，张医生给我和老伴各开了药方。王英梅又抢着去药房办理取药并煎药的手续，她又付了费，才把我们送回宾馆。下午她又将煎好的药汤送到宾馆，嘱咐我们安心疗养。为了不影响我们休息，她才告辞离开。

就这样我们各吃了两服药，感到神清气爽，精气神好多了。但是我们均为慢性病，这样下去也不是办法，于是跟王英梅商定：我们先回家，互相用微信联系。我们汇报病情，王英梅去找张医生开药，她在药房买好药快递威海（仪陇的中药很正宗，干净无杂质），我们在家里自煎。我们要还王英梅垫付的宾馆费、药费，她坚决不允。我们只好执意给她留下几千元，作为今后买药、邮寄的费用，她无奈也只得收下。这样的人，这样的情，这么多年，我时刻铭记感念，永远不会忘记。愿这位飒爽英姿、诚挚善良的王老师永享康宁。

全国讲课几十年，到处都能遇到善良淳朴、真诚无私的真朋友。我当然也以善良淳朴、真诚无私的友谊回报。所以我的朋友遍天下。

感恩王英梅老师对我夫妇的殷切关怀！

14 别人放弃，施茂枝先生毅然接过

我从1978年由教体育20年后改教语文，到现在已经44年。这44年中包括退休后的23年，我一直没有间断应邀到全国各地讲课讲学。期间出版纸质专著及音像专辑20多部。因此差不多全国的小学语文教师都知道我的名字，还戏称我为小语教学"四大天王"之一。我这一生获得的成绩，没有获得任何说得出口的奖励或荣誉，也不是特级教师。但我从来没有抱怨，没有发过牢骚，一直愉快地做着自己挚爱的语文教学工作。

2016年，上海师范大学吴忠豪先生，主持编写一套丛书《中国小学语文教学名师教学艺术研究》。共遴选新中国成立以来九位名师，幸运的是其中有我。吴教授特地聘请九位著名专家，每人负责撰写丛书中一位名师的分册。

但是吴教授安排写我的专家，不知道为什么，拒绝写我，并私下找到施茂枝先生，要求对换所写的名师。施茂枝先生并不了解

我的情况，我们也从未谋面，但施老师果断地接手了我这烫手的山芋。

接手后施教授马上对我进行了解查问，但他没有想到，这个烫手的山芋让他感到惊喜。他在著作中以《没有预设的缘分》为题的"序"中这样表述：

"如同奇峰探魅，宝洞寻珍。胜景妙境，异宝奇珍，琳琅满目，应接不暇，让人称奇，让人惊叹！感谢这个缘分，让我认识了一位经历传奇、学养超群、教艺独特的名师！感谢这个缘分，让我从他教学思想特别是创造性实践中获得许多启发和教益！"

施茂枝先生

几十年来，从未有人以这样惊叹的语气和心情来描述我的教学！

我也经常独自思考，为什么老师群众和一些专家学者都比较认可我的教学，而另一些人却无动于衷，甚至嗤之以鼻？

有人说，你可能得罪了一些人。我想，很可能。我这个人性格爽直，说话不会投人所好，见到一些不正常的现象往往直言不讳地发表意见，惹人不满。所以有人著文称：他是大家公认的特级教师，虽没有正式颁发的"特级"证书，但大家都说他是"民间特级"。

施茂枝老师不是心血来潮，信口开河。他这样评价我的教学主张和态度："支老师的主张具有科学性。他以求真务实的态度追寻语文教学真谛，对语文性质、教学本质和教学有效性等均发表过认识或主张。他敢于对人们趋之若鹜、习以为常的观念和教法做出反思，发表的系列文章当年曾引发全国性的大讨论。他的许多见解或主张，深有见地，十分中肯，有的还非常独到，但都不是为了独树旗帜以扬名的哗众取宠之语，而是脚踏实地探寻语文教学规律、真心实意地致力于学生发展的科学之言，经得起时间和实践的双重检验。"

施老师这样评价我的教学方法："支老师的教艺具有创造性。他的许多教法，独出心裁，异于前人，也别于众人，让人耳目一新，甚至彻底颠覆了一般人对语文教学方法、程式的固有印象或认知。他的教法丰富多彩，变化无穷，而从不固守一法一式，从不简单重复自己。因文而变，因生而变，因境而变，他活像一位魔法师，你永远无法预测他的下节课会怎么教，这使他的课具有谜一般的魅力。"

施老师还指出我的教学没有私心："支老师的课堂具有生成性。与所有优秀语文教师包括名师一样，支老师也精心备课，深入研读教材，充分了解学生，认真制订教学方案，但他从不像常见公开课包括不少名师公开课那样预设一切，说什么、怎么说、何时说。遣词造句、语气语调、手势动作，事无巨细一律预先设计周详，而是根据瞬息万变的课堂情况，即时生成，灵活施教，甚至经常根据学生的提问或建议临时变更教学方案，这使他的课堂完全没有教师'个人秀'的成分，真正成为学生发展、成长之所。"

施老师对我的教学概括为："科学性的见解和主张为里，创造性、多变性的教法为表，支老师奉献出的众多观摩课大都能真正发挥示范和启发作用，不少还引领变革方向或引发新的潮流。"

我没有奢望过什么奖励、称号、荣誉，但施老师的评价让我走出了自信的"阴霾"，看到了光亮。这就是对我是最大的信任，最大的鼓励，最大的爱护。所以我以此小文，感恩施老师！

但我知道施老师对我还有希望，他在著作的封面特意用第三人称嘱咐我："在小学语文逐步走向自我觉醒的道路上，他堪称一座里程碑。"

"里程碑"我肯定做不到了！耄耋之年，体弱多病，精力已耗尽，雄心已不存。施老师的希望只能交给后来人了。这是我感恩之后的深深的遗憾和抱歉。向老师致敬鞠躬！

第二部 岁月回眸

1 我童年时的儿童节

那是 1946 年,我 7 岁了,开始上学了。学校名叫"观音堂小学",离我家只有 100 多米。那时张家口还没有解放,学校破破烂烂的,教室是原来的一间庙堂,地上有四根大柱子。老师是一位 50 多岁姓张的老先生,瘦瘦的,下巴上留着一撮小胡子,人倒是挺和气。他教我们"国语"(就是语文课)。依稀记得上课他只教我们识字:他念一个字,我们就跟着他念一个字,完全是张家口的"此地话"(就是当地的方言)。会念字了,就开始念只有两三句的课文,记得好像是说一种花儿很好看。念着念着大家都会背了,然后又教我们写字。很少的两三个字,几分钟就会写了。课到这里就算讲完了,张老师就开始给我们讲故事。他的故事真不少,一直给我们讲了大概两年各种各样的故事,20 多个同学都很高兴。我小时候也算聪明,听了那么多故事，也记住了不少故事，于是我也会讲故事了。放学回家后，爸妈经常问我学会了什么，我就搬来张老师讲过的故事讲起来。爸妈很高兴。我想，我今天敢教语文，还是40多年前的这位和蔼的张老师留给我的底气。

大概是二年级，我8岁了。张老师下巴上的胡子，也有少一半变白了。那时候没有"退休"这一说，但他的故事仍然没有讲完。那是春天的一天，很暖和，张老师说："今天是你们的儿童节（四月四日），咱们不讲故事了，咱们到院子里去做游戏。"我们也很高兴。于是"老鹰抓小鸡"开始了。老师叫我当老鹰，他当老母鸡，一串同学一个挨一个抓住前一个同学的后衣襟。我左跑右追去抓后面的同学。大家嘻嘻哈哈左躲右闪，张老师伸展两臂护着他们，也是左堵右拦。张老师年纪大了，跑不过我。我趁他往左边护，忽然转身去右边抓，张老师赶紧往右边护。我们俩眼看要撞到一起了。张老师为了保护我，顾不上护他的"小鸡"了，一把把我抱住，结果两人都摔倒在地上，我正好重重地砸在张老师身上。他的头磕在地上，额角流出了血。我吓坏了，赶紧用手去堵张老师流血的伤口。张老师气喘吁吁地说："别捂，一会儿就不流了！一会儿就好了！"他没有去管他流的血，却伸手把我扶起来，一边给我拍去身上的土，一边问我："摔坏没有？疼不疼？我给你揉揉。"我见他的血已经流到了下巴上，染红了他半边胡子。我吓得抱住他的腰，大哭起来。他却安慰我："别哭啦，没关系，已经不流了，一会儿就好了！"他扶着我，招呼同学们进了教室坐好。张老师可能累坏了，搬了个凳子，靠在一根柱子上坐下,还对同学们说:"今天都怪我,你们年纪还小,我不该带你们做这样跑来跑去的游戏!都怪我,都怪我……"许久,他才想起自己脸上的血,伸手摸了一下,血又沾在手上了。他张着手,好像不知怎么办。我忽然"灵机一动",跑出教室,想去门房那里给他端一盆水,洗洗擦擦。但听到身后张老师大喊:"你要干什么?慢点跑!小心摔倒!慢点……"

我很快端来一小盆水,从作业本上撕下几张干净的纸,蘸上水,小心翼翼地给张老师擦拭脸上的血。张老师没有拒绝,但他用那只没有沾上血的大手,轻轻地抚摸着我的头,喃喃地说:"好孩子,谢谢你!善人有善报……"我听不太懂他说的话,但我隐隐地知道,他是好人,一定说的是好话。他脸上、手上的血,大致擦干净了,他一下子抱住我,搂到他怀里,我也紧紧地抱住了张老师。两个年龄相差50多岁的人,默默地感受着对方的体温,默默地流着热热的眼泪……

70多年过去了,可敬的、善良的张老师已经上了天堂,我也苟延残喘了。正好今天又是儿童节,我又想起了这位半边胡子沾着血、紧紧怀抱着八岁时的我的老师,喃喃地说过的一句话:"善人有善报。"

2 十二岁的街头宣传画"老师傅"

20世纪50年代,抗美援朝开始了,那时我正在张家口市第三中心小学(现在的桥西区书院巷小学)读书,已经是第七年了。因为我当时患了脑脊髓膜炎休学,小学念了七年。我那时很喜欢画画,教美术的是一位开朗幽默的30多岁的男老师,名叫陈惕生。为什么70多年了,我还记得这位老师的名字和他那清癯的脸庞、明亮的眼睛?就是因为——抗美援朝。

战争爆发后不久,国内就掀起了轰轰烈烈支援前线的热潮。学校给陈惕生老师布置了到街头画宣传画的任务。往墙上画画,观察画面、拿取用具,上来下去很频繁,陈老师想找个帮手。

他想到了我。我从小就喜欢乱写乱画,画个什么还真像个什么。上小学后也没改掉这个"坏习惯"。陈老师教美术注意到了我,见我还有点"本事",就经常指点我。到了六年级我已经画得很不错了，在学校可以数第一。于是陈老师就去我家找我。他说他一个人画宣传画，上上下下顾不过来。问我能不能去帮帮他。我当然喜不自胜。陈老师又征求我父母的意见。母亲说："这孩子的病也养得差不多了，闲着也是闲着。去吧！有陈老师带着，我们也放心。"

于是我就成了陈老师的助手，成了抗美援朝的"后方参与者"。起初是给陈老师扶扶梯子递递东西。过了两天，我忍不住对陈老师说："志愿军脚下踩的这个美国兵，让我试着画画吧！"反正他是个"鬼子"，画丑了也没关系（那时的宣传画都是漫画），没想到陈老师痛快地答应了。自此，我的身份变成了"画师"。过后不几天，我不仅是边边角角帮个忙，而且整幅的画也能胜任了。我们一共画了差不多20天，张家口堡子里、鼓楼、四门洞周边砖砌的墙上，街道上能画画的地方，我们都画到了。校长、老师们都说我不简单，当然陈老师也高兴得满面红光。那时我12岁。

我从小不安分，凡事喜欢动手实践。不但画画、做手工、擦玻璃、植树挖坑、修理什么小东西，我都能愉快胜任。到了初中，顺理成章地成为学校美术组、标本组、足球队的成员。我还是班级语文、生物两门功课的课代表。生物课的冯全周老师还是我们的班主任。他知道我能画画，就把教学用的挂图交给我来画。什么软体动物、节肢动物、鸟类等，我都临摹课本上的插图，放大加彩色画好交给他。不敢说画得惟妙惟肖，但作为教学用图，也堪当使用了。当时市里要举办学生科技作品展览会。物理老师找到我，问我能不能搞出点什么名堂，我就和好友秦玉玺合力，用铁丝、锡焊，做成了一架约60cm高的起重机。摇动手柄能吊起一小桶水来。作品参加了展览，还得了二等奖。

十几年后，"文革"期间我被派到机床厂供应车间去"接受改造"。车间里有一台锯床，是把不同直径的圆钢，切成需要的长度，送到机工车间进一步加工。有一天锯床的几个齿轮和其他一些配件，磨损严重不能工作了。车间主任找到厂里的技术员，请他画机械零件图以便加工。但技术员可能是因为太忙，也许是看不起这点"小活计"，拒绝了。我知道了这种情况，没有吭声，悄悄地借来了一本《机械制图》和游标卡尺，悄悄地测量了损坏的齿轮和几个零件，又悄悄请教了一些工人师傅：比如齿轮的画法，零件各接触部分的光洁度及其标注法，等等，不懂了就仔细研究《机械制图》。经过几次失败，最终总算画出了图，得到了几位要好的工人师傅的认可。我把图交给车间主任，他问哪来的，我说我画的。他诧异地看了我一眼没说什么，就去找技术员。技术员看了看，知道是我画的后，又慎重地仔细审查一番，说："去把那位支老师请来。"见到了技术员，我把画图的过程详细地讲给他，又回答了他几个问题后，技术员说："不错，你很聪明能干。"于是在我画的图上写了"照图加工"几个字又签了名。后来，我又在厂门口新砌的四米高的影壁上，画了一幅油画毛主席像。学校听说后也让我回去画，另有附近两个学校的主席像也是我画的。

3 花前月下与白山黑水

1967年,正是"文革"如火如荼的岁月,全国都"停课闹革命"了。"文革"一开始我就被打成了"现行反革命",只因我和同事们说了两句当时犯忌的话。我说:"别看林彪现在站在毛主席身后,一个劲摇动着《毛主席语录》,看他那两撮倒垂的扫帚眉,说不定将来他第一个造反。"我还说:"不知江青用什么手段混到了现在的位置?"结果我被一个同事揭发,一下子就成了"现行反革命"。

全片区教师举行批斗会,我和几个学校的"老右派""学术权威""走资本主义路线当权派""自杀未遂的反动分子"……头上戴着白纸糊的高帽子,胸前挂着写着各自罪名的大牌子。老师们席地坐满了操场,我们这些"反动派",被押成弯腰90度,陈列到讲台下。我们每人身后有两个"红小兵"。

讲台上革委会主任宣布批斗开始,首先请"红小兵"发言批斗。簇拥在台侧的五六位早有准备的"红小兵",争着第一个发言,于是你推我挤,又喊又叫互不相让,乱成了一锅粥……我身边的"老右派"马司光这几天正在闹肚子,忍不住放了一个响屁。我也忍不住笑了,心想你这屁放得不是时候啊!这一下惹了祸,立刻把我俩连提带揪弄到讲台上。革委会主任马上带领全体喊着各种"打倒""批臭"的口号。一群"红小兵"都跑过来踢我和马司光的屁股。我真冤啊,心里喊:不是我放的屁啊!安静下来后有几个人上台发了言,无非是批判几句罪行,然后又是带领全场喊口号。大约有两个小时,会散了,各回各校。我们又回到让我们反省的房间,这里倒是安然,没人监视,没人看望,下班后各回各家。

除了"停课闹革命",每天去学校三四个小时,然后就是我"花前月下"的好时光。我二姐的婆家,有一位亭亭玉立,不到20岁的小姑子,1.65米的个子,比我矮5厘米,长得不错,性格雅静,还有点小幽默。她在一个织带厂当工人。她大名郭珍翔(原来叫郭珍香,结婚登记时我给她把"香"字换成"翔",户口上也改了)。我当时自以为年轻英俊,想不到她也对我很热情。空闲时我们一块去河边、树林、公园里卿卿我我。每天晚饭后,我步行20分钟到织带厂接她下班,再送她回家。时间长了,我们之间越来越热乎,谈起了婚嫁之事,我心想,我们两家来了个"交换"。她家娶了我姐,我这就娶了她家姑娘,亲上加亲,挺好的。

就这样,我们热热乎乎过了近两年,想结婚成家了。

1969年8月30日，主任在学校召开了"批斗"支玉恒的"专政大会"，第二天（8月31日），我就请假举行了就当时来说已经"十分隆重"的婚礼。

学校的几位老师买了两个木制小板凳，偷偷地给我送来。他们走到胡同口，派了一个胆大的老师给我送到家里，其他几位站在一百米外的胡同口，与我招了招手就回去了。他们害怕给"反革命"送礼受到牵连！她们厂倒是来了不少工友，喝得昏天黑地。

婚后，虽然各方面条件都很差，但是我们的相处还是安顺平静，和和睦睦，就是生活很困难。两个孩子出生后生活更加拮据。小儿子生下来，妈妈没有奶，只能给找了一个奶妈。但是，两个多月后，孩子又黄又瘦。岳母是过来人，看出了问题，跑到奶妈家盘问，原来奶妈已怀孕，奶水已枯竭，每天给孩子喂米汤、面糊糊。孩子回家后，只能花钱给他订牛奶。但是小家伙坚决不喝牛奶，喂一点，吐一点。还好我在家长休，想了个狠心的办法：把孩子抱好放在我腿上。我用一个顶端带个橡胶囊球的小玻璃管（装鱼肝油的小吸管）吸上一小管牛奶，逗孩子张开嘴，我快速地把吸管里的牛奶，直接挤到孩子的嗓子眼里，让他无法吐出来，只能流到胃里去。您别说，这个缺点人道的办法还真管用，半个月后孩子的脸上出现了些许红润。但是每次挤出的牛奶量太少，一次喂奶需要很长时间，因此，我几乎一天24小时，要挤奶10多个小时，超过了国家规定的职工每日最长劳动时限。就这样挤了三个月，孩子也好像接受了牛奶的味道，我才光荣下了岗。

再穷也得拍个结婚照

结婚后最初的家,是租住的一间六七平方米的自建小土房。刚住了一个月房主就赶我们走。因为老伴儿怀孕了,房主说"宁留出丧的不留红床(生小孩)的"。其实是嫌我们"打点"得不够多。于是我们只能借住妹妹家,一边赶忙去找房产科申请要房(那时还没有商品房),但是一直杳无音信。

怀孕已经七八个月了,几次去房产科要房子都没有结果。眼看快到预产期了,我只好背上被褥,带上挺着大肚子老伴儿去房产科。我说孩子再过几天就要生了,你们再不给房,我们就不走了,就到你们办公室来生。果然有效,第二天就通知我们:房子有了,在下东营。我们过去看了看。这是一间宽2.5米、深2米的小南房,阴暗潮湿,土墙土地,四周墙皮均已疏松剥落,顶上两根木棍架着十几根更细的棍,上面铺上草帘,再抹上黄土掺石灰,就算挡雨的屋顶。屋内搭上木板为床,地上就只剩下半米宽的一条地面了。好在我们没什么家具,在院里垒了一个炉灶做饭。房租每月3角(但从来没有人来收过,大概是不值得跑路)。就这么勉强住了四年,生了一女一儿。

后来我所在的宝丰街小学的冯守业校长看着我们可怜,

动了恻隐之心，让我们搬到学校的一间空房去住。搬家很简单，用一个手推小木车，放上一个半米左右的"衣箱"，几块木板(搭床用)，两套被褥枕头，几件衣服，几件餐具，一车就搬完了(这就是当时一个教师之家的全部资产)。

1979年，女儿8岁、儿子5岁了，我被调到"文革"后被确定为重点学校的建国路小学"充实重点"。校长邹万荣专门给我在校园一角盖了两间砖瓦房。这次搬家很排场，校长给借了一辆卡车，我的家当放了小半车，更多的是老伴厂里刚分到的一堆煤。从此我住上了"有我以来"最大的房子(30平方米)。

也许是教学成绩好，1982年教育局给我分配了一套住房，5楼，两个小居室一个过道，30多平方米。但是一个多月不通水电。电好办，拉一根线就亮了，水就得每天往五楼挑。尤其是煤，一年四季都得往五楼上搬。这次搬家我有了大衣柜、写字台和其他几件家具，还是邹校长借给我汽车一次搬去的。

在这里住了三年，教育局自建了宿舍，都是平房，共十排。给我分了整个第一排，有一个小

孩子们倒是很可爱

院、三间房，院里还有一间厨房，我又盖了间放煤的小仓库。没过多久在平房的旁边邮电局又盖了一座五层楼房，正好遮挡了我住平房的阳光。为了补偿，又给我分了一套三居室（我退出了两间平房）。楼房面积不大，只有50多平方米。在这里我买了一套整面墙的组合柜，做了另一间房的小组合柜和一个1.2米宽、2米多长的壁挂式书架，朋友帮忙做了一个钢管双人床和两个单人床，还给女儿做了梳妆台（她已经16岁了），还买了彩电、放录机等电器。这就完成了第四次、第五次搬家。

但是到1993年我不得不离开张家口，举家南迁广东时，这些家具电器、锅碗瓢勺统统无法带走，送了人。我们又变成了赤条条四个光杆司令！在广东，到后来退休到威海，又搬过12次家。最后，我们买了商品房，100多平方米，一直住到现在。可见我这一生颠簸动荡，始终处在艰难之中。但可以安慰的是，时代在进步，时代中的个人尽管所遇境况不同，但只要努力，总是有希望的。这也是我人生感受中很重要的一点。

4 结婚不易，离婚也不易

我的结婚和离婚，正像标题说的一样：都不容易。但结婚时总算结了，可离婚却失败了。

当年正是"文革"，我因为口无遮拦，被打成"现行反革命"，所以年近30了还没有哪个女同胞敢招惹我。

后来一个叫郭珍翔的织带厂女工，敢于"冒天下之大不韪"和我谈起了那个特殊年代的"花前月下"。后来机械厂扩招工人，她就进了机械厂。可是张罗着要结婚了，却遇到了麻烦。

那时结婚的双方需要开一个本单位的介绍信，才能到民政局领结婚证。可我是"臭名昭著"的"反革命"，学校里不给开这个证明。我去找学校革命委员会主任（那时校长都下台了），这位女主任正巧在妊娠初期。她忍着恶心呕吐对我说："'反革命'还结什么婚？"

我说烂了"三寸不烂之舌",还是不行。直到主任的小孩呱呱坠地了,我的证明还是没开出来。

后来我"灵机一动",想到了那时驻学校的工宣队。于是我去找了工宣队长。我和他述说了原委。队长说:"革命是革命,结婚是结婚,两码事!"可学校那位主任还是不答应,硬是把郭珍翔找来要教育教育。主任问:"支玉恒是'反革命'你知道不知道?"郭珍翔却说:"我看他不像'反革命',连只鸡也不敢杀,他还敢杀人放火?只要他不反对我和我娘,就行了。"弄得主任满肚子道理就是讲不出来。工宣队长在旁边说"算了算了",于是拿起笔来写了一张证明:"我们学校的支玉恒和机械厂的郭珍翔要结婚,让他们结去吧!(签名盖章年月日)"我们怕再有变,赶紧去领了结婚证。

1969年8月30日,主任在学校召开了"批斗"支玉恒的"专政大会",第二天我就请假和郭珍翔举行了就当时来说已经"十分隆重"的婚礼。

婚后,虽然各方面条件都很差,但是我们的日子还是安顺平静,和和睦睦。

但在五年后的一天,那是1975年春节初五,按照当地习惯应该到亲朋好友家拜访。我主张去几个体校毕业的同学家,夫人却要去她厂里的工友家。两人相持不下,不知怎的就像有的年轻人常说的那样说出了:"走不到一块就离婚,咱们各走各的。"我说:"离就离!"结果说走就走,两人一块来到了法院。

大年初五是上班头一天,法院办公室的两个人,正在抽烟喝茶嗑瓜子，见我们进来怪模怪样地东张西望，就问："你们找谁？大年时节也不带点礼物来干什么？"我站在夫人身后笑着说："问她吧，我不知道。"夫人没好气地说："离婚！"人家问为什么，她说："脾胃不和！"（她可能想说"脾气不合"。）

法院人一听笑了："脾胃不和？那你们不去医院，来法院干什么？"我躲在她身后憋不住地笑。法院人说："去去去，回家去！买一盒香砂养胃丸，吃了就好了！"我赶紧笑着跑出了办公室，那两个人也笑了。回家的路上，正好路过一个中药店，我态度非常诚恳地问她："要不要我去给你买一盒香砂养胃丸？"夫人一瞪眼："滚，滚远远去！"我二话没敢说，快步"滚"回了家，烧开一壶水沏了两碗茶，夫人也悻悻地回来了。正在这时，同校的马司光老师来了。此君平常就爱说笑话，他的夫人是一位医生。马老师知道情况后，十分遗憾，又有点抱怨地说："咳！怎么不早说？我家孙医生专治各种脾胃不和，连你肚里的蛔虫也给你打扫得干干净净！"我早就钻到墙角里大笑不止，连夫人也笑了——她的"脾胃不和"，也被马医生"话到病除"了。

到现在，我们成家53年了：这五十多年来，我们有过穷困不堪，一个月扣去借款，只领到一角四分钱工资的日子，有过两个孩子一块住院、贫病交加的打击，有过我几次病危、提心吊胆的不安……但是好日子还是多的，欢乐还是多的。这些年她跟着我到处走走，是为了担心我的身体，照顾我的生活起居，同时也游历了长城内外、白山黑水。现在我83岁了，又住在环境优美、冬天不太冷、夏天不太热的海滨小城——威海。这是全国第一个卫生城（已连获几十年），全国文明城市，全国最有幸福感城市，全国花园式城市，全国著名的旅游城市，还是联合国最早公布的最适合人类居住的城市。

这里就是我们远离故乡的家。

5 我可怜的两个妹妹

我的两个妹妹也有各自不同的幸福与不幸。三妹的不幸来自于我这个大哥。当年我两岁时身体羸弱,我的大妹妹也出生了,但已四岁的哥哥却突然夭折了,我成了家中唯一的男孩。为保住我这孱弱的雄性独苗,父母打算让我继续吃大妹妹出生带来的母乳。

那时的老人们多少都有点重男轻女,我的父母还算开化,没有彻底把大妹妹送人,而且给她找了一个条件不错的农村奶妈去哺乳,待长大一点后再接回来。幸运的是,奶妈一家人质朴善良,对我大妹妹视如己出。因而我们两家人一直亲密相处,常年互有往来。特别是和蔼可亲的奶爹,经常给送来各种农产品,过年时还给我不

大妹妹长年看不到我,忽然见我回来惊喜交加

少的压岁钱，因此我也叫他老人家奶爹。大妹妹在奶妈家备受宠爱，父母屡次接她回家，她都不回来，奶爹奶妈以及他们的子女都不肯放手。一直到了十六七岁才比较强硬地接回了张家口的家中，之后多少年，奶爹还是不断地带上不少东西，来张家口看望他的"干女儿"。我和弟弟、大妹、二妹也骑车十几里，去看望奶爹善良的一家人。奶爹去世时，我父母还给祭献了不少礼物和现金。因为在农村长大，大妹妹并没有接受到良好的文化教育，所以在张家口寻求职业就比较困难，先是父亲在电影院给她谋了一份工作，收入并不多。妹妹很要强，结婚后又在工厂找到工作，也学会了铁编的技术。妹夫虽然年龄比较大，但人很和善，对大妹的照顾无微不至，组成了儿女双全的一个家。我平生最愧对的就是这个大妹妹。因为我，她从小离开亲爸亲妈的家；因为我，她没有受到良好的文化教育；因为我，她求职困难，历尽艰辛；因为我，她留下了被"推出家门"的终生记忆！因此我对大妹的生活，给予了特殊的照顾，我在外漂泊的日子里，只要回到张家口，总要去看望她，但除了问候、安慰，也只能在经济上支援她，接济她。在她病重时，我和老伴特意从威海赶回张家口。在她的病榻前，我无声地泪流不止，忍也忍不住。老伴怕我控制不了情绪，对她的病体造成更大的伤害，留下一份丰厚的丧葬费，告别了她。不久她就故去了，我一个人在家里泪流满面，恭恭敬敬向着千里之外的北方，默默地三次鞠躬，告别了我亲爱的大妹妹。

我的小妹妹却是前半生幸福安康，后半生遭遇了天大的灾祸。她从小幸福安乐，所以性格开朗却又有点小倔强，心里总是有点不为人知的小主意。七岁了，我带她去我曾经读小学的学校上学，嘱咐她不要乱跑，更不要出校门，她快乐地答应了。我还有事要做就告别了她先走了。后来才知道我走后，她偷偷溜出校门，找她的小玩伴去了。结果走错了路，被一位熟悉的邻居送回了我们家。我母亲照她屁股打了两巴掌，她知道做错了事，也没有哭没有闹，乖乖地被母亲又送回了学校。校园里空荡荡，同学们已经进了各自的教室。母亲领着她不知怎么办。后来碰到了一位好心的老师，才领着她们母女俩去了教导处。这件事过去了，但小妹却创造了一个"伟大纪录"——世界上入学见到老师后，在最短的时间内，就受到严厉批评的小学生。哈哈，也挺光荣的，不管怎样，

邀小妹妹（中）夫妇到威海，女儿陪他们到风景区游玩

人家那也是纪录。

小妹妹中师毕业后也步了我的后尘，被分配到张家口当上了小学教师。那时候小学语、数还没有分科教学，她担任班主任，并兼任语文、数学两门学科的教学。因为她小学、初中、中师这一段学习很扎实，又天生聪明、主意多，所以教学很快上路，班主任也当得有声有色。没过多少年就陆续做了教导主任，又当了校长，而且还被评为全市的模范校长。

她退休后轻松多了，也成了"家庭主妇"。做饭洗衣，照看两个外孙。小妹妹有点洁癖，每天从早到晚不停地做着零零碎碎的清洁工作。我到了她家都不敢乱动，哪里碰歪了，哪里弄皱了，哪里掉了半根头发，她都要立刻进行清理。别人觉得麻烦，她却乐此不疲。但是小妹对人却仁爱和谐。周围人有了困难，她都力所能及地给予帮助，哪怕在街头遇见一个陌生乞丐。她对我这个大哥表现了特别的信任和亲近，不止一次地请我到她学校讲课讲学。我每次回到张家口，都要在家中设宴款待。退休时间长了，她也迷上了广场舞，每天必去，而且刻不容缓。她丈夫却乘机加入了院子里的麻将大军，但只输不赢。小妹回来后他还假装掏出几块零钱，骄傲地说："我今天又赢了。"小妹明知就里，但也笑着说："拿来，你别想着偷偷去买烟。"其实小妹早把香烟给他买好了。

这样的家庭生活，却在不久之后被无情地打破了——小妹患上了痛苦又难以治疗的椎间盘突出症。起初只是腰痛腿疼，逐渐扩大到几乎整个脊椎骨。到最后，即使在家走动，也是弯腰九十度，艰难地挪动两只脚，还得用手扶住身边的桌椅、门框。

后来听说北京有医院可以手术治疗，而且效果很好。经过全家商议，最后她丈夫无奈地同意了。从北京回来后，腰倒是直起来了，但身体却出现了各种问题。送到医院救治，医生怀疑是手术中出现了多处感染。去北京理论吧，却没有一点可靠的证据，即使要去，人已经几乎全身瘫痪，根本无法移动。不久后小妹妹就凄惨地在病床上离开了这个世界。

我闻讯后，悲痛欲绝。我已经送走了家中一姐一妹。我已经接近80岁，还能在各地讲课，为什么上天都夺去了我这么多最亲近的亲人？我满含眼泪，给小妹妹写了一篇悼文：

> 我的亲妹妹——昨晚走了！
>
> 我的亲妹妹支玉敏，比我小6岁。她和我一样，把一生交给了教育事业，而且做得非常优秀：当老师，是优秀老师；当校长，是优秀校长。最后在张家口市一所小学校长岗位上退休。
>
> 她为人极为善良。她关心、爱护每一个她身边的人，善待每一个她认识的人。
>
> 我多年不在家乡，漂泊于天南海北，但每一次返回张家口，妹妹都要盛情邀请我和老伴及孩子们到她家中，摆一大桌子酒菜，畅叙别情，有时还邀请我到她学校讲课讲学，我也每次必到。
>
> 但她也慢慢年纪大了，患上了腰椎病，日益严重，以致一天到晚只能弯着腰，行动受限，极为痛苦。
>
> 今年夏天，家人带她到北京做了腰椎手术，据说手术倒是成功了。但不久，由于术后感染，累及内脏病变，

痛苦难忍。经医院诊治仍然高烧久久不退，又添颅内积水，已进入重症监护室抢救数天，现已昏迷，没有自主呼吸，需靠呼吸机维持生命体征，意识全无。医生判断醒来也只能是植物人。昨天，我得知，我的亲妹妹，已中止抢救！

呜呼哀哉！我的亲妹妹就这样离我而去！

我忍不住泪眼模糊，痛哭出声。

我真想飞到千里之外的张家口看她最后一眼，但我这一年来心梗频发，几经抢救，现又被带状疱疹纠缠，前胸后背密布疱疹，疼痛难忍，实在难以动身。这世界为什么偏偏要送走我善良、仁义的亲妹妹？

我只能仰望苍天，祝我亲爱的妹妹一路走好！

6 深坑救学生——有点后怕

大概是1982年深秋（因为我已穿上了薄棉衣），我在张家口市建国路小学担任语文教师。有一天下午5点左右，忽然听到一个吓人的消息，一个低年级男生，在放学的路上摔到一个深坑当中，无人能救。听到后，我没有犹豫拔脚就跑出了学校，一直向建筑学院方向跑去。大约跑了四五百米，见到一个工地中有不少人围在一起。我过去一看，地面上有一个大深坑，应该是工地上挖成的。坑口很大，口径有两米多，上面搭着一根工地上用的脚手板。坑很深，估计有十米多，坑壁垂直，没有任何可借助攀爬的地方。坑底俯趴着一个孩子，一动不动。工地上的人已经下班走了，围观的人没有办法去救孩子。我心急如焚，怎么办？赶紧四周看了一眼，附近有一台挖土用的卷扬机，绳子上系着一个大铁桶。我想，有办法了。我问一起跑来的体育老师梁士德："会不会开卷扬机？"梁老师说："不会，见别人开过。"我说："用空桶试一试！"梁老师果断地试了试："可以！"

我把大铁桶挪到坑边，迈腿蹲在空桶中。梁老师开动了卷扬机。我随着铁桶慢慢地降下去。快到坑底了，我怕铁桶压到孩子身上，造成二次伤害，伸出了一条腿支撑在坑底上，然后又把另一条腿从铁桶中抽出来站在坑底，这才让梁老师把铁桶下降到坑底放稳。

我俯下身轻轻推了推趴着的孩子，孩子一动不动，但还有呼吸，应该是昏迷了，头上有伤口，血迹斑斑。我不敢耽误时间，把孩子轻轻抱起来，迈腿进入铁桶中，又慢慢蹲下。梁老师又开动了卷扬机缓缓上升，终于把孩子救到井上。同去的老师们已经通知了学校领导，还拦下了一辆路过的汽车（那时张家口还没有出租车），赶紧把孩子送到了最好的附属医院抢救。我的棉衣前胸、左臂都沾满了血迹，而且渗进了棉花中。这件棉衣算是作废了。

第二天，噩耗传来，孩子走了！只有七八岁。人生刚刚萌发了嫩芽，还没有长出几片绿叶，就这样无声无息地离开了这个五彩缤纷的世界，离开了生他养他、疼他爱他的父母双亲！

事后，我才从该班学生们口中得知：这个孩子平常在班里调皮捣蛋，班主任管不住，就给他封了一个"官"——放学队队长。谁知这孩子头一天当队长，就"耀武扬威"，走在路上对同学又骂又打又踢。走到那个深坑边时，命令同学从那个搭在坑口的脚手板上走过去。同学们虽然怕他，但更怕那个深坑，坚决不服从"命令"。这位队长为了显示他的威风和胆量，就自己抬脚走上了脚手板。不但走，还要左摇右晃、"金鸡独立"，于是一个不小心，直接一头栽了下去——是谁断送了这个孩子幼小的生命？

事后，学校认为建筑公司在坑边没有任何防护设施，没有做好防护工作，导致不懂事的孩子死亡。建筑公司赔给了家长一些钱，金额无从知晓。

回想这件事，我真有些后怕。当时年轻气盛，又没有来得及检查卷扬机的安全状况，如果在升降的途中，吊缆突然断裂，或者大铁桶或其他机器零件出了故障，或是梁老师操作失误，大铁桶就会直接落下砸死孩子，我也起码要受重伤甚至残疾，而且可能要负事故的全部责任。

当时什么也没想，莽莽撞撞下去救了人。现在40多年过去了，想起来依然觉得胆寒，但不后悔。

7 我做过的一件"非好事"

这是20世纪70年代的事了。冯守业校长见我住房太困难了,就让我搬到学校来住。这是学校东北角落的一间空房。旁边有一片空地,紧挨着学校的围墙,墙外便是街上的居民了。我利用这片空地种了二十几棵玉米,还养了两只鸡。学校的围墙很矮,墙外居民家的鸡经常跳进来与我家的鸡抢食,我的鸡养在窝笼里,一般情况下这些鸡也抢不着吃食。玉米一天天长高了,叶腋间慢慢顶出一支支锥形的小棒棒,还吐出了淡青色的细丝。我告诉我刚刚会说话的孩子们:"这就是老玉米,等长熟了给你们煮着吃。"老二霭澍那时还口齿不清,但吃玉米的渴望已在他小小的心灵中闪现出急不可待的火花。自此,他就整天"老米米""老米米"地念叨呼唤。

一个多月过去了,"老米米"的胡须终于变成了干枯的赤褐色,眼看就能下锅了。

一天下午,我带着全家人去奶奶家,等到晚上七八点钟回来后,惊愕地发现,二十多株玉米上结出的四十多个玉米棒子,一下子被人摘光了,一个也没有留下,只剩下残枝断叶在晚风中颤抖。

两个孩子无望地大哭起来,我和老伴的眼泪也掉了下来,气得差点背过气去——孩子们呼唤了一个夏天的"老米米"就这样无影无踪了。我怀疑是墙外的那家人趁机进行了"扫荡"(再没有第二家邻居)。我到校外沿着校围墙走了一圈,果然那家人的门外堆了好多剥下来的新鲜玉米皮子(那时正是"文革""割资本主义尾巴"时期,肯定没有人敢卖青玉米的)。因此可以断定,这些玉米皮子正是孩子们念叨的"老米米"的"残骸"。但是没有当场抓住,也只能吃了哑巴亏。

事有凑巧,第二天,那家人的两只鸡又跳过围墙来抢食,竟然钻进了我们的鸡笼。本来我的"悲愤"还没有消除,再看到此情此景,不知哪来的"机智"和"神勇",我伸手进鸡笼,一手一个掐住了两只来犯的鸡脖子,它们没来得及叫一声,就被我按在木板上剁下了鸡头,又很快地用开水褪下了鸡毛,剖去五脏,总共没用15分钟就收拾得干干净净,把鸡毛五脏埋在了玉米坑里作为"祭奠"。

天快黑了,那家人的一个妇女站在围墙上"咕咕"地吆喝她家的鸡,但她连鸡魂儿也叫不到了,她家也吃了哑巴亏!

现在想起来,虽然也觉得我做得有点过分,但是人不犯我,我不犯人!我就是这样一个"疾恶如仇"的人。可这也是我除去拍蚊子、打苍蝇之外唯一的一次杀生。

这不是一件好事，但若说是一件坏事，我也太委屈。好人被坏人逼急了，有时也会做出他本不愿做的事来，所以这篇文的标题我写作"非好事"。

8 "革命"年代的"革命"学生

20世纪60年代初,我班转来一个"特殊"的学生,她是军官家庭出身,生于1949年10月1日,与共和国同龄。由于环境陌生、学业不同步,这孩子显得有点孤僻。我对她尽力补课帮助,倾注了格外的关心,后来她顺利毕业,考入了中学。

九年以后"文革"时期,巧得很,她被分配来到我所在的学校任教,那时我已成了"反革命"。不几天,她当上了学校革委会成员。

一次学习会上,忽然决定要学另一篇文件,主持会议的她让老师们去取文件,有几位老师没动,我也没动(每次学习我都把所有的文件带齐,防止被挑毛病)。她指着我的鼻子说:"支玉恒!你怎么不去拿文件?"我说:"带上了就不用去拿了吧?"可能这回答挫伤了她的尊严,她大发雷霆地骂了一句:"你是什么玩意儿？！"我觉得这种辱骂挨得太屈，就回了一句："从生物学的角度上说，你和我都是人，我不是玩意儿，你也不是玩意儿！"尽管我的措辞十分严密，但还是捅了马蜂窝。她气得把文件往桌子上一摔，气急败坏地说："你……你……要怎么样？"也许是太年轻，文化还没有学扎实，说不出一句话。旁边一个老师，在那个年代为了不被划入另类，就像应声虫一样拍案而起："×同志是我们的好领导，是'文革'的优秀战士，是……你说你和她都是人，这就抹杀了人与人的区别，你是在散布资产阶级人性论！"

"资产阶级人性论"，这个帽子提供得太及时了。她马上有了主意："今天学习停止，准备批判支玉恒的资产阶级人性论！大家解散回去学习红宝书，明天批判发言！"

"好汉不吃眼前亏"，我第二天已经悄悄骑上自行车到北京"革命串连"去了（那时正讲究这种活动，坐车不要钱，到地方后吃住也不要钱）。半个月后，家里来人说学校老师们也都急着外出串连，谁也顾不上什么人性论了。这事以后，刚20多岁的她，飞速地当上了领导。

又过了十多年，"文革"被彻底否定，我也得到"平反"，后来我讲课渐渐走出了张家口、河北省。有一次偶然情况下我又遇见了她。她已被调整为一般干部。我听到她说了这么一段话："支老师，那些年我太年轻、太幼稚，不懂什么事，您不会记恨我吧？"

记恨？有什么可记恨的呢？在那个不平常的年代，人性也被影响了！本来是一个很好的孩子啊！

9 脸皮厚也有好处

大概是 1982 年吧，是我改教语文的第四年，河北省电教馆要来张家口给一位老师做录像课。我听到这个消息后很兴奋，就壮着胆子去和省里来的拍摄人员商量，给我也拍一课。我自己冒冒失失地自己来求录像，人家眼光很诧异，可能是在全省第一次遇到脸皮这么厚的人。但是还是询问我的情况后又问："你打算拍什么内容？"我说："郑振铎的《别了，我爱的中国》一课。"他们对我说："很好，很欣赏你的自信。这是一篇新教材，我们正想拍这一课，但是讲这课难度比较大，全省都没有人申报讲这一课，正好你讲讲试试。"没想到人家就这样答应了（看来脸皮厚一点还真能办成事）。那次是我第一次看见摄像机，没想到这节课被推荐到国家教委，还获了全国的二等奖第一名（一等奖只有一个，拍的是教材《海上日出》

教学参考片）。

拍片的时候，我依然按照自己日常接待外地老师们听课的习惯，没有做任何布置和安排，对学生也是上课前告诉他们今天有人要来拍摄录像片，以免他们看到摄像机感到新奇和害怕。上课举手发言，回答问题，质疑问难，一切都与日常教学无异。有的同学问题答错了，引起同学哄笑。他还对着摄像头抓耳挠腮，把摄像师也逗笑了。由于是两课时连着上，有一个学生竟然举手请假去厕所（这在我的课堂上是允许的）。

有一个句子："别了，我爱的中国，我全心爱着的中国！"在课文前、中、后连续出现了三次。有学生提问："为什么同样的内容要连着写三次？"这个问题我先请同学们回答，结果多种意见争论了15分钟，我才综合同学们的意见做了适当分析与结论。这也使摄像师们大感惊讶。他们下课后还津津乐道，说他们从来没有见过这样讲课的。我在课中曾有意提了一个不着边际，而又似乎与课文主题不相关的问题："课文上说：'我听着鞭炮噼噼啪啪地响着，我的眼眶润湿了，我的眼泪已经滴在眼镜面上，镜面模糊了。我有一种说不出的感动。'这句话我有点不相信，眼泪怎么会滴在眼镜面上，难道泪水是向前喷洒的吗？"讨论这个问题前，我简单介绍了时代背景，以及郑振铎受反动政府迫害，远离祖国开辟革命新战线的事迹，要求学生放眼全篇内容，发表见解，最后得到了非常深刻的思想感悟和情感体验——作者不忍离开他深爱的祖国和亲密的战友，他流泪了。但他又不愿让战友们看到，于是强忍着不让眼泪掉下来，但是又忍不住，都聚集在眼眶里，泪珠越聚越大。因为他一直低头看着岸上送别的亲友，而且没有任何动作，所以眼泪就滴在了镜面上（如果之前稍有动作，眼泪则滑落于面颊）。学生们深刻体验到郑振铎热爱祖国的情感，是既强烈，又深沉，心情又是很复杂。

接着我又提了一个看来无足轻重、小得不能再小的问题："作者写内容这么宏大的文章，为什么还要提一下'两岸的黄土和青草'这样微不足道的细节？"我的目的是引导学生见微知著，通过细小的事物，看到它隐含的重要事实。既然是"两岸"，那么帝国主义的军舰到哪里去了？——绝不在海上，而是开到我们的内河里了。能看清岸上的黄土青草，这军舰是在大江大河上吗？绝不是！他们已经深入内陆。从而让学生体会到，当时帝国主义侵犯中国是多么猖狂！同时也激起了学生痛恨帝国主义的情感。

后来国家教委评了奖，我听到北京参加评选的老师说，这个录像片之所以获奖是因为：

① 选择了大家都不熟悉的新课文，在全国影响巨大；

② 教学设计科学合理，深入细致，引导得法，举重若轻，教学效果明显、突出，示范作用巨大；

③ 课堂进程自然轻松，没有丝毫刻意为之的痕迹，具有家常课的典型特征，也给公开课做了榜样；

④ 授课者主动要求承担任务，是对各级教委工作的可贵支持。

10 "短命"校长

1959年河北体校毕业后,我在家乡教了近20年体育,又改教语文。到了1978年我被任命为新建的张家口桥东实验小学的校长。这个学校不是"基础很差",而是"没有基础"。我提出了很严肃的"四不失"要求:每位老师,特别是刚毕业的老师,都要经常听别人的课,不然就是失谦;听课时不必事先打招呼,推门就进,被听课的老师不得拒绝,不然就是失礼;听完课必须诚恳交换意见,不然就是失敬;交换意见必须实事求是,实话实说,不然就是失诚。这一措施使学校从一开始就逐步形成互帮互学、认真研究的风气。

我对老师们要求又很松:充分信任。早晨、下午到校不必签到,人人都吃五谷杂粮,人人都有老有小,迟到了和组长说一声就行了;我取消了男55岁女50岁以上老师的"坐班制"，上完课就可以回家，备课、改作业自己支配时间；五年以上教龄的老师可以不写教案，在教科书上备课；还分年级规定了家庭作业量。学校每周六下午只排两节课，老师和学生们进行有组织的、自愿的文体活动。结果老师们不但没有迟到早退的，他们的工作效率更高；学生学习愉快、有兴趣，成绩很好，还在区运动会上拿到了男女团体总分第二名，文艺比赛获得优胜奖。学校管理、教学、生活，井然有序，生动活泼，蒸蒸日上。

由于是新建学校，我当校长真的很穷。第一学期结束时，要过年了，别的学校都给老师发了奖金，我给老师们每人发了一把扫地笤帚，老师们都很理解，还很高兴。第二学期结束的庆祝会，我们组织了教师各科知识技能竞赛。问题都是我编的。天文、地理、语文、数学、音乐、美术、体育保健，甚至还有浅显的哲学内容。答对的发30元奖金（1979年）。由于有事先的巧妙安排，每位老师都有答对的机会，每人都能领到奖金，老师们皆大欢喜。

我当校长又当得很富。我当时凭借自己的影响到处求援，教育局、政协、民主党派（我是民主促进会会员），都给了赞助。我甚至直接找到市长一下子批了十万元（1978年），为全校安装了暖气（张家口属于高寒地区，冬天教室里生两个煤炉，还得开窗放烟，不但难以取暖，还会很快熏黑崭新的教室），装暖气余下的钱买了钢琴，配备了最早出现的小微机……这些条件在当时的张家口小学中是首屈一指，也是独一无二的。

1988年，我和学校教导主任宋端萍以及主要骨干教师徐学政、姜美欣、杨惠敏等老师商议学校要搞一个整体改革实验，然后我起草了实验方案。搞这样的实验，当时全国都在积极酝酿筹划，但在张家口是史无前例的。我认真地与老师们讨论了实验的目标、措施、实施方法等，得到了老师们的响应。我也向有关市、区中学请教，同时我还给全国的十多位专家写信寄去"方案"征求意见，得到了很好的建议和支持。完成了"实验方案"的第三稿，上报了区教育局，也给省市教育局上交了方案。河北省教科所评价我们的"实验方案"是全省同类的改革方案中写得最好的。我找到区教育局长商讨具体的实验实施。这位局长说："你们先搞一年试行，明年我们召开一个领导、专家论证会，研究经验教训，然后实验正式开始。"我觉得有道理，就信心满满地带着老师们努力实践了一年。第二年我又找到这位局长跟他研究召开论证会的事宜。可他的一句话像一桶冰水兜头浇下，把我的热情从沸点一下子浇到冰点！这位局长说："再等一年吧，你们的实验方案我还没看呢！"我感到极度失望，心力交瘁，在这里工作万念俱灰。于是我写了辞职报告。

过了不久，上级发现了教育局内的混乱现象和不法行为，换了新局长。我的辞职报告却始终未被批准。一个月后，我就应邀到成都，在全国会议上讲了《第一场雪》，受到广泛称赞。1993年，报纸上刊登了一所开创性的民办学校的招聘教师广告。于是，我下定决心一定要离开张家口，到广东下海打工。毅然决然，54岁两鬓已斑的我登上了长途火车。由此，在广东小学执教7年。1999年，我到了花甲60岁。也是在张家口当校长的妹妹，代我办理了退休手续。但我也自觉无颜再见张家口教育界父老乡亲，就一往无前地选择了新的栖息地——山东威海。如今已在这里安居20多年，只觉得不虚威海之选。

时间过去40多年了，我仍旧时时怀念我们温馨、团结、求实、上进的桥东实验小学。但这个学校的校址已被改建为教育局办公楼。桥东实验小学也就此彻底消失了！

2003年5月16日

11 为所去学校留言

为深圳石岩公学留言

室间绿化

溢翠飞丹淡点金,花木扶疏舞娉婷。
顾盼生疑此何地?窗内书声琅琅清。

浮雕壁画

火锻铜凝五千年,如今壁画又攀岩。
不似司马多叙古,尽晓沧桑俯仰间。

小院画板

夏宇层层玉无瑕,栏前绿苑多奇葩。
育人不遗咫尺地,寸寸师心朵朵花。

紫荆树下

万片纷飞碧玉堆，枝间树下彩蝶飞。
今朝不惧挥汗雨，明白何愁捧金杯。

翠竹凉亭

翠竹丛边点点红，长亭掩映旭日东。
温书小憩寻去处，此间诗情画意浓。

窗外杜鹃

烁烁红光火样鲜，阳台植木书堂边。
读书偶有劳乏日，惬意凭窗赏杜鹃。

绿色长廊

漫漫人生路正长，由此起步有荫凉。
常见彩旗丛中舞，迎送多少少年郎。

悬崖喷泉

巨石巍峨孕飞泉，隙间拗挺翠枝鲜。
人间诸事难离本，展叶舒枝应思源。

如玉长栏

曲栏盘绕万绿间,高低错落几多旋。
若无层楼映红日,疑在广寒玉阙前。

卫生间内

此处从来人讳言,公学却教变容颜。
纤尘不染墙品鉴,画框高悬别有天。

（1997年载于校刊）

为顺德桂洲瑞英学校留言

教学楼群

厦宇层层沐天光,幼树微荫久成梁。
常羡孩童好安逸,欢笑声中醉书香。

明日星塑

双帆扬起驭惊波,长风直送向天歌。
把握今天身边事,明日功成列星河。

礼堂怀想

淡雅端庄玉色清,常聚千万小精英。

更喜年年六九月,满堂歌舞满堂情。

小植物园

翡翠丛中玛瑙花,疑是天边落地霞。
入园求知生态事,岂止信步赏奇葩。

绿地小景

凤尾婆娑绿影多,醉石沉眠梦南柯。
好友两三私密事,藏匿此间无耳朵。

校园绿化

楼前屡见小花园,花间土径任意弯。
游人尽兴沉迷处,耳闻书声隐隐传。

(1998年载于校刊)

12 病床上的打油诗

我遗传了父亲的心脏病。

2000年4月3日,我在广东顺德桂洲,一起床就感到胸闷胸痛、头晕恶心、浑身冷汗,含服硝酸甘油无效,血压70/40,医院确诊心梗,严令绝对卧床,大小便也不许起床。好了一点后,晒太阳、透空气都得坐轮椅。为此我给护士写了一封"信":

> 医生严下禁行令,老妻轮椅结伴行。
> 劳碌一生今安享,闭目神思福不轻。

护士拿给医生看,成了心内科谈论的话题。

医生要给我做一个"动态心电图"——把仪器固定在身上,监测24小时的心脏活动及心肌缺血状态,并让我写下每一个时间节点和每一次活动后的感觉。晚上坐在床上观看窗外夜景,我写道:

> 霓虹溢彩桂洲城,车灯疾速像流星。

池中光影点点密,莫非天河落水中?

记录睡眠情况时,我写道:

今日春眠好梦长,不觉东方现曙光。
若非个把蚊虫咬,醒来恐已尿遗床。

上一次厕所,我写道:

如厕一次心跳快,用完手纸起不来。
回到床上又见好,今日不死且开怀。

医生看了这些记录,完全不符合要求,叹息说:"这个人不可救药!"但这些"记录"却成了大家传看的"奇文"。

临出院了,我给医护人员买了一些糖果,附了一个纸条:

入院窗外木棉红,倐几新叶绿葱茏。
医护仁心兼仁术,教我沉疴获再生。

我用木棉树的花叶丛生表达了生命的运动变化,表达了康复的欣喜。

住院期间,镇教办两位主任多次来看望,交付了医药费,又给了我几千元的补贴。我所在学校的老师们和培训班的学员们也频频带着礼物来探望。我衷心感谢他们的善良和深情。

2005年1月10日,我又一次心梗入院,经过冠状动脉造影,三个分支都有堵塞,最重的已达99%,必须做心脏搭桥。晚间我给北京的吴琳老师发了一条短信:

明天上午我要做一个手术，心脏搭桥，希望不久之后能再见！

吴老师非常关切，复信给我："您要坚强，支老师，我在千里之外为您祈福。"

我回复她说：

　　半生风雨未知秋，小疾无奈老黄牛。
　　不日轻装重挽辔，扶妻携子信天游。

　　上帝都讨厌我这个人，我想去他也不会收我。请放心！

吴老师又回复：

　　万家灯火不夜天，无心驾车泊花间。
　　试与支老共一曲，笑看老牛卧枕边。

吴老师知道心脏搭桥的可怕，我怕她担心，又给她发一短信：

　　开胸撬骨，心怀更加敞亮。
　　体外循环，品尝另类风情。
　　心搏停止，暂且休息片刻。
　　割管搭桥，无非引线穿针。

　　上天如若唤我，全麻中不觉而去，也算潇洒走一回。

吴老师用我讲过的课编成诗鼓舞我：

　　一觉醒来，改版《第一场雪》。

> 胸有《心桥》，再译《给予快乐》。
> 支老不老，重塑《伟大友谊》。
> 小语后生，共念《难忘启蒙》！

第二天要做手术了，我躺在病床上辗转反侧，索性坐起，又写了一首七律打油诗，以作纪念：

> 一生风雨未彷徨，小恙何奈老夫狂。
> 开胸不过七寸口，搭桥只需三根梁。
> 上天趁便陪父母，入地权当访家乡。
> 不日轻骑重挽辔，天南地北马由缰。

我不怕死，那是自然规律，谁也逃避不了。我自撰了一篇"墓志铭"：

> 自幼爷娘帚杖勤，至老烦愁不存心。
> 虽说到底无建树，却信平生未害人。

手术后醒来得知，开胸后发现三个桥已不足以救治，故增加成四个桥。我想：这是叫我四通八达、四平八稳、四大皆空。何其好也！

2013年以后，心脏又开始捣乱了，动不动就缺血、绞痛。据说心脏搭桥有效期是十年，我知道我的"大限"快到了。幸好一位好心人给我介绍了一种救急药叫"消心痛"。很便宜，四五元一瓶100片，效果非常好，稍有憋气、痛感，舌下含一片，两三分钟就见效。这些年虽然犯了几次心梗，但一直没有暴死。

> 阎王唤我没听见,地狱等我我住院。
> 有幸得到救急药,延时续命含一片。

2016年,搭桥已彻底失效。威海的医院让我去北京治疗。于是在北京安贞医院又做了支架。

2018年后半年身体越来越好。长沙"全国诗词教学大会"发来邀请,我报告了病况。回说可以请家人陪护,一起坐高铁商务座。儿子陪我去了长沙,还顺便答应了杭州的邀请。这一下又走开了,去临安,走洛阳,捎周口,预应了广东、安徽。于是,欣然命笔:

> 沉疴伴随二十年,病危通知八九篇。
> 畏惧焉能祛病痛,轻狂只会更纠缠。
> 放胆开心不牵挂,肝舒养胃无羁绊。
> 该吃就吃该干干,阎王自思怎么办。

13 濒临死亡的回忆

我这一生屡受疾病磨难，已经接受过七八个医院的"病危通知书"。可怕的是，2022年，又出现咳血的现象。在威海医院做了CT，怀疑是一个5cm×5.5cm的恶性肿瘤，并告诉我去烟台一家治肿瘤有名的医院看看。

烟台医院确诊报告（2022年7月10日）

1. 癌症：①右肺癌；②纵膈淋巴结转移；③肺转移；④左侧肾上腺转移；⑤尿路上皮癌。

2. 其他（非癌病症）：左肾积水、心脏病、室性早搏、肾囊肿、肝囊肿、输尿管扩张、腹主动脉瘤样扩张伴附壁血栓形成。

哈哈！够吓人！一身五个癌，还有多种严重而复杂的病。

这一生80多年，没有做好几件事，无力积攒财富，没有给妻子带来轻松惬意的生活，没有给两个孩子提供良好、优渥的工作和生存条件，倒是结出了各种病痛的累累硕果。也许是大自然对我的考验吧。

但是仅过了一个月，2022年8月10日晚上8点多，老伴照例去跳广场舞。我自己在家无事看书。忽觉腹内绞痛、便急，赶紧坐马桶。同时有些头晕目眩，待我喘息稍定，起身一看多半缸马桶内全是黑色血便。须臾，就迷迷糊糊摔倒在地。我想爬起来，但浑身全无寸力，连头也抬不动，只好放弃努力，瘫在地上。这时我还算清醒，知道自己失血过多已经虚脱。不能等死！于是慢慢做一些小动作，动动手指、脚趾，弯弯臂、屈屈腿、转转头，爬着向前挪一挪、蹭一蹭……就这样，我从卫生间爬到了客厅。一看表，已经快9点了。我想不能总这样趴在地上！于是我又努力向卧室爬，大概又爬了半个小时，终于爬到了床边。多亏床不高，用出吃奶的力气才把自己挪到了床上。我闭上眼喘气，等着老伴回来救我（电话在桌子上，我根本拿不到）。

老伴回来了，弄明了情况马上拨打120要急救车，又给儿女打电话。不一会儿，人来齐了，一家人马上奔向市立医院急诊科。

病情很明显，病况很危急，人已到濒死状态。急诊科立即联系消化科，紧急确定并办理住院手续。消化科医生马上启动抢救程序，没有再出现意外情况。但治疗过程中，两次强烈恶心、呕吐，触发了严重的心绞痛，几近心梗，幸亏供氧、供药措施正确及时，才扭转危情。但是由于我拒绝肠胃镜探查，出血点难以确定，无法对症施治，我只能接受禁食、禁水措施，以待肌体自愈。每天只能输血、输氧、输入营养液以维持生命。为了尽快恢复体力，我没有遵守"全天卧床"的医嘱。根据自身情况经常坐电动轮椅到走廊反复折返，在心理、生理方面全面培育活力，效果很好，医生也不再责备，态度反而对我最好。今天就要出院了，不禁使我浮想联翩：

这回突发的三次濒死状态，是我多年疾病磨难中最密集、最严重的经历，我甚至感觉——是我80多年来与天堂上的父母灵魂最靠近、最亲密的融合。但我相信：父母绝不会收回我的生命！

回顾前半生这长长的80多年，病痛屡屡折磨，而且每次都危重凶险，但它们都没有使我倒下，反而很快恢复健康。我想到：

长夏之后一定是严寒，青春去后必然是老年，幸福后面也许有不幸。把一切都当作是不可避免的，哪怕它有多么可怕或使人不幸，但都不能怨天尤人，不能灰心丧气，不能失去对生命的自信，要乐观豁达地面对，要从容坦荡地活下去，直到死神来强行绑架的那一天！

在得知收获了那么多种多样，使人闻之色变的癌症和其他恶疾后，又紧跟着失血濒死，我并没有恐惧，没有失去惯有的乐观和淡定，我相信好心态是抵御一切疾病的坚实力量，我不会那么随随便便、轻轻松松让任何病魔把我弄死！

正如苏轼《定风波》中所说：

> 莫听穿林打叶声，何妨吟啸且徐行。
> 回首向来萧瑟处，也无风雨也无晴。

14 水浒人物群像十二幅

（『文革』期间应命而作）

晁 盖

烧尽庄园揭竿起,水泊涛涌风浪激。
托塔称王扫群魅,笑看官军如蝼蚁。

吴 用

胸中似屯百万兵,敢称山寨智多星。
屡挫内奸投降计,唯惜义字误终生。

武 松

大虫死处谁豪饮!文面杀脏扮行僧。
厌听招安心已冷,不若二龙伴智深。

孙二娘

疾恶如仇铁心肝,巾帼不让须眉男。
十字坡前包子店,专送鬼魅上西天。

鲁智深

看园种菜柳掀根,清规难戒不平人。
怒斥叛徒招安计,直裰染皂喻何深。

林 冲

逆来顺受怎做人?朔风飞雪辞山神。
盼到天王同聚义,凛然正气拼王伦。

朱 贵

旱地忽律踞银滩,落魄兀自蔑金銮。
酒旗迎来冷眼客,强弓怒送热血男。

三 阮

三折难屈造反心,单叉双棹抗官军。
只闻渔歌船头起,忽见御酒变醪村。

李 逵

虬眉环眼显狰狞,不问皂白就杀人。
何事扯诏骂太尉,一杯毒酒丧终生。

卢俊义

大名府中备麻绳,吹破船底水淋淋。
今遇黑郎逢知己,当然叛卖一板成。

宋 江

曾将经史蛀一空,奴颜媚骨谓全忠。
皇帝亦喜及时雨,断送梁山十万兵。

高 俅

不识文武高官就,只凭钻营善踢球。
虽与黑厮相争斗,实为两貉夺一丘。

我真的不懂什么诗词格律、平仄,因为我根本没学过。当年小学、初中的课本,基本上没有古典诗文,到了体校又分术科、学科。那时我的精力几乎全部都投入到术科的训练、比赛中。学科的语文我倒是有点兴趣,学过一篇《孔雀东南飞》,洋洋千言,基本读不懂,只记住最悲惨的两句:"举身赴清池""自挂东南枝"……毕业后教了20年体育,哪里去学古诗文?好在我读"闲书"比较多,也读了不少诗词歌赋(太古的读不了)。我比较喜欢古诗词,有时也"舞文弄墨"胡诌几句,觉得句子有起伏,押上韵即可。我也不怕惹笑话丢脸。以上几首"诗"就是这么"现世"的,希望大家一笑了之。

15 自撰曲牌名仿『元曲』宋江自述

（写着玩，别笑话）

（锣鼓住，丑扮宋江上云）看官原来不知，俺乃山东郓城押司小官宋江的便是，小字公明，听俺慢慢道来便是。（唱）

【牛皮令】俺自幼儿有出息，生在富贵家庭里。一点儿灵犀。经史倒背烂如泥。左近三百里，谁不知俺黑三郎孝义！扶危救急，江湖上称俺作及时雨。这名声，来非易，全凭俺一片心机，昧着良心把人欺。

转【呼苍天】押司官，虽不济，平步青云是阶梯，俺要一步登上去，至明至圣宋皇帝，俺义胆包天，忠肝盖地，您总该照顾俺竭忠尽力的呼保义！

转【笑途穷】没承想，半路上撞到个阎婆惜，害得俺仕途失良机，发财断消息，反倒被文了面皮，呜呼噫嘻！可怜俺宋江不遂天意。不由人泪沾襟衣！（抹泪科）

（"科"字在元曲中表示动作）

转【扮疯魔】几上梁山俺不依，怕坏了俺名声利欲，下违父意，上逆天理，灭九族的勾当儿，不是俺宋江本意，这遭儿啊，不由俺黑三郎不上梁山去。无奈何，花落去，上山暂且把难避。大丈夫能屈伸，不妨定下权宜计。俺无反心、无反意，只等招安是希冀。官阶直上断春机，俺拐弯抹角达目的，啊哈嘻！谁有俺及时雨的高主意？（云）俺宋江一生只想着忠与义。忠服之心，唯对皇天可表矣！

（锣鼓带过，丑上云）小的们，升起俺替天行道杏黄旗，听俺略表寸心意！（撚须脾腹科）

【表心迹】梁山泊大聚义，俺将聚义改忠义，晁盖你，有威力，经不住俺暗地里架空你。俺釜底抽薪夺权力，偷梁换柱添羽翼，定叫你，在梁山，无有立足地，跟俺一块投降去。天助俺，事成矣，你中箭身亡，嘻嘻！俺心中喜。俺装神弄鬼求天地，一百零八将，早将你开销去！剩下的愚兄弟，也吃俺愚忠蒙蔽。

【丑得意】（方步拂袖科，小锣点击三，丑云）俺蒙受三卷天书，为主全忠仗义，为臣暗里投机，忠义堂上设宴席，俺今召开菊花会，众兄弟却早来到也，待俺将招安的事儿提。

（锣鼓带过，丑上云）那日菊花会上，李逵这黑厮害得俺好苦也！（掀襟抹泪科，唱）

【会妖娘】菊花会，好宴席，被搅得惨惨凄凄。看来这，招安计，还得呀用心尽力。听得那，东城里，李师师娇娇滴滴。俺今日，走千里，来会这当今爱妓。免不了，献谄媚，卖弄那眼眼眉眉（丑云）兀那红漆大门，便是李师师辉煌府第。

（入府，拜见科）

【会妖娘】好师师，想煞你，俺宋江恍恍迷迷，为的是，拜见你，皇上前美言几句。为招安，神魂离，受封荫恍恍遽遽。

水泊寨，广千里，买凤城现钱交易。谢师师，多留意，可怜俺哭哭啼啼。

（锣鼓骤停，丑上云）俺宋江受了招安，平定了方腊一隅，皇上赐俺御酒。原来酒里有毒，俺死无怨气。但有心事未曾了却。心上甚不宁也！小的们，给俺唤那李逵来也！（唱）

【死犹忠】喝下御酒心惊悸，五脏六腑相煎急。一盅御酒一盅泪，点点滴滴命相逼。（丑云）兀那黑厮来了也。待我好心哄哄他去。

【枉死咒】好兄弟，讲义气，这杯御酒，你将它喝下去，俺今死无葬身地，俺心无愧无忌，就怕你再度杀奔东京去。俺一生，讲忠义，朝廷负俺，俺忠心耿耿不生气，绝不负俺好皇帝。（痛哭科云）呜呼！谁能救俺出死地？九天仙女也不灵矣！（扑地死科）

（注："文革"时期号召"批《水浒》"时的应景之作，亦是一种有趣的文字游戏，大家读后别笑话。我不懂诗词格律和音韵平仄，前一篇《水浒人物群像十二幅》中的打油诗是随意乱写的。本篇"仿'元曲'"也是读过一本《元曲选外编》，模仿其行文格式和语言风格瞎编的。写了这篇"仿'元曲'"后，革委的人怀疑我看了不合规的书，就到我家中搜查，结果把《元曲选外编》和《水浒传》还有许多书都收走了，到现在也不知道被收走的那些书的下落。）

第三部 师友情长

孙双金

1 偶然与必然
——析名师支玉恒的课堂细节

【课例】：掌声响起

小学语文名师支玉恒先生在浙江授课时，课堂上曾出现过这么一个很容易被忽视的细节——

教师就一个问题连续提问了几个学生以后，又提问了一位男同学。

生："老师，我说得可能比他们还简单，您看行不行？"

师："您真客气！（众笑）您说吧，让大家共赏一下！"

学生说出了自己的观点，这个观点言简意赅，赢得了台下众多听课老师的掌声。

师："老师们的掌声说明了一切，

帅气的孙双金先生

你到前面来,站在台口,向老师们说声谢谢。"

(该生走上前,但行动有些局促忸怩,抓耳挠腮。听课的老师一起笑了起来。)

师:"现在为什么大家都笑了,知道吗?"

生:"可能是笑话我吧?"

师:"大家的笑是善意的,看见你一下子变得行为举止腼腆,觉得挺有趣。一个人不但要有知识、有学问、有道德,而且行为举止也要大大方方,礼仪周全。你愿意这样吗?"

生:"愿意。"

师:"那就大大方方地到台前向老师们敬礼致谢。"

该生大方地敬礼:"谢谢老师们!"(掌声响起)

【分析】:育人的魅力

分析这一由于偶然因素而生成的课堂细节,可以发现教者的处理至少包含着四种十分有价值的教学艺术。

一是健全人格的塑造艺术。支老师的课堂,能够及时捕捉学生言行中需要纠正的地方并立即予以纠正,突出了问题解决的时效性。同时,支老师处理问题时的针对性也很强,把握住了听课教师的笑声中蕴藏着的真实情感内涵,让学生自己去反思老师们为什么而笑。在这个基础上,支老师再有情有理地进行分析,列举出学生应该表现出的行为举止。如此,不但这个学生明了自身举止上的不足,也为全体同学提供了日常举止的规范。

二是扬长避短的批评艺术。支老师的这处细节处理,为我们提供了一个艺术性批评的典范。支老师之所以打断了授课节奏，是因为他发现了这个学生的扭扭捏捏不利于以后的社会交往，不利于这个孩子的健康成长。但他一不是直接抓住学生的举止不当来批评，二不是道理说教，而是通过掌声来肯定学生的优秀，让学生自我思考。正是在这种充满了魅力的批评中，学生心甘情愿地接受了老师的批评，并及时纠正了自己的不当举止。

三是和谐课堂的构建艺术。支老师的这处批评，由于其教育艺术的高超，不但被批评的学生没有任何不满，而且还不断激发出全场的热烈掌声，这一教育艺术显然不同寻常。其实，这里的和谐，是建立在支老师一开始的小幽默"您真客气""您说吧""让大家共赏一下"的基础上的。面对充满关爱与平等的课堂，师生间互动时，又怎么会不和谐呢？

四是关注生命质量的迁移艺术。支老师的这处细节，"起"于课堂教学中的文本研读，"承"于精彩发言和发言赢来的掌声，"转"于学生致谢时的抓耳挠腮的动作，"合"于教师入情入理的分析与建议。起承转合之中，一个由知识到生命质量的迁移便在三两分钟内顺利完成。明明是一个意外的生成，却和整个教学环节浑然一体，巧妙天成。

一处小小的课堂细节，为我们展现了一位名师的教育教学功底和为人处世的方式，感受着这份独特的魅力，我想，我们每一个做教师的，也许都应该有所触动。

《现代教育报》2006 年 6 月 12 日

2 与支老师几千公里的缘

陈清枝

百年修得同船渡，与支老师相识可谓是"百年因缘"。

2018年我应邀前往山西大同，参加一场教学研习活动，我们二人都是讲课老师，却擦身而过，没有碰面。我久仰支老师大名，也拜读过他许多文章，十分钦佩，就留下我一本著作，请主办单位代为转赠支老师，请他指导。一年多后，接到支老师的信函，才又开始联系。1990年后，我多次带领师生家长前往大陆参访交流。2016年，我从人文实验学校退职后，开始我的讲学活动，把我语文教学、森林自然教育的一些经验，带往大陆。去年开始我长时间在大陆各地讲学，先后前往贵州贵阳、遵义，广东中山，山东肥城、淄博，却仍然错过前往山东威海拜会支老师。今年再前往湖南娄底讲学三个月，刚回到台湾，等过完年后，春暖花开，再前往大陆，一定找机会，前往请教。

虽然我们相差十几岁，但是我们有许多共同之处，也都在为语文教育努力。支老师一生传奇的经历，坚毅耿直的个性，与我相同，也令我佩服！

虽然我们相隔很远，却有血浓于水的情感，因为我们都是中华民族的后代。希望等到春暖花开，我们可以相见，一圆"百年之缘"。

2021 年 11 月 11 日

台湾陈清枝教授题赠著作的扉页

3 我与支玉恒老师（上）

黄亢美

1989年，在四川成都举行了"全国小学语文中青年教师阅读教学观摩活动"，这是新中国成立以来到20世纪80年代，小学语文教坛上一次规模空前的全国性教学盛会。

在这次观摩活动中，当时尚属河北省张家口市的著名小语教师支玉恒老师上了示范课《第一场雪》，他摒弃繁讲冗析的教法，而是以读为本、以读代讲、以读悟情。这一新颖的教法突出了阅读教学的"以读为本"。赢得了听课者的满堂喝彩。全国小语会学术委员会负责人杨再隋教授在点评时给予很高的评价。后来，在全国多地兴起了"支氏品读法"之风，且至今不衰，影响可谓大矣。

老朋友黄亢美先生

以上的信息我是从报刊上获知的，支老师上的《第一场雪》我也是从稍后的教学录像里看到的。作为一个语文教师和教研工作者，我很想走近他，跟他聊点什么的。此后多年，不时从报刊上了解到一些他在各地讲学和上课的行踪，但始终是神交而已。后来在杭州举行了中国著名特级教师精品课观摩会，因教务缠身，仍无法前往，过后看到了支老师《第一场雪》的第二种教学设计和课堂录像，我深深地感到这一场"雪"下得更大更美了！时代感非常强，散文教学几近"诗化"。一种省级教研员的使命催促我，一定要把支老师的课介绍给广西区内的小学教师，让他们足不出省也能看到好课，学到新法。于是，我撰写了《以读代讲训练到位》一文，发表在《广西教育》杂志1997年第10期"名家教例赏析"上。正所谓"以文会友"，从此我与支老师开始了函件的"笔交"和电话的"声交"，开始走近了支玉恒老师。

1997年金秋十月，我出席了在安徽马鞍山市举行的"全国第三届青年教师阅读教学观摩活动"，我获知支老师亦由粤（此时支老师已"下海"在广东任教）赴皖观摩。在观摩活动闭幕的当晚，我专程到他居住的雨山湖饭店215号房间拜访，不料他已应约外出。旦日离皖，机不可失，于是我与同他一室的《小学语文报》记者常风先生闲聊坐等，约10分钟后支老师回来了，见面，打量，握手，问候，推心而谈，会心而笑，相处交谈一会儿，我就感到眼前的支玉恒老师是个热情、淳厚、健谈、睿智的人。但"好景"不长，谈话时不断有慕名约谈求教的电话，不到二十分钟，又来了一批径自造访的青年教师。见此情景，我只好余言后叙，匆匆告辞了。

虽然马鞍山聚首匆匆，然而毕竟还是能与支老师"面交"了。我还是希望更进一步，再从他那里掏点什么好东西。

1998年5月14日，支玉恒老师应我中心邀请从广州飞抵南宁，为我区小学教师上示范课。这一次与支老师相处了三天，可真是走近他一大步了。5月14日和15日，支老师先后上了《太阳》和《为人民服务》两课。他大胆改革，勇于创新，在黑板上不着一字，却让40多人次的学生直接上讲台板书；上《太阳》一课，还极富新意地把太阳情况的多层次的总分关系喻之为大队长、中队长、小队长和少先队员；课堂教学中学生想说站起来就说，想读站起来就读，想写就上黑板上写。语言文字训练如此到位，学生的主体性竟展现得如此充分！下课了，听课的近千名教师报以热烈的掌声。什么叫突出学生的主体性？什么叫学科实施素质教育？支老师的课就是最好的范例啊！老师们议论着，品味着，吸纳着……

4 我与支玉恒老师（下）

黄亢美

5月15日晚，支老师不顾白天上课的劳累，又与我中心举办的语文骨干教师班的学员进行座谈。座谈会上，他从个人经历到自学和教学，深谈浅说，有问必答，他的翔实举例、谆谆话语，使参加座谈的50多位青年骨干教师都有"胜读十年书"之感慨。16日上午，陪同支老师到南宁青秀山游览，虽然游乎山水之间，然而话题常常转到语文教学。三天的相处，使我更走近了支老师，对他的印象愈加清晰起来。

支老师1939年出生于河北省张家口市，1959年于河北体育学校足球专业毕业后，分配到故乡，在小学上体育课。后由于身体原因，于1978年改上语文课。当时他连汉语拼音都认不全，于是虚心向低年级老师求教。踢球多年的脚很灵活，而用手写字则很费劲，于是苦练三四年，无论是写教案还是改作业等，凡有书写均用毛笔书写练字，长达四年之久。语文教学虽起步较晚，然而他以勤补缺，刻苦钻研，终于天道酬勤，走出张家口，走出河北省，成为全国著名的小语名师。

然而，我又有所想，支老师成功的原因仅仅就是一个"勤"字吗？我们队伍中勤奋的老师可是不少啊！当我再进一步走近他时，终于找到了答案。你听，他是这样说的：

——我读书很多。要多看书，多研究，这样不但能融会他人的理论，而且还能产生自己新的观点，推出自己的新理论。

——争取多听课。不管怎样的课，只要善于分析，科学总结，就能把别人的经验和教训变成自己的财富。

——要善于"改造"他人的课。我看了他人的好课后从不机械模仿，而是因地制宜，另设新法。

——我备课的时候，总是先自己备好后再看教学参考书，每备一课我都切实地经历一个深深的独立思考的进程。

——不但要备课，而且要灵活把握课程，及时调控，甚至修改原计划。只有能随机反馈调控，在课堂上才不会总是关注教案，而是关注学生的思维动态，舒卷有余。

——所谓教学的艺术实际上就是"不为而为，无为而治"，不去刻意地做什么，实际上却已经做了，自然而然，自生自长……

这些从座谈或闲聊中得到的启发，可能是书本上难以得到的东西。

5月16日上午，我和我中心的老师，陪同支老师开车，去看望支老师的一位从未见过面的忘年之交——30多里外一

个县城中学,初三·一班的杨美英同学。杨美英同学是邕宁县长塘乡德福村人,尚在读小学时,从《百家作文指导》杂志上拜读了支老师关于如何写好作文的文章,然后写信联系,讨教作文方法。尔后鸿雁往来,数年不断,支老师成了她的"函授老师"。自此,支老师就多次给她买书买文具寄

我的忘年交"编外"学生广西杨美英

去,还多次资助她。当校长叫杨美英同学到校长室,说有个讲普通话的人找她时,这位生在农村、长在农村的十几岁的女孩竟一时不知所措,十分恐慌。到了办公室支老师自我介绍并说明原委后,她才知道这就是自己的"函授老师",这实在是想不到的事啊!通过交谈,相互间更加深了了解。这个孩子家庭生活比较困难,临别时支玉恒老师掏出身上仅有的500元钱塞到她的手中(后来又多次资助她,直到毕业)。这个大山的女儿,此时手在颤抖,心在激动,泪在涌流……德教双馨,这就是支玉恒,全国著名的小语名师!值得支老师欣慰的是,杨美英同学没有辜负这位在学习和生活上帮助过她的"函授老师"的厚望,她不但在作文杂志上发表了她

的作文，而且在今年的中考中成绩优异，现在正打点行装，就要走出大山，越过长江黄河，到郑州铁路学校就读了！支老师听到这个消息，也一定会很高兴的吧。

  三天相处，弹指而过。16日下午，在南宁吴圩机场与支老师分别。飞机起飞了，呼啸着向广州方向飞去。飞机越飞越远了，最后消失在云层里，而此时，我却分明感到距离支玉恒老师越来越近了。

写于1998年5月

5 我和我的徒弟们（一）

在全国我有多少徒弟，我真的不知道。有些经常联系，有的联系不多，有的杳无音信。我所有的徒弟没有一个是我主动让人家做我徒弟的。我这个人性格有缺陷，太耿直。给徒弟评课我向来不客气。我认为：优点，是已经做到了的；缺点反而是应该着重指出的。所以我好像只说人家的缺点。有的人不高兴了，所以就离我而去。我也不会后悔，我认为听不得别人指出自己缺点的人，不管他天赋多强，也难有更大长进。

先说张丽霞，洛阳"大姐大"。不算张家口几个土生土长的，她是我在全国范围内，拜师最早的，算来已经35个年头了。因此，她是我全国所

所有河北省外徒弟的大师姐
张丽霞老师

有徒弟的大师姐。

我第一次应邀去洛阳，应该是1987年前后。那时我的教学资历只能说是"未成年"，因为我改教语文仅仅七八年。这一行还是河南洛阳的耿爱君老师牵线搭桥的。耿老师曾与我一同在北京参加国家教委举办的"全国小学语文教育研究班"，算是我的同学。

到了洛阳，我受到了热情接待，会见了不少洛阳的教育精英。但其中有位很年轻的女老师，神情有点紧张地躲在人后不吭声。过了两天才知道她叫张丽霞，是一位积极上进、正在接受培养的教学苗子。在洛阳的五六天中，她始终跟在我身边，勇敢而又略带羞涩地问这问那，听课、听讲座总是坐在第一排。后来教研室的底学峰老师对我说："收她为徒吧，这孩子很爱学习，将来错不了。"底老师是我非常尊敬的一位老先生，于是张丽霞就成了我在河北省之外收的第一位徒弟。这之后的十年中，我连续应邀去了洛阳十二三次，每次至少停留五六天，要讲几次课，还要做讲座。张丽霞老师没有一次缺席过。眼看着她一天天、一年年飞速地进步，我想我收到了个好徒弟。

这么多年来我们一直保持着紧密联系，以前是书信，后来是电话，再后来是微信。每逢节日，她都忘不了问候、祝福，有时还要送点礼物。她还来威海家中探望。有一次她夫妇二人一起来威海家中，不料在转车时，她丈夫没有跟上她的脚步，结果张丽霞一个人到达了威海，才知道自己"丢了人"！还好，丈夫很聪明，打来电话说他已上了另一趟车。

近些年，我年纪大了，经常出毛病。张丽霞十分惦记，经常为我寻医问药，还多次寄来这样那样的营养品和一些洛阳特有的药物。我每次到洛阳，她都如小妹般照顾我，使我感到家人般的温暖。她办事想得非常周到，可以说是无微不至。两年前在洛阳开大会，容纳千人的会场上只有一个厕所，却是女老师使用的（其他厕所都在楼下）。老年人事情多，我也有点"迫不及待"。但我腿脚不好，下不了楼。张丽霞看见了，她向女老师们说明情况后，女老师们都表示理解，她就守在厕所门口，暂时只让出，不让进。厕所没人了，她才"请我如厕"，然后把着厕所门直到我出来，向门口的女老师们合十道歉后，才扶着我回到座位上。我开玩笑地对她说："谢谢张'所长'给我先开道，后保驾！"张老师笑着说："我只给支老爷当'所长'。"30多年前沉默、羞涩的大姑娘，"进化"成了大气、睿智、反应迅速，而又幽默的洛阳好大妈！

在这"进化"的过程中，她的专业成长也十分迅速，从一个默默无闻的小老师，一步步走到洛阳市西工区教育局教研室主任的岗位上。

如今她退休了，仍然天天上班，指导新的年轻老师们，像她一样步步成长。

我有一个跟随我近30年的徒弟，她是全国赛课一等奖获得者，名叫田艳。有一次我们在广州见面

追随我半生的田艳老师

了，她坚决要拜我为师。当时我在广东下海，她要跟我一起下海，而且马上向原学校及上级机关辞职。后来跟着我转换了三个地方的民办学校。直到我要退休离开，我把她介绍到深圳一所很有名的公立学校。她努力工作，很快成为正式公办教师。

我放心了，携家人来到了威海。她可能为了感谢我，又想让我无法拒绝，连续几个春节都给我的两个孙辈寄来压岁钱。后来我严词警告她："再寄就不认你这个徒弟了！"这才停止。去年我得知她得了一种奇怪的病，脸上有溃烂，全身疼痛，去遍了各大城市，寻遍了中西名医，连病因、病名也没人知道，更别说治疗。她痛苦万分，我也心如刀绞。我也托人给她寻找了专治疑难杂症的医生，同样束手无策。我非常痛心，难道真是老天不饶人！我只能含着泪为她默默祈福了。才五十几岁呀！

还有一个徒弟是甘肃天水的汉子，名为妥金录。他至情至性，没有一点矫情伪饰，非常朴实，不会说一句甜言蜜语，只会望着你憨憨地、腼腆地笑。他善于作文教学，也凭借此得了全国奖，最近还被评为正高级，真为他高兴！他也是借着每次春节，给我寄一大箱子当地的土特产，

西北耿直汉子正高级妥金录老师

好吃不贵，但情谊绵长。他通过校长邀请我去他们学校讲课，结果让校长办成了全市的大会，却也给了他很大的激励。福建教育办了一个网上谈话节目，让我谈一谈语文教学返璞归真的问题。我讲话，他在旁边疾速地打字发送，整整两个多小时。我口干舌燥，他也筋疲力尽。他带我到中国四大名窟之一的麦积山游览，他还带妻儿不远千里来威海家中看望我。他对我一片忠厚，我对他也一片真诚。他问我什么，我都会毫无保留，倾囊相授。

我还有两个特殊的徒弟，他们拜我为师时，都已经当了省教育厅教研室的教研员或教研主任。一位是江西省的徐承芸老师，一位是黑龙江省的杨修宝老师。他们"屈尊"拜我为师。他们热爱教育、热爱语文教学，谦虚好学、不耻下问的伟大精神，使我感动。徐承芸老师多次请我去省会南昌讲课，甚至亲自带我深入学校去讲课。每次见到我，都给我买最好的香烟。我说："你这是一次次铁了心想'毒害'我。"她说："少抽点没关系。"有一次她的一位朋友要参加全国赛课，徐老师还请我给这位老师面对面做指导。我当然每次都尽心尽力，竭诚相助。

江西省教育厅教研员徐承芸老师

徐老师还带着父母亲来威海我家看望，还在我家陪二老看我的课堂录像。

  杨修宝是2019年才和我在青岛见面的。我听了他讲的《一茎灯草》。我感觉这堂课有几个细节，他处理得不太干脆果断，有点拖泥带水。下课后吃饭时，我把他单独留下。我的臭脾气又来了，不客气地给他指出来。哈哈！他一点没生气，笑着，求着我说："您给我仔细说一说。"我又被感动了。于是我们趴在饭桌上，我一条一条地说，他一点一点地记录。说了好长时间，他始终像个小孩子，不断地点着头说："是的，是的。"第二天，他又拿着连夜整理好的记录让我看还有什么遗漏的。这样的徒弟去哪里找得到？一个近一米八的大小伙子，平时羞涩得像一个大姑娘，让人忍不住疼爱，所以我

黑龙江省教育厅教研主任杨修宝

们唤他为"羞宝宝",他也羞羞地接受了。谁能知道,这位羞羞的宝宝,上了讲台,会突然变成一位纵横捭阖、口若悬河、眼观六路、耳听八方,你学不会就绝不饶你的虎面将军!

6 我和我的徒弟们（二）

我还有一个关门弟子（当时是这么说的），浙江温州的徐俊。这可是一位教育哲学的大博士，浙师大、杭师大硕士研究生导师，还有不少"吓人"的头衔。他不顾"尊严"地礼贤下士，在一次与我同台讲课时，硬要跑前跑后拜我为师。当时真把我吓憷了。但是架不住他不离不弃、"软硬兼施"，我只好勉为其难地答应了，但心中还是有点忐忑。他曾在一篇文章中这样评价我："支老师是小语界的奇迹。奇在何处？人，是有鲜明个性的人；语文，是有鲜明个性的语文。"我不禁受宠若惊。后来多

教育哲学博士（本书撰序者）徐俊老师

次接触中，我真正感受到他的博学多才和谦逊亲切。自此后，我们多次交流切磋，对双方在教学和为人处世方面，都有很大助益。在编写一套我的文集时，他给了我许多帮助，联系可信任的出版社，并和出版社的专业人员在一起当面研究定夺。这之前还帮助我构思了整套文集的内容总框架和整个目录，使我受益匪浅，也减少了我许多繁复的编写困惑和工作强度。这位"关门弟子"，真是我81岁高龄后得到的一个宝。

南京的何金钟老师是我"特殊"的徒弟，而且是唯一一个行了拜师礼的徒弟。当时，何老师带着夫人，拿着礼物，特意从南京来到威海我家，恭敬地说要拜我为师。因为根本不认识，我很诧异。何老师态度坚决、诚恳，又是这么优秀，我实在不忍，也不舍得拒绝，就答应了。何老师本来要伏下身子行大礼，我急忙拉住他。两人拉扯了一阵，何老师才不情不愿地敬了三鞠躬。礼毕，我们就坐下聊天。这一聊，我才发现何老师思维敏捷，谈吐高雅清晰，举止大方豁达，而且眼界开阔，知识丰富，仪态从容。我心里觉得这位何老师不简单，年轻人有这样外谦内慧的修养，他的家庭底蕴、个人经历也一定不平凡。这个徒弟让我捡了大便宜！

时间长了，我才发现，金钟是一位非常讲礼

教育新方式的开拓者何金钟老师

仪的人。当初他要行拜师大礼，并不是一时冲动。这些年每次见面他都恭谨有加。举止自然大气，毫无有些年轻人的那种张弛无度和自命不凡的做派。他不但关心我的事业发展、健康状态，而且关心我的饮食起居。我退休后工资很低，他好几次偷偷给我在被褥底下塞上一些钱，后来我都有点怕他来拜访了。这大概也算一种无奈吧！这么多年来，我们亲如兄弟。我们时常交流讨论。他说是"请教"，实际上我也从他身上学习了很多。

现在他辞了一校之长的职务，做着特殊的、自己创立的教育教学工作。他举办了"游学亲子班"（这是我自己猜度的名称）。他带着学生游历名山大川、名胜古迹，给孩子们讲理想，讲道德，讲国学，讲作文……每次上课几十位家长一起听，一起议，一起游戏，一起出主意，满堂精彩，满堂欢笑。现在报名的家长越来越多，亲子教学越来越成熟稳健。他为中国民办教育，开创了新的形式和内容，走出一条与众不同的道路。

他的老伴郭秀云也是一位优秀的校长。她和金钟一样的性格脾气，但显得更有豪气。她无保留地支持丈夫辞职、办企业、创办"游学亲子班"。同样，她对我也是十分谦和有礼，真是天和地作的伉俪鸳鸯。

我再说说张学伟这个"顽徒"。他从20世纪80年代末就开始在洛阳听我的课，多年来还把我好多课堂实录背得滚瓜烂熟，但一直躲着不见我（可能是怕我向他要学费）。直到十几年后在广东才让我逮住了，并向我"表白"了。后来

河北省外徒弟的二师兄张学伟老师

又在好多地方见到他，有时还同台上课。这时，这个"顽徒"变乖了，经常问这问那。我听了他不少课，还评析了他的《鹬蚌相争》，并在刊物上发表了。我渐渐觉得他的课有点像我，是一个后继的好苗子，跟他的联系多了起来，他也到处说他是我的徒弟。于是每次我出版了新书都会给他寄去。他是一个很热情的人，帮我办了不少重要的事。他也曾经想"毒害"我，给我寄了不少香烟。我问他，他说："嘿，嘿……我知道……您就爱……那一口！"真是顽徒加赖皮！张学伟我就不多写了，大家都知道。

当然各地还有许多徒弟，光张家口就有于榕、徐学政、蔡建民、姜美欣等七个人。直到现在还保持着密切联系。先说说于榕，她乍一看是一位大家闺秀，温文尔雅；时间长了却发现是一个语文"迷妹"。二十出头时的一节公开课，让整个张家口地区小语界惊诧。她后来当了教研员，退休后又

40年前家乡的徒弟，蔡建民、徐学政、马金莲、于榕、孙凌翔、姜美欣，你们都退休了吧？

练书法，钻研古典文学，真有点"不死不休"的架势。徐学政、蔡建民，所有徒弟中的大师兄和二师兄，跟了我30多年，当年都义无反顾地跟我下海到了广东，现如今在深圳和顺德做校长。有次我在洛阳开会讲课，他俩一起到洛阳看望我，久别重逢，两天三夜，不饮也醉（只是蔡建民不住地抱怨他"二师兄"这个称呼说："我哪里像八戒？"）。还有上面提到的姜美欣，曾跟我同一时间、同一学校、同一办公室，担任两个毕业班的语文教师，她班的毕业成绩比我班的高很多。后来当主任、校长，被评为河北省名校长。

还有许多徒弟，北京、天津、哈尔滨、大庆……说不过来了，直到云南、海南岛都有。我想应该专门为此写一篇人生回忆了。

7 "冒死"为博士作序——爱在灵魂里

（为徐俊著作作序）

有人说："爱心是风，卷来浓密的云；爱心是云，化作及时的雨；爱心是雨，滋润久旱的树；爱心是树，为你撑起绿荫。"

也有人简洁地说："爱，是无限的力量；爱，是人间的光明。"

但我却想说："爱应该在灵魂里。"不用感叹，不用修辞，就这么简单、直接！因为，我身边就有这样的人。

他，就是这部书的作者，中国传媒大学附属临安小学校长——徐俊。

我与徐俊从相知到相识20多年，深知他是一位爱教育、爱语文、爱孩子，而且爱得真切、爱得淋漓、爱得尽致、爱得痴迷的人。爱，真正渗透在他的灵魂里。

相知归相知，直到2019年在青岛，我们才迟迟同台讲课。他立即要拜我为师。再加上黑龙江的杨修宝，也是相知多年，同时在青岛初遇，也要拜师。我听了他俩的课，答应了他们的要求。但两人都要争着当师兄。论年岁修宝略大，论提出拜师徐俊稍早。争执不下，我只好说："应按入师门先后来论。修宝应称徐俊为'师兄弟弟'，徐俊应称修宝为'师弟哥哥'。"于是三个人相视而捧腹。这也许能看出他们怎样地衷心于教育吧？

不说这些了，书归正传。我们看一看他的教学。在徐俊所著《坚守与回归——追求生命属性的语文课》中我看到这样一段话（括号内是我的理解）："陪着孩子们画着简笔画，念着儿歌学生字（画图识字）；拿着指挥棒学朗诵（学做播音）；改着课文学诗歌（学做诗人）；改编课本演话剧（学学表演）；到大自然中写作文（学习观察采风）。"看吧，从刚入学到毕业，他始终与学生同在。他想尽一切办法，让学生学好、学实在而又好学。他认为，要教好学生就得从心底里爱学生，要跟学生无比亲近。下课了，他在教室里陪着学生谈心讲故事，在操场上和学生一起玩球、跳绳、玩老鹰抓小鸡。有什么好书，好玩的，好吃的，和学生分享。当然一定要和学科学习结合在一起，让学生觉得老师懂他、理解他。他有一个学生在北京做导演，写文章说："一个高大的身影在我面前蹲了下来，好像一个巨人从天而降，把世界平放在我眼前，从此，我不再惧怕。"这是这个学生讲他上一年级的时候，有一次迟到了，蹲在楼梯拐角不敢进教室，这时班主任徐俊老师出现在他面前。老师对学生亲近，学生也会与老师没有距离，没有隔阂，就会情意相通。老师讲的课学生就爱听，听得进去。徐俊曾经遭遇车祸，腿上打着钢钉，拄着拐杖，坚持上了三个月语文课，学生怎会不爱他？

爱学生还要爱语文。徐俊的语文课不是一般的语文课，是追求生命属性的语文课。面对语文教学中的乱象，他说："20多年的语文教学经历，我痛心疾首的地方太多。我不希望孩子们受到语文的伤害，我觉得语文是可以呵护童年的。冒天下之大不韪，我瞄准了一些难以忍受的乱象、怪象，一面批判，一面改革实践，试图以自己微不足道的实践，重构理想的语文。"他借鉴朱光潜先生的理论认为，学生在学习语言的过程中发展言语生命，在理解课文内容的过程中发展精神生命，在感受文章内涵的过程中发展社会生命，整个学习语文的过程都是在发展学习生命。让语文回归生命属性，就是要让每一个学生感受到语文的魅力，在丰富绚丽的语文生活中，获得人与世界的亲近，与大自然的亲近。要充分拓展语文教学的时间和空间。所以他和孩子们一起在浅吟低诵中走进白朴笔下的金秋，走进马致远笔下的愁绪；他陪着孩子们，从字里行间看到秋天的青山绿水，看到飞鸿影下，看到斜阳脉脉。他领着孩子们透过枯藤老树昏鸦，感受到秋思原来是愁思；透过夕阳西下，看到断肠人在天涯……孩子们的生命在语文学习中灿烂地绽放了。

我与徐俊合写过一篇文章《让小学语文课堂步入自然、自由、自主的境界》。我们认为：技术主义背景下的课堂教学，因为过于刻意强调节奏感、设计感，违背了习得的自然法则，限制了师生的学习行为自由，束缚了师生教与学行为的自主。

从课堂存在状态、教学行为状态和教学心理表现三个角度来看，理想的小学语文课堂境界是发乎自然、行乎自由、得乎自主的课堂。小学语文课堂教学应当遵循自然法则、自由准则，并在此基础之上实现师和生在教与学的活动中的自主地位。自然、自由、自主三者，逻辑上有先后，存在上又是三位一体的。自然、自由、自主的课堂境界，是符合学生生命发展规律，符合自然和社会规律，更符合教与学的规律的。如文言文《伯牙绝弦》，是一篇表现"知音"文化的经典课文。徐俊老师启发引导学生自由运用三年级以来文言文的学习方法，对文章进行阅读和理解，让他们用"自己的方式方法去思考"，"享受着自由的课堂生活"。如此，学生们真正"放开心胸，全神贯注"地自然、自由、自主地进行学习，享受课堂生命的愉悦。

"追求生命属性的语文课"是徐俊老师的精心杰作。他做了十多年校长，一直坚持做班主任并讲语文课。他每周的课时数，比普通教师还多，25年写了8部语文教学专著，被邀讲学讲课，足迹遍布32个省市区，坚持10年为学生开讲公益课，指导学生表演课本剧获得全省一等奖，全国中小学生艺术节获银奖并在央视展播。他上课教室后门一直大开，向老师们开放课堂，教室后面长期备有设备，随时向全国各地的老师们直播家常课。他以"光头布衣千层底"的形象特立独行，坚持"一支粉笔一本书"，就是想表明：除了技术，除了风格，除了流派，我们的语文还可以用最简单的方式去坚守。

大道至简而又博大精深！

8 为学伟作「序」——「顽徒」张学伟

首先申明：标题"顽徒"的"顽"，不是顽劣、顽固，而是表达张学伟顽强而略带顽皮的性格。

我知道"张学伟"这个名字，是在 30 年前了。当时我正应邀在洛阳讲课，听当地教研员说，有一个师范刚毕业的大男孩，郊区一所小学的张学伟老师，几天来老老实实听课，一听就是一整天。当时我就想，这个大男孩学习劲头很顽强。但是直到我几天后离开洛阳，一直没有见过他的面。我想这个大男孩挺顽皮，跟我玩捉迷藏？还是怕我收他听课费？

我与张学伟首次见面是 1997 年底在广东。那是广东省小语会长许汉先生，邀请全国小语教学比赛获得一等奖的老师，到广州讲课的时候。我见到了五六位青年教师，其中就有张学伟。但他仍然没有搭理我，只是藏在人后，两眼滴溜溜地瞄着我，不知心里又在想什么鬼主意。我当场邀请他们几个人在广州讲完课，再到我当时任职的碧桂园学校去讲课。他们应允了。到了学校才算正式认识了，对话了。我才知道他是跟我捉迷藏的洛阳的那个大男孩。

我听了张学伟的课。他讲课机智灵动，应答快速；步骤稳妥，方法多变；语言幽默，调控恰当；气氛和谐，效果显著。我心想，这个大男孩非常不错，是一个难得的好苗子。再后来就经常在各地的讲学活动中同时登台，于是就成了朋友，自然地，我称他学伟，他却未经允许便称我为师父。他还对我说，听我的课受到很大启发，也读了我不少教学专著，许多我讲的课，他都能背下来，还当即表演一番。就这样，这师徒关系到现在已经有20多年。

其间我听了他不少课，也点评过他的课，还与他讨论过不少教学设计，并为此专门讲了同一教材，给他做参考。他也经常主动与我交流一些教学上的问题。我们彼此知无不言，言无不尽，有时还争论不休。在生活上他也对我十分关心。我有险疾在身，他也跟着担心紧张，多次亲来威海看望，忧心忡忡，反倒要我耐心劝慰安抚他。他经常说"一日为师，终身为父"，他做到了。

这几年我已老而无用，他已成为誉满华夏小语界的名师。这与他顽强的学习进取精神、不倦的努力和善良乐观又有些小小"狡黠"的性情分不开的。

如今的张学伟已经不是那个捉迷藏的大男孩。我简单介绍一下他这些年的迅速成长过程。

1989年师范学校毕业，分配于郊区小学任教，默默修炼8年后（1997年）即获得全国教学大赛一等奖；2001年评为省优秀教师；2004年获评特级教师；2008年省电视台播出"最赞教师"节目，专题报道他的先进事迹；2016年提出"'慧'教学'活'课堂"教学主张，很快广泛传播，目前已在全国十多个地区，建成学习实践该主张的"教学基地"；2018年担任有300多所学校加盟的"全国名校联盟的秘书长"；2019年被评为"全国十大青年名师"，并出版《"慧"教学"活"课堂"》教学专著，同年被聘为"全国青年名师"评审委员；这些年应邀到全国20多个省市讲课讲学近千场，并应邀远赴马来西亚讲课讲学，传播中华文化和教学智慧；除本身的教学工作外，还兼任江苏等多地高校硕士研究生导师，并多次担任多地"国培班"讲师，等等，不及详述。以上这些优异的成绩，也令笔者为这位长大、长壮了的大男孩，感到骄傲和自豪，再无颜做他的师父了，并借此申请辞去这个难以胜任的"职务"。

　　这本书是大男孩的新的专著，其中遴选了近20篇精彩的课堂实录和名家点评。内容包含红色经典的阅读，古典名著的涉猎，古诗古韵欣赏，小说、散文、故事的学习和习作教学的展示，以及特殊单元"学习策略"，等等。可惜出版方规定不能超过20万字，不然，内容必定更加丰富厚重。

　　最后，祝有幸得到这本著作的老师们收获满满，心情愉快！

2022年4月9日于威海

9 给杨修宝老师著作的序

杨修宝老师是黑龙江省教育学院小学语文教研室主任，黑龙江省小学语文教学专业委员会秘书长，"国培计划"专家库专家，"杨修宝小学语文名师工作室主持人"。曾获第二届全国小学语文教师素养大赛一等奖，获评2017—2018年度小学语文全国"十大青年名师"。他至今已应邀在国内多地做公开课、专题讲座200余场。他是一位名副其实的特级教师。

我对修宝老师早就熟知其名，仰慕其才，但是直到2019年才与他在青岛见面，并且听了他讲的《一茎灯草》。我感觉这一课中有几个细节，他处理得不太干脆果断，于是我下课吃饭后不客气地给他指了出来。没想到他一点没生气，笑着求我仔细说一说。于是我们趴在饭桌上，我一条一条地说，他一点一点地记。第二天，他又拿着连夜写好的反思让我看还有什么遗漏的。一个近一米八的大小伙子，平时羞涩得像一个大姑娘，上了讲台，却变成一位满面笑容、满怀慈爱，正在为孩子哺乳的妈妈，怕孩子吃不饱饿着，又怕孩子吃多了消化不良，真是操尽了心！又像一位纵横捭阖、口若悬河，眼观六路、耳听八方，你学不会就绝不放过你的"铁面将军"！

后来我又与修宝老师多次接触和交往，认识到他是一位了不起的好人、好老师。他具有思维缜密、反应快捷、谦逊克己的优良品质。因此，他讲的课受到了广泛赞誉。我们看看他讲的《两茎灯草》。他的教学流程是：初读了解内容——再读理解人物——学习表达——拓展运用——读中学写——写中学读。看看，这是由易到难，由感悟到表达，由内化到外化，由读写结合到读写融通，多么完整、多么合理的教学设计！

他讲课一开始，就以"抓什么"为线索引导学生。①先抓基础知识和基本技能（听写、解词）；②再抓理解内容；③又抓"写什么"（人物）；④抓人物描写方法；⑤抓人物描写目的（把握人物性格）。

这是非常完整而有序的由读到写、由易到难、由浅入深的教学步骤。最后落实在"把握人物性格"。这就实现了他所提倡的"把小说教成小说"的教学主张——小说就是要通过人物的性格和处世方式，来反映社会百态的文体，这也是作家的写作目的。

修宝老师《两茎灯草》的教学，和他所有的课堂教学，

杨修宝老师

都反映了他与时俱进的教学思想和高超的教学艺术,达到了教学的科学性与艺术性的高度统一。

修宝老师的课程设计总是根据不同的文本的特点,表现不同的风格和气质。

修宝老师还特别重视祖国传统文化传承的教学问题。他曾编写了一套国学教学的教材。在编写中特别注意了选材的经典性、适用性和不同年级的层次性。提倡联系学生生活实际和地域文化,便于理解运用,避免整本呈现,以免挫伤学生学习的信心和积极性。要使学生有动力,有兴趣,学有所得。

因此,我希望老师们能够有机会亲临杨老师的课堂,享受杨老师的精彩演绎,再从网上搜一搜杨老师讲的其他课文,更广泛地了解和研究杨老师的教学思想、教学风格、教学特点、教学优长。这样您的教学可能会达成一次质的飞跃。

我们可以相信,哪怕听过他讲的一次课,也会对他终生难忘。因为您可能从没有经历过这么有趣、这么精彩的 40 分钟,也许也没有遇到过这么博学、这么优秀的老师。

2022 年 11 月 5 日

10 一次有趣的当众对话

休息了两年之后，2020年12月我第一次在长沙"全国诗词教学大会"上，讲了苏东坡的《定风波》。课后我荣幸地得到了一位全国语文特级教师的评论。

这是一个奇葩而绝妙的评论，好像什么也没说，却又说得面面俱到，真让人服了！全文：

老了真好——献给支玉恒老师
王君

老了真好！
老了，就可以"倚老卖老"了；
老了，就可以大大方方说真话了；
老了，就可以开开心心被人刮鼻子，而心无挂碍了；
老了，就不用装了；
老了，就不用赶了；

老了，就不背太重的东西进课堂了；
老了，就不再跟学生要得那么多了；
老了，就不屑把简单的整得复杂了；
老了，就自自然然用最朴素的话讲最深刻的道理了……
支老，你的老，
让我不再怕老。
支老，
你哪里是八十一，
你根本才一十八嘛！

支玉恒回话：

"老了这么好，那您也赶紧老吧！"

（全场大笑）

王君老师

11 揭露支玉恒课堂的六大"罪状"

张学伟

2019年全国名校联盟的杭州崇文学校年会上,我执教了《军神》一课。后把视频发给师父支玉恒老师看看,他"学习"之后,竟然指出我"不敢放手"的严重缺陷。

2020年末,杭州临安"天目论课"上,82岁的师父亲自操刀,执教《军神》,以课授徒,以期手把手地斧正我的教学。

我洗耳恭听,却没有想到,我的"慧眼"发现了支老师课堂的六大"罪状",特总结如下,与他老人家交流,并借以警示天下语文教师。

支老师,您的课,总的来说,一句话——太草率了。

1. 课前准备不足。

临上场了,您还在备课。俗话说:不打无准备之仗。我们上课前都会早早地做好准备,课件、语言、手势、表情……都已经成竹在胸,您这样临阵磨枪,怎么可能"演"得逼真呢?

态度实在不端正,太不认真了!

2. 教案马虎应付。

您哪里有什么教案?只有寥寥几行的一个板书。上课时还有一部分是让学生写在黑板上的,这怎么上课呢?

教案,要有固定的格式项目啊。至少要有教材分析、三维目标、教具准备、教学过程(过程的大步骤、中步骤、小步骤、小小步骤……课堂精细化的操作,华丽的、震撼人心的语言……)

对了,教后反思一定要有,不然你怎么进步呢?您才82岁啊,还有很大的上升空间呢!

这样的备课,太不严谨了!

3. 教学方式单一。

您的课连基本的课件都没有,更谈不上视频、画面、音乐、表演……这样上课,语文的艺术性感染性从何说起?

是的,您的课堂上学生充分地读了,说了。课堂上大部分时间学生在读,几乎每个学生都被您网罗到说话练习中了,学生也充分思考交流了。可是,这又怎样呢?学生不光要和文本对话,还要和视频等现代化手段对话啊,您这样的课堂,首先就缺少电教手段这一项,这不是在开历史倒车吗?现在都什么年代了,太 out 了吧?

4. 缺乏合作学习。

您的课上怎么看不见学生前后座围在一起,甚至全班同学自由组合的合作学习呢?只有学生和文本、教师的互动,这种形式我们早就不用了。很多地方都把"小组合作"写进了教学模式里,这是赛课评课的必备项目,您不知道吗?您咋还是带着学生"单干"呢?长此以往,学生学习的主体性怎么体现呢?

5. 课堂范读出错。

给学生范读课文,您故意读错了行,读错了内容,惹得台上学生台下老师哄堂大笑。尽管大家是善意的笑,但您也太不认真了。后来才知道您是以此来提振学生注意力。您怎么不早说呢?我们在课上范读,一般都反复练习很多遍的,到时候我们的表情、声音、动作、手势……都要拿捏到位,严丝合缝的。您这样随意读读,会给学生什么印象呢?太不严肃了吧?

6. 板书提笔忘字。

您板书刘伯承的"承"字时,竟忽然忘了怎么写了,还是学生提醒,才得以完成。这充分说明,您的课前准备严重不足,连板书都没有反复练习。这样一来,是您教学生还是学生教您呢?也是后来您才说:"承"字容易写错,先让学生说一下,有好处。岂有此理!我怎么没想到要这么做?

支老师,您是小语界的国宝级大师,是我们尊敬的师父,课堂出现这六大问题,实在不应该啊,弟子斗胆进谏,望师父见谅。

也希望天下语文老师以此为鉴!

12 为支玉恒先生赋壮词以寄二首

定风波

陈琴

八十一年磨难多,病危七次斗恶魔。
横祸罪名兼诽谤,迎上!鲲鹏壮志轻阿傩。
剑出偏锋书正道,谁笑?教坛恰缺传奇哥。
贯耳英名民赋予,狂举?呵呵一笑定风波。

(公历 2020 年 12 月 25 日,在长沙听教坛泰斗支玉恒先生讲苏轼《定风波·莫听穿林打叶声》有感。时支先生八十一岁高龄,精神矍铄,风采依旧。讲台下,大、中、小学教师,观课者逾千,莫不拜服称绝。)

定风波

徐俊

总说"到底无建树",却是"平生未害人"。
"不装不赶"打个赌,诚也,一支粉笔一本书。
琅琅书声若天籁,微醺,一群稚子笑意盈。
问汝生平功业事,无他,语文正道已澄明。

(庚子冬月十五观摩恩师新课,耄耋之年,颓势全无。神采焕然,童颜鹤发,赤子归心,感佩至深。特依题填词以致敬业师支老。)

13 挚友贾志敏

贾志敏、靳家彦、于永正，我们四个人，几乎走遍了大江南北。现在走了两位，病倒一位，只剩下我一个人还在苟延残喘。想当年，我和老贾、老靳，经常在一起研究讨论教学上的问题，也实现了共同进步。尤其是我和老贾，两人虽然性格迥异，但志趣相投，我们都能给对方一些实质性的建议和帮助。

我讲了《第一场雪》后，有点"志得意满"，老贾没有对我说什么，却告诉我："《第一场雪》你在大会上只讲了一课时，虽然很精彩，但你忽略了基础训练，也不能在细节上更多生成。我建议你再设计另一个版本，把这些缺陷设法补上。因为有的课文不是一节课能讲好的，现在的各种赛

与贾志敏老师一起在镇江讲课合影

课都只限讲一节是不符合教学规律的。"听了老贾的话，我又重新备课，设计了第二种讲法，不但修改了整个教学流程，扩展为两课时，甚至加上了听写词语，概括小标题，更大面积的朗读和课上作业笔答。效果非常好。

　　20多年前我刚定居威海不久，老贾到威海讲课，提前告诉了我。那时大概是秋天，威海碧云飞渡，清风送爽。我正在家中无事闲坐。忽然，接到老贾下飞机后的电话。我赶紧骑上摩托奔赴机场。老贾婉拒了邀请方的汽车，跨上了我的摩托车后座，因为我们事先商量要去环海路走一圈。环海路一边是几十米高的海岸，一边是更高的山崖，风景是特别好，但看起来有点惊险。老贾可能没有这样冒险的经验，一路上双手紧紧搂着我的腰，呼吸也有点粗重，一个劲地说："慢点！慢点！"我有把握，就没有听他的请求。老贾颤颤巍巍地说："我上当了……我上当了，不该听你的！"我才把速度降下来。到了宾馆我问他："感觉怎么样？"他说："确实有点害怕，不过这样也好，人就应该什么情况都体验一下！"我说："老贾，好样的！"我们一边喝茶，一边又聊起了教学。老贾说："我们现在讲课，听课的老师除了乱夸一气，什么也不愿意说。一点意见也听不到了。"我也有同感。于是我们又互相找起了毛病。我说："你讲课严谨很好，但有点太严肃，学生有点怕你。上课多点微笑，和他们开个小玩笑，没什么不好的。"他说："是的。学生一害怕，如果没有十分把握就不敢发言了。有时我也很急，结果脸上的表情更严肃了。"我笑了："哈哈！欲盖弥彰啊！"他打了我一拳："这一点我应该向你学。"

那几位旁听的邀请人也傻傻地跟着笑。老贾对我说:"你讲课很潇洒,但有些基础性的东西,还是要抠得死一些,不然学生记不牢。"我说:"我也知道,就是讲得高兴就忘乎所以了。""那不行,得改!要控制自己,该严则严,一秒钟的放松,也许就害了学生!"这话让我如听惊雷,我牢记心中,后来他说我进步了。

十几年前,老贾第二次来威海。那是个威海少有的暑热日子。我正在家中等着吃晚饭,穿个大裤衩、运动背心,趿拉着拖鞋看电视。老贾电话来了:"我来威海啦,住在威海公园附近的某大酒店,我在大堂前厅等你,一起吃个饭。"一听有饭,我忘了换衣服,立刻开车一路奔驰。我停好车走到宾馆大堂门口遇到了麻烦。两个保安说:"这里是星级酒店,衣冠不整,不能进去!""我找你们这里的贵客。""那也不行!我们不接待乞丐!"我有点恼火:"是你们的贵客请我来的。"……声音越来越大,惊动了大堂经理:"怎么回事?吵什么?"我向经理说明了事由。经理赶紧跑到大堂另一侧把老贾请了过来。老贾说:"这是鼎鼎大名的支玉恒老师,和我一样都是请来讲课的,威海有家就没有住在这里。怎么就成了乞丐?!"邀请人也忙着解释。经理慌了,立刻对着我鞠躬赔礼,围观的人莫名其妙地看着我,好像我犯了老年痴呆症。我说了声"谢谢",急忙拉着老贾向餐厅走去。老贾笑着说:"我应该说不认识你,看你怎么办!"我说:"我是乞丐我怕谁?我当着大家的面,把你的履历背出来,就说你是我的同类,你敢不承认?"老贾佯装生气:"我不认识你这乞丐！"说着笑弯了腰。吃完饭我和老贾回到他的房间聊天，说着说着，又说起了老本行。他问我："学生们上课有时沉闷不言，怎么办？"我说："给他们讲有关的笑话。"于是我给老贾讲了一次我上课的经历。有一次我在一个县城讲课，学生们也是寡言少语。我提了一个很简单的问题，没有一个学生举手。我就走到一位学生跟前对他说："这个问题你一定能回答对，是不是？"学生点点头。于是我一下子把他领到舞台口，面对台下的老师们说："这位同学他会答这个问题，就是想让老师们给他鼓鼓掌，鼓励一下！"于是老师热烈地鼓起掌来。我对学生耳语："说吧！不说我不让你回座位，还请老师们给你鼓掌！"我把话筒紧贴在他嘴边。这位学生终于怯怯懦懦地回答了问题。老师们掌声响起来了。我又说："这位学生真的有点胆小，大家再鼓励他大声点！"听到又一次掌声响起，这位学生终于大声地回答了问题，最后我对全体同学说："他不是胆子小，是缺少点自信。人要是没有自信，一辈子很难做成大事情。"又问这位学生："这堂课你能不能每次我提问都举手？说错了也没关系。"学生响亮地说了一个字——"能！"果然继续讲课再提问时，他都举起了手，其他同学发言也积极了不少。老贾也给我鼓了三下掌（不多不少，就三下）说："你小子的办法不错！"我又说："老子的办法多得很，慢慢学吧！要干到老，学到老。"于是我们两人互相抱着笑成一团。老贾平日看似严肃，老是一本正经的模样，其实我们两个人在一起时，他就变得"不正经"起来。

笑完了，我问老贾："你给学生讲评作文时，为什么学生读出的每处错误都能记住，指出来，而且让他当下纠正？"老贾又变回了一本正经，说："这样教学效果好，有即时性，立竿见影。但是要记住错误并立即纠正，第一，需要老师专注地倾听学生所读的作文；第二，老师要具有丰厚的文学功底和敏锐的判断力。如果老师的教学基本功不够，就很难做到这一点。"老贾的这番话，对我来说无疑是当头棒喝！我的学历如果填履历表，可以大言不惭地写上"中专"。但是我在初中就迷恋上足球，基本没有好好学习功课，只是读了好多小说，在体校踢了三年足球，没写过几个字，实际文化水平连初中都不够格。贾老师说的正是我的最大短板。此后我备课、上课，处处用心地按照老贾说的那样稳扎稳打，专注深研，积累功底，一切追求做到最好。我们经常同台讲课，每次下课我都征求老贾的意见，老贾也实事求是，该说就说，该批就批。因此我们两人结成了互信、互助、"互笑"的，肝胆相照的深厚友谊。这么多年我们就是这样一天一天走过来的。

2018年初，北京的吴琳老师给我传来老贾住院的照片。看见他枯瘦的身子躺在医院病床上，面容憔悴，眼睛紧闭。我不禁潸然泪下，不能自已。本想去看望这位挚友，无奈那一段时间我心脏病频频发作，无力前去，家人也怕我过度悲伤触发心绞痛，不敢放行。因此没有见到老贾最后一面。这位年岁只比我大不到一个月的贾老先生，却先离我而去！这是我的教师朋友中，最值得崇敬，最值得信赖，最值得佩服，最值得骄傲，最值得拥有，最值得爱戴的老朋友、老兄长啊！老贾，老贾啊，你，你，你安息吧！我永远不会忘记你对我所有默默的帮助和诚挚的期待！

老贾去过我家两次，我去过老贾家中一次。我们的家属也多次相见。老贾对自己的夫人郝老师也非常尊重、敬信，两人有时出入相随，交谈轻声细语，温文尔雅。这一切，确实令人相信，这就是中国文明家庭的典型。老贾就是所有教师的人格典范。

2022 年 2 月 13 日

14 "遭遇"支玉恒

柴彦成

继今年 2 月份与支玉恒老师亲密接触之后,9 月 16 日、17 日两天,我又遭遇了支玉恒。"遭遇"一词从何说起?看完便知。

满怀着见名师的喜悦,按照学校指定的时间到指定地点去见支玉恒老师。支老师早已经敞开房门等候我们。"柴大官人,请喝茶!"接过支老师递过来的茶水,心里涌起一股热流。没想到年近古稀的支老还清楚地记着我,还记得这个他依据《水浒》给我起的绰号,还亲自倒水端茶给我喝。几句寒暄之后,言归正传。当我向支老陈述完我精心准备的《爬天都峰》的预案时,支老沉思了片刻,轻轻地摇了摇头,说:"六个板块的内容,近十个环节,其中包含着几十个步骤。如果按这个教案上课,老师是在牵着学生的鼻子走,是让学生往老师设计好的美丽陷阱里跳。"

沉醉于自己几天来炮制的"杰作",我犹

如被当头泼了一盆冷水。为了提高自己的教学水平，从来到深圳开始，我就阅读了大量课堂实录及说课稿，收看了教学课堂录像，以求在量的积累的基础上达到质的升华。仅就《爬天都峰》一课来说，这可是我绞尽脑汁，独立思考，缜密设计的教案。其中还吸纳了获全国大赛一等奖等优质课例的成分，可谓是"贪多务得，细大不捐"。我自以为是在博采众长、剔除糟粕的基础上，融进我心血和智慧的杰作，没想到……

就在我发懵之际，支老师给我开出了一帖灵药：针对这一课的教学重点和难点，可采用三步教学法。第一步初读课文，整体感知。让学生通读全文后，说一说读完之后有什么体会。第二步再读课文，突破重点段落。交流、汇报时可以让学生先读自己感悟最深的句段，然后再说说自己的理解与体会，也可以是对课文内容的评价。最后第三步，读课文中心段，升华主题。整节课应"读"占鳌头，用各种形式调动学生读书的积极性，不应以教师的讲解分析，代替学生的阅读实践。

我觉得这种教法与李春燕老师执教的《梅花魂》、彭金云老师执教的《猫》是一个模式。支老师解释说："模式固然可以禁锢人的思想，束缚人的手脚，但模式的存在也是教学规律的客观存在。教某一类课文肯定有一些相对不变的东西，这就是规律。抓住规律办事，事半而功倍。"也许是我过于愚笨，只觉得《梅花魂》《猫》是借物抒情的文章，而《爬天都峰》却是借事说理的文章。两篇文章是不同性质的，正如不同性质的矛盾须用不同的方法去解决一样。支老师耐心地解释说：学生再读课文时，就需要抓住老爷爷和"我"

为什么能够爬上天都峰顶峰,用这个问题来统领全文,然后再回到描写天都峰高耸的段落。这样就容易突出重点,突破难点。我知道这种"挈领一顿,百毛皆顺"的道理,也从课堂教学实录上看到这种先抓中心句再拓展开来的教学方法,自己平时教学中还多次采用过。但教学《爬天都峰》采用"三部曲"模式,学生能不能按照我的思路先说出中心句,我的心里没有底。当我请教如何处理现代信息技术与语文课程整合的问题时,支老师说:"形式是为内容服务的。一切教学手段都必须符合学科的特点,为学科内容服务。语文学科必须用语文学科的手段,一切非语文学科的手段,包括现代信息技术,充其量是一种辅助手段,如果非语文的手段,妨碍了语文学科的教学,那就坚决不用。我的许多课都不使用现代信息技术手段,但不代表我没有用上现代教育理念。如果只是手段现代化,而没有思想意识上的现代化,那根本谈不上教育教学的现代化。"对教育教学现代化的问题,我曾经作过较深入的思考,还写过一篇小文章《走近"现代化"》。支老的话,我感同身受。

针对我教案中用画图方法,来理解天都峰高耸的做法,支老师不以为然。说是图画限制了学生的想象力,课堂时间也不允许这样做。我却认为把文字转化为图画,图文对照,相得益彰,而且可以激发学生再创造能力。支老结合学生阅读的个性化问题说:"阅读书籍与看电影、电视是不能相提并论的。电影、电视是综合艺术,它老少皆宜、通俗易懂、形象鲜明,会给观众留下深刻而统一的印象。看《王子复仇记》

的电影,千万个观众头脑中只会有一个哈姆雷特,而一千个人阅读《哈姆雷特》就会有一千个哈姆雷特。"支老强调个性化阅读"不能走火入魔"。他说:"个性化不是自由化,不是普遍化,更不是'乱指划'。在学生的'个性化阅读'中,有的老师往往忽视了'阅读的共性',忽视了教师自己的个性。文学作品具有'再创造'功能,读者可凭他自己的想象,对人物形象进行再加工、再创造,形成比作品中人物更丰满的形象。一千个读者读小说《红楼梦》,头脑中也会有一千个林黛玉,看《红楼梦》的电视剧,一千个观众头脑中就只会有一个林黛玉。你教学中用画图的方式,来理解天都峰的高耸,课堂上学生可能会给你画上花草树木,甚至活蹦乱跳的小动物。你如果强调学生只根据第二段提供的文字来画,则又限制了学生的想象。这可是个出力不讨好的事啊。"

只可惜我在第二天的教学中仍然我行我素,恋恋不舍地用上了这种"图解法"。不知不觉,两个多小时过去了。支老热情地留我们两位老师吃饭。在吃饭过程中,他侃侃而谈,谈自己的教学经历,谈积极的人生感悟,可谓字字珠玑,声声入耳,句句入心。支老师非常善解人意。考虑到我们明天还要上课,建议尽早结束晚宴。他要我回去彻底修改一下自己的教案,但不要给自己太大的压力。

回到办公室,将支老的教诲在头脑中细细回味了一遍,就开始着手修改教案。支老的备课原则是粗线条、开放式的,体现出"以学定教""顺势而导"的规律。他认为教案应该是粗线条的写意,而不是细致入微的工笔。这样才能给学生自主学习的空间。学生在学习过程中，才能迸发出创新思维的火花。环环紧扣、步步紧逼的教学设计只能把学生带进死胡同，扼杀学生的创造天赋。遵循支老的教诲，我从教案的架构到环节的设置，连导语和过渡语都重新进行了置换。这个"大手术"一直做到午夜时分才结束。

17日上午第二节课，我怀着忐忑不安的心情上完了《爬天都峰》。自己感觉还不错，没想到支老师在评课时，除了肯定了我的尽职，心细如发，完全否定了我的教学设计。说我这课虽然采用了"三部曲"的模式，但第二步仍然环节过多，而且画图时有被学生牵着鼻子走的倾向。我真的如坠五里雾中，茫然若失。不是我牵着学生鼻子走，就是我被学生牵着鼻子走，怎么才能使课堂成为师生共同成长的地方？看来我的中庸之道还没有学到家。平心而论，新课标及相关教学的理论、案例，我都认真研读过，有的还能脱口而出。可为什么不能灵活运用呢？是不是没有融化到血液里，导致不能落实到行动中？课后的反思是痛苦的，可卓有成效。学而不思则罔。学贵有疑，小疑则小进，大疑则大进，不疑则不进。相信有朝一日，当我弄明白这些问题时，我一定登上了另一座高峰。

时势造英雄，环境能成就一个人，也能毁掉一个人。在麻将声里，你能练就摸牌、知牌的绝技；在舞姿翩翩中，你能旋转起笨重的身躯；在灯红酒绿时，你会掌握插科打诨的伎俩……在课堂练兵中，你能学会驾驭课堂的本领。不付出足够时间和精力的劳动，成果自然是干瘪的，不会是丰硕的。

回顾自己浑浑噩噩地教了近十年语文，虽然也带出了成绩优异的班级，学生在升中学考试中成绩斐然，但至今仍没有更好地掌握教学艺术的真谛。名师在前，自惭形秽。

  在这两次见面时，支玉恒老师都认为我是条铮铮铁骨的汉子，所以直言不讳、一针见血地指出我的不足。用他那父亲似的拥抱安慰我，用他热情似火的话语激励我。胆子小，但脸皮厚的我不怕批评，却被他这样的言行感动得眼含热泪。治学的严谨，态度的友善，这就是我遭遇的支玉恒老师。他让我有了敢于解剖自己的胆量和勇气，给了我脱胎换骨的力量和信心，更给我留下了诸多的思考和启迪。

15 师友应和的打油诗

吴广峰先生赠诗

尊敬的支老师：我们从未谋面。对于您，我只从周兰口中得知一二，今读大作，受益匪浅，学写小诗，如有不当，请付之一炬。

读支老师著作有感

方家横笔写风流，教坛春光眼底收。
玉语千般扶后进，恒心一片献大猷。
多年辛苦争朝夕，数帧辉煌射斗牛。
阖卷凭栏思故地，碧江如练水悠悠。

（注：当时在顺德碧江畔司职，周兰为同校老师，吴广峰之妻）

支玉恒原韵回字

方家谬赞令多羞，小技其实未入流。
广路还须勤探索，峰高更要苦追求。
不敢妄称扶后进，岂能轻言献大猷。

夜久扪心长自问，半生虚度恨悠悠。

观摩支老师课堂教学
太原瘦菊

廿载辛勤觉更羞，今朝有幸拜名流。
山深缘客知闻少，海阔凭人自在泅。
喜雨著花花雨喜，秋风叶落叶风秋。
归来不作临渊叹，敢伴儿郎遏浪游。

支玉恒谢太原瘦菊赠诗

一生奋进何来羞，明日无疑是名流。
缘客未见诗已留，情真意切乃清流。
瘦菊非瘦满宇秋，喜雨落叶更无忧。
再会当得躬身拜，同与老姐遏浪游。

张田若老先生和诗

自学成才一生勤，至老不变教改心。
虽已参天成大树，却似菩萨普护人。

支玉恒回字

张老吟诗谬赞,学生不敢承当!

九旬张老励后人,不辞辛苦赋诗文。
学生艺浅和不了,只能回字谢禅心。

16 鼓励老师『抢占』房屋

我当校长期间，有位优秀的骨干数学教师——杨惠敏。她即便怀孕了还坚持工作。但她小两口没有自己的房子，和公婆挤在一间平房里。晚上，只能在房子中间悬一根铁丝，挂上床单隔开一下，太不方便了。

恰好我校还有一位离休的老教师刘兴元，他一生未娶，独身一人，也没有住房，一直借住在学校的一间房子里。学校一天到晚比较吵，老爷子很难忍受；晚上又没有一点人声，老爷子又感到空寂害怕，但只能忍着。真没想到，区里的老干部局给他分了一套一室一厅的房子，但是房子在六楼，刘老师腿脚又不好，根本上不去。

我知道后，把这件事打听了一下，知道了这是区里指定分给住房有困难的教师的。又知道刘兴元老师曾向老干部局反映过楼太高自己上不去，可没得到任何回复。其实大家心里都明白老干部局这是在拖，在等着刘老师知难而退。因此我心里产生了一个大胆的想法——想来个"生米煮成熟饭"，并且想好了"后招"。

一天下午放学后，我找到杨惠敏老师对她说："老干部局给刘兴元老师分了一小套房子，你和小秦两口子商量一下，敢不敢住进去？把你们现在住的那一间平房换给刘老师。刘老师那里我已做好了工作，他非常高兴。以后的事我已有对策，出了问题我一力承担，就看你俩有没有这份勇气了！"杨老师立即给丈夫小秦打了电话，最后小秦征求了父母的意见，也大胆地同意了。我又对杨老师说："明天准你一天假，好好把你们现在住的房子和刘老师分到的房子粉刷整理一下，等后天星期天，先把你公婆和你俩的东西搬到刘老师的楼房里去，然后再帮刘老师从学校搬家到你公婆家。"我把楼房的钥匙交给了杨老师，她有点忐忑地走了。最后又不太放心地看了看我，我给了她一个坚定的眼神。

第二天，我问了一下杨老师，她说一切都顺利办好了。

星期一早晨我没吃早点，在路上买了两根油条准备到学校拿点东西，去区里找区长。但刚到校门口就看到老干部局的几个人，已经等在校长室门口。我立刻转身，把油条端在手上直接去了区政府，走到崔区长办公室门口乖乖地等着。我和崔区长有过几次交往，他很看好我和我们学校，我也知道他是一个正直的人。我曾经向他申请批款给学校装上了暖气，买了钢琴，我还邀请他参加了我们学校的成立典礼。过了一会儿，崔区长来了。他看见我说道："怎么，给我送早餐来了，好你小子，想给我行贿？行了，进来吧！"

进了屋，我说："崔区长，我犯了个大错误，可能要给您添点麻烦。""说吧，坦白从宽！"崔区长看着我说。我不知道他是不是有点生气。

于是，我把事情的来龙去脉原原本本地告诉了他。我看到区长的脸色由多云转晴了。

崔区长给我倒了一杯水，让我就着水吃油条。他说："这件事你干得不错。我曾跟老干部局的人说过，嘱咐他们把这几套房子的事办好。他们却谋划着个人利益！这事你别管了，叫他们等着去吧！如果基层领导都能有你这种担当和魄力，我这个区长也就好当了。你回去吧，让老干部局那几个人来找我！"我深深地呼了口气，向学校走去。

到了学校，围着校长室的那些人根本不让我进屋，纷纷瞪着眼七嘴八舌地质问。我装着沮丧的样子，慢慢地说："这件事崔区长知道了，刚刚训了我一顿。崔区长让你们去他办公室，他打算和你们再了解一下情况，研究一下怎么处理。对不起了，我给你们添麻烦了！"这些人趾高气扬地走了，还不忘给我做了个胜利的手势。后来这些人就一去不复返，没有了任何音讯。杨老师小两口已经办好了一切手续，安安稳稳地住着楼房。虽然还得有人在客厅里睡觉，但终究比一间房中间挂一块床单好多了。他们还和刘兴元老师签署了房屋租住长期合同，并且永远免交租金。刘老师的居住条件也得到了很大改善，再不会孤独寂寞了。

17 我所"认识"的支老师

雷峰山人

我心仪支玉恒老师已经很久了,却至今无缘晤得一面。最早认识支老师,是在《小学语文教学》杂志上。因为工作的关系,要和小学教师谈小学语文教学改革问题,所以经常去浏览涉及小学语文教学的专业期刊。记得是在20世纪90年代的第一春,全国小学语文教学研究会会刊《小学语文教学》杂志第3期发表了支老师《阅读教学"从整体入手"方法举隅》的文章,结果,引发了全国小语界关于"阅读教学是从整体入手还是从部分入手"的争论。就我的阅读所及,以《小学语文教学》杂志为主,《小学教学研究》和《小学教学参考》等杂志也参与其中,发表争鸣文章数十篇,时间持续一年多。因此,我心目中有了关于支老师的深刻印象,也希望有机会结识支老师。所以,只要涉及支老师的文章,就特别留意。后来在《小学语文教学》1996年第10期杂志封二上读到关于支老师的介绍，看到以黄河大铁桥为背景的照片，那矫健的身影、那睿智的眼神，我的心底里，支老师是一位学者的形象。

在新千年之际，我为了给参加骨干教师培训的小学语文教师讲专题课，着手编一本《小学语文阅读教学研究》的教材，计划把"整体与部分"的论题和争论进行详细的介绍，想写信向支老师请教，却找不着地址。早期支老师文章的地址是河北，后来是广东英豪学校，后来是深圳，再后是山东威海了。加之该教材的责任编辑在向我提出的撰稿要求中，只要我概括介绍就行了，这样，就打消了我与支老师联系的念头。

在我等待《小学语文阅读教学研究》出版的时候，又读到了因支老师的文章而引发的新一场学术讨论。《小学语文教学》杂志2002年第2期发表了支老师的《反思"带着问题读"》的文章，接着该刊在近一年时间内，发表了十多篇争鸣文章。我仔细地阅读了这些文章，也为支老师敏锐的学术思考、超前的改革意识而震撼。由于支老师的论文而引发一场又一场的学术讨论，这在我国语文教育史上恐怕是不多见的。

2002年的春天，我从湘中的一所教师培训机构调到椰城的一所师范学校任教。从面向小学教师到面向将要进入小学教育岗位的"准"教师，我教学的对象虽有变化，但与小学语文教学的因缘却没有断。我更加热情地关注小学语文教学改革，同样也更关注小语界那些叱咤风云的人物。在《中国小学语文教学论坛》2003年第4期上，读到了于永正先生的文章《"怪才"支玉恒》，进一步加深了我对支老师的认识。该刊封面刊登了支老师在"反思"的照片，支老师虽然已是花甲之年，但目光还是那样睿智，精神依然饱满。

支老师半路出家，一举成名，从一名普通的体育教师到全国知名的小学语文教育专家，无论是教学实践还是理论研究，都有丰硕的成果。他的教学示范，惠及了不知多少小学语文教师；他的理论思考，启发了不知多少语文教育工作者。他创设了"享受教学、享受学习"的教学情境，推动了我国小学语文教学的改革和发展。

祝愿支老师健康长寿，也希望有更多的"支"老师在不断成长。

第四部 教育拾零

1 几点对语文教学最基础的认识

一、把握语文教学的重中之重。

1. 语文教学究竟是干什么的?

语文教学的着力点永远是理解和运用祖国的语言文字。语言文字学懂了,掌握了,人文性就跑不了。这就是语文课要干的事情。语文教学最核心的宗旨就是学习语言。

2. 工具性和人文性的统一,究竟要统一到哪里?落实到哪里?

简单一句话:统一到语言文字,落实到语言文字。语言文字已经蕴含了深刻又活泼的情感、意趣,蕴含了广博、丰厚的人文积淀。工具是根,人文是花朵。根孕育了花朵的美丽,花朵展现了根的滋养。学好了语言文字,就自然而然地接受了人文熏陶,根本用不着脱离文本、语言,去搞什么宣教。否则除了增加课堂虚幻的观赏性之外,没有任何价值。

再说一句:语文教学中的情感、态度和

价值观教育，是靠着学生感悟语言文字的感染力量实现的。所以，学好语言是语文教学的关键。

二、用语文的手段，解决语文的问题。

1.什么是语文的手段？什么是语文要解决的问题？

还是简单地说吧：语文的手段就是听、说、读、写；语文要解决的问题就是：字、词、句、篇。语文教学就是要通过听说读写的手段，解决字词句篇的问题。

2.一切非语文的方法、手段都应该谨慎进入课堂。

3.学一篇文章，学生应该得到什么？

得文：整体把握教材的脉络、内容。

得意：感悟文本的情理、意趣。

得言：感悟文本字词句篇的运用之妙。

得法：学习并掌握阅读和写作方法，也就是——既要知道文章讲了什么，也要知道是怎么讲出来的。

三、简简单单教语文，为什么这样难？

有一句俗话说：由简入繁易，由繁入简难。语文教学就是这样。为什么呢？

1.社会给语文教学添加了不少额外负担。

2.教师也给自己添加了不少额外负担。

3.教师对语文教学的理解不够深入，把握不够准确，忘记了语文教学的核心宗旨是对语言文字的学习运用。

4.有些老师对自己的教学缺乏自信，增加了不少不必要的环节步骤或多余的阐述和提问。

5.有些老师盲目地追求课堂的所谓精彩、趣味,偏离了语文教学的目的和内容,选错了方法,以致有一段时间在全国很多地方出现了"工具性搞模糊了,人文性搞玄乎了"的现象。

总之,有点积重难返啊。

最后,套用网络上一句话:"学会简单其实就是不简单!"

2 实实在在教语文

这几年，不少语文课堂，尤其是某些竞赛课、评优课、展示课，以及一些大型公开教学的课堂，有点不够实在。这些课看起来华丽精彩，实际上华而不实，中看不中用。

主要表现有：

一是有些老师不是在给学生上课，而是上给评委，上给听课的老师们看。因此，就产生了取悦听众的心理。他们不把课堂当作学生成长发展的圣地，而当成自己展示所谓才艺的地方；不是关注学生是否有所获得，而更多的是惦记自己讲得是否"出彩"。这样的课，有太多的个人功利色彩，于学生却无实质上的帮助。学生只不过是教师表演的观赏者，最多是教师的陪衬或配角。

二是有些课堂看起来很活跃，实际上是闹闹哄哄。学生活跃的多是肢体，多是简单的、不用怎样动脑筋的口头呼应或帮腔，思维和想象却波澜不惊。一节《雪地上的小画家》，有二三十个学生成群结队，推推搡搡上黑板画"脚印"，碰灭了电脑，摔坏了话筒。黑板上一片重叠混乱、不成形的涂鸦。没有陈述，没有解说，画完了就下课了。这是什么语文课？这样的课，不知道语文课该干什么，不知道语文教学的目的是要提高学生的语文素养。

三是有些课堂过于海阔天空，任意挖掘扩展。一篇文讲成了三四篇，一首诗讲成了七八首。本来要学的文本草草带过，另加的东西虽然层出不穷，却也是穿凿附会，浅尝辄止。这样的课，不知道语文教学的真谛乃是"课上得法，课下得益"。叶圣陶先生说"潜心会文"，砸实了语文"双基"，加强了学习能力，提高了学习兴趣，培养了学习习惯，学生自会"触处自引申""入境始与亲"，自会多读多写，以至于手不释卷，终身受益。

四是有的课堂过度渲染张扬"人文性"。在教学中不重视对文本的真实情感体验，不重视对语言文字的读诵、品味，不重视夯实"双基"，甚至耻于涉及"双基"，而大量使用音乐、绘画、表演，以致说教，完全把人文性外加于语言文字之上。其实，工具性与人文性是语文教学这一矛盾运动过程的对立统一，而不是两个东西的结合。语言文字中已经蕴涵了深刻活泼的情感、意趣，珍藏了丰富多彩的文化积淀。学好了语言文字，其人文性就已经自在其中了。脱离文本，脱离语言，空喊人文性，毫不感人，毫无价值。

五是一节公开课多次彩排演练，甚至排定发言学生；上课中内容繁复，形式多变，手段驳杂；教师语言预先设计，逐句背过，上课时和盘托出；媒体课件五光十色，喧宾夺主，甚而 40 分钟展演不断；等等。

所有这些表现，虽然多发生在公开性的教学中，但其影响却很大。公开课具有一定的示范性、传播性。某种不良现象多次出现，很容易产生扩大效应，甚而形成风气，后果相当严重。究竟应该怎样教语文，笔者不拟多说，只能说应该实实在在、本本分分地去教，应该用语文的手段，解决语文的问题。

其实，上面所说的那样的老师，他们自己也完全知道该怎么教。不信吗？去看看他们在自己的学校，自己的班级怎样上课。

因此，"老师在自己的班里上日常课会不会这样上？"正是衡量真课、假课，真教、假教的试金石。听课的老师只要这样一想，就不会跟风跑了。

3 语言是最简洁有效的教学方式

——杭州市下城区『生态课堂』语文教学研讨会侧记

《教育信息报》记者黄莉萍

一切都像是修辞手法中的衬托。研讨会第一天,杭州市青蓝小学会场大屏幕上教师们的滚动短信,不断向与会者宣告着对支玉恒老师的期待;除了隆重的开幕仪式,最激动人心的就是全体与会教师为支玉恒老师选课了。

一切由在场的教师们说了算。选课结束后,教师罗佳慧在留言板上写道:"这一刻我难以忘怀。我心里是多么敬佩这位特级教师!当一位老师建议:'还没有忘记5月12日那一次地震吧?那就让我们体会一下《地震中的父与子》的真情实感吧!'大家都同意了,支老师也同意了。"

公开课的讲授文本随选随上,据说,这开了全国先河。还不止于此。研讨会第一天,有个精彩的讲座,是上海教育出版社《小学语文教师》主编李振村的观点报告——《语文教育十大细节追问》。李振村一个个风趣幽默的"反弹琵琶"激起教师们阵阵意会的笑声。李振村说，语文教学就是熏锅底，是件慢活，没有什么教学方法能短时间内高效快捷地培养孩子的语文能力，语文学习应该是奇思妙想的、优雅从容的、诗情画意的、花前月下的。李振村说，朗读是有温度的，是有感情的，是有诗意的，是任何课件无可代替的。他说，语言文字是教学手段中的主体，多媒体永远是辅助，不能登堂入室，否则语文就失去其意义。这句辛辣幽默的话直刺当今语文教学特别是公开课滥用多媒体的误区。"这一点，我们的大师支玉恒就做得特别好，他就一支粉笔一张嘴，平等、真实、真诚地和学生们进行心灵的沟通。"台下又是一阵笑声。笑声中，更加深了在座的教师们对支玉恒的期待。

　　第二天终于到了。70多岁的鹤发老人、山东威海市开发区第一小学聘请的名誉校长支玉恒在众人的期待中走上了讲台。

　　"同学们好！""老师好！""同学们真精神！""老师真精神！""同学们真可爱！""老师真可爱！""不像话，我都七十多岁了，需要的是健康，再来一次。""同学们真可爱！"学生们笑起来："老师真健康！""同学们请坐吧！"

　　"我要提一个很难的问题，但我不告诉你我要提什么问题，谁来回答。"课堂上鸦雀无声，无人举手。支老师问一个学生："告诉我今天上课的题目是什么？""《地震中的父与子》。""难吗？不难，但有些同学被我吓住了。读一遍课题。""地震中的父与子。""地震中的谁？""地震中的'父与子'。""听出来了，你们读得有重音。什么时候的父与子？""'地震中'的父与子。""对，大家已经掌握了朗读的诀窍，把要强调的字读好。打开书吧，各自放开声音读一遍课文。"

《地震中的父与子》这样的课文，似乎不配上音乐，不展示让人心跳加快的语言，不把听课者感动得心潮起伏，就不算是好课。尤其是今年四川发生了大地震，按常规的想法，一定会把这两者结合起来，深刻教育学生。往往这样的课，执教者很激动，听课者很感动，我们喜欢这样的模式，喜欢想当然地判断学生肯定跟我们一样。但，学生的语文学习效果如何，感动之余学了什么？可能很少有人在深思。

那么，在支老师的课堂上，学生"学了什么"？我们很容易地发现：学生学了"读"。

说这样的观点，可能有些老师会觉得很惊讶，我们不是在平时的教学中也很注重让学生"读"吗？但，支老师指导学生的"读"却与我们不尽相同。

学生是语文学习的主人。这不是仅仅停留在理念上，更需要落实在具体的教学行为中。支老师让同学一个又一个地接力读课文，一次又一次地练习，看似枯燥而乏味，实则是努力让每一个同学都有读的机会。现在我们的家长常常感言，学生不愿放声读，老师也常常叹息，学生不想开口读，究其原因，我们在课堂上常常无意识地扼杀了学生读的机会。我们喜欢让优秀的学生来读，而让更多的学生当听众。面向全体地读，超大规模地读，彰显的是理念，更是一种气魄。

学生读得不够"好",支老师提醒他们:"这是挖了38小时后的问!这是隔着废墟在说!这是在喊话!……"这远别于我们平常教学时对学生说:"请你带着悲伤的感情读一读!请你读出快乐的感情!"支老师的朗读指导立足于文本的语境,立足于学生的朗读实际。"12小时,24小时,36小时",支老师干脆告诉学生,"不能一个调子去读,要有起伏。"说了之后,他像一个音乐指挥家,用手势配合着学生的朗读一高一低地舞动起来。有时,支老师也来那么一两句,那深厚的男中音直透我们的心际。

几乎每个学生读后,支老师总是说"谁再来读读",很少评价孩子读得技巧怎样。这正印证了《礼记·学记》中"道而弗牵,强而弗抑",意思是说,要引导学生,而不是牵着其鼻子走;要严格要求学生,但决不使其感到压抑。我认为这8个字是支老师对于本节课"读"书活动评价、指导的根本策略,少了常规的"评价",看似可惜,实则是让更多的孩子有了读的时间。

读着读着,就让学生背一背课文。在不经意间,所有的孩子们"一不小心"就会背出课文的相关词句与段落。"语文教学要注重语言的积累、感悟和运用,注重基本技能的训练,给学生打下扎实的语文基础。"新课标如是说。我们敢在课堂上让孩子们练习背诵吗?

经过这样一堂课,师生之间,心里多了什么?

课堂,应是学生展示精彩的舞台;课堂,应是师生共同成长的土壤。"教学相长",更多应是"精神层面"。

师生之间其乐融融，没有了"师道尊严"，没有了"规规矩矩"，涌动的是"真实的生命气息"。一开始，支老师就说："我要问一个很难很难的问题，但我不告诉大家，谁敢在不知道什么问题的情况下举手？"学生一下子好像被吓住了，支老师装模作样地说："胆小鬼！"后来，他问的却是"今天学习的课文题目是什么？"这就是"很难很难的问题"！一时哄堂大笑，笑声中，孩子们的心敞开了。后来，支老师又对孩子们说，如果读得好，"你可以刮我的鼻子"；他幽默地评价孩子们对警察说的话的朗读："哦，这是一位小警察？""现在是1米8高，谁能读到1米9的高度？"轻松、愉悦、自由的气息弥漫在课堂之上。

"你们猜一猜，我最后会提一个什么样的问题？"孩子们猜得不亦乐乎，谁都希望自己能够猜中，可偏偏谁都没有猜中。其实，猜中与猜不中有什么区别呢？猜不中的，不是一起学习了吗？要是猜中，不也是学习吗？但支老师却要要这样的"花招"，因为，他懂得孩子们的心理，学到现在有些累了啊！再后来，课程结束，孩子们依依不舍，他们不肯下课，明亮的眸子里流露出多么渴望的神情啊！他们多想着再学一会儿啊！此时，有听课老师手捧鲜花献给支老师，支老师接过鲜花马上面对孩子们说："谁是班长？请班长上来！鲜花应该献给你们全班同学……"会场上顿时响起了热烈而持久的掌声，不知怎么的，我的心里一下子莫名地涌起一股热潮。课真的结束了吗？有人说，浓到好处，不易；但，淡而富有韵味，更难。

4 不仅仅是教学

一开始教语文,我的努力方向是一定要让学生语文成绩好,能把文本理解、体会得更深一点,能把作文写得更漂亮一些。说实话,这些我以为自己都做到了。但是我慢慢地发现了不少问题。

我上课有时喜欢组织学生表演一下文本的情节。比如《晏子使楚》《西门豹》等课文的故事。但是积极举手参与的都是学习比较差的学生(尤其是学习较差的男同学)。有时课外活动时,我爱带着学生踢球,也参与女同学们的游戏,如扔沙包、跳皮筋。但我也发现积极参与的也是学习较差的同学。比如学校举办运动会、文艺表演时,报名的、得奖的也基本上没有学习成绩优良的学生(无论男女)。

我教体育时,阴雨天气就带学生回教室,教他们写宋体美术字,画二方连续纹样图案,没有几个学生认真学。更遑论对体育锻炼、文艺表演的兴趣与热爱了。再比如，上课时踊跃举手发言、提问的，到黑板上大胆写一些东西的，还有我提问一些有关课外知识时，敢举手发言的也是这种"一边倒"情况。我范读《金色的鱼钩》，我自己和听课老师们都流泪抽噎了，但学生中有同样表现的，除去一些女同学，男孩子却大多无动于衷。我知道，孩子们没有经历过那样的实际生活，没有感同身受的情感体验，但是也反映出有些孩子们的情感冷漠的程度。

......

因此我深刻地意识到，只注重学习成绩，不注意学生的思想意识，不培养学生强身健体的习惯和觉悟，不启发、提高学生对艺术爱好和审美的需求，不培养学生自觉、广泛阅读的兴趣，不加强对人类文化传播的重视，不鼓励学生敢于表达、敢于表现、敢于展示自我的勇气，不重视学生情感、立场的培育和矫正，等等，学生学习成绩再好，他的人生也是有缺憾的，也不是国家的优秀接班人！

因此，我经常结合教学讲一些英雄们爱国爱民、惩治邪恶、扶困济危的故事；星期天就带他们到郊外远足、竞走、爬山、爬树，一路上还要做潜伏、抓特务的游戏，让他们大声唱歌、喊叫，有一次返程时突降倾盆大雨，我和学生坚持在班长指挥下，喊着口号，大踏步队列前进，躲在屋檐下的路人都给我们鼓掌；我经常号召各学习小组，自主编排各种节目，在班会时表演、比赛；带领他们到工厂参观、演节目，慰问军烈属，打扫学校周边的街道；告诉他们多看"小人书"

（当时学生读物很少），订阅《少年报》《少年文艺》，然后在班会上摘要发言；上课时，结合课文内容顺便传递一些中华文化，朗读时注重有朗读感情指导，指名发言、板书、质疑，辩论时，我专门找不爱发言、不敢发言的学生站起来完成任务（有时还带到讲台前面对全体同学展示一下），等等。我的这些举措得到了全体家长的赞同，也因此，我们班级一学期至少有十五六周获得红旗班锦旗。

5 四步学诗词,读讲问品都让学生自己忙

一、读。读是学生读,读的目的是达到初步感悟。读通、读熟、读懂、读透。一边读一边想,想想不懂的字和词,想想一句一句各是什么意思,想想句子连起来说了什么,想想诗人说这些话到底有什么目的。读到这里应该能背诵了,也就达到了初步感悟。读的时候教师可纠错、可提醒,但不要回答任何问题。

二、讲。讲是学生讲,讲的目的是学会有序表达。一句一句讲明白,讲清楚对重点词语的理解,语言要通顺简练,要符合诗词的基本情调,讲明白全文的意思,讲清楚诗人要表达什么思想和情感,并配合有感情地朗读,通过讲提高思维和表达能力。教师在学生表达时可简洁启发提醒和指导,但不可包办代替。

三、问。问是学生问,问的目的是求博。

问要问得有质量，不纠缠个别字和词，引导学生把它们放到诗句中去理解，不纠缠与诗意关系不大的典故，可以问由本诗想到的其他诗词的写法、内容的对比和同异，问诗人与作品的渊源，问题不局限于本诗，可以问诗人的创作风格和有影响的代表作品，以及诗人在当时甚至对现代文学的影响。

　　四、品。品是学生品，品的目的是鉴赏。引导学生通过深入的读和思，提出表达效果突出的字或词，并思考、研究为什么。想想还有没有别的有效的方法，说出自己还可以怎样表达。教师也可以举例另外的表达方法，引导学生斟酌、对比。在这些过程中，提高学生把握和认识语言功效的能力。

　　过去讲诗词，老师怕学生自学有困难，形成了老师讲得多，学生比较被动，甚至有的老师直接把诗句一句句"翻译"出来，让学生背下来，不但影响了诗词教学的效果，还使学生对诗词学习产生了畏难情绪和依赖思想。因此在诗词教学中很难形成"自学为本"的课堂教学方式，反而使教学过程变得冗赘而复杂，或者反过来变成了灌输式。

　　"四步学诗词"，简化了教学过程。由于鼓励学生自主学习，为学生的思考留下了不小的空间。每个"字"所包含的学习内容，又比较单一，便于学生集中思考方向，完成自学任务，使课堂进程合理而且井然有序。这种方法简单有效，您可以试试吗？

6 有感于支玉恒老师的课堂『奖励』

摘自网上 佚名

花褪残红的春日里,支玉恒等三位名师来到了仙桃市。大师们"匆匆地来,正如他们匆匆地去,挥一挥衣袖,不带走一片云彩",却把"万般滋味"留在我们心头。从盼望着的兴奋,到"观赏"后的喟叹,始之叹为观止,之后心潮澎湃,继而感慨万千,然后自惭形秽……潮起潮落的心被揪得紧紧的。

狂热之后,让自己的心冷却下来,细细思量,他们不再年轻的容颜后到底藏着些什么玄机?他们朴素的衣衫里究竟藏着些什么法宝?我想,我们应该让自己的思绪成为可以调焦的镜头,对着他们的课堂、他们的人生,选择自己所需要的焦距。

在这次活动中,我觉得启示最大的就是我曾虔诚地向另外一位名师请教过的"我不忍'肢解'了和孩子们'分析'的名篇美文如何教"的困惑,在支玉恒老师的课堂上,就那样不经意地、那样尽善尽美地被诠释了。这节课，支老师讲的是朱自清先生的散文《匆匆》。在他如行云流水的课堂上，他毫无修饰、毫不矫情地落实了两个环节：用心灵诵读、用心灵倾诉。他领着孩子们缓缓走进了朱自清先生的世界，无限度地吸纳了无数才情之后，又带着孩子们从朱先生的世界走入了他们自己的心灵，把"名家的"变为"自己的"。

在"用心灵倾诉"这个环节中，有这样一个片断：

支老师："这会儿，我要听听有些什么特殊的'倾听'。"

学生："我来。"

支老师："你可以吗？"（支老师故意试探着问，并用鼓励的眼神望着他。）

学生："我试试。"（在儒雅、慈祥的支老师的目光的鼓励下，孩子显得既自信，又谦逊。）

支老师："说之前，有个条件。因为你占用了同学们的时间，如果你表达不出特殊的感受，我要刮你鼻子。如果你说出了特殊的感受，你刮我鼻子。愿意冒这个刮鼻子的风险吗？"

学生："愿意。"

支老师："好，开始！"

学生："首先，'过去的日子如轻烟……被初阳蒸融了'是说作者认为自己过去没有什么作为，而'我留着些什么痕迹呢'说明作者悔恨过去，但立志在以后的人生中留下辉煌的事业。"

支老师："特殊！（伸出大拇指）那你刮我鼻子。"（弯下腰，伸过鼻子去。）

这"特殊"的所在正是孩子们与作者心灵、情感的交流，而这种美好的境界，是支老师用他特殊的、平等的奖励方式"刮鼻子"为孩子们创设的。

在"用心灵倾诉"的环节中，支老师还采取了这样的方法来奖励学生：

他让每个学生拿出笔来，把自己的感悟写成一句格言、警句，向作者倾诉自己的心灵。哪个同学见解独到，就奖励他把自己的"名言"写到黑板上。而且，要在句子的右下端打上括号，写上自己的名字。于是，孩子们一个个自信地走向讲台，在黑板上留下了一份份特殊"奖品"："一寸光阴一寸金，寸金难买寸光阴。（郑雅）""花有重开日，人无再少年。（许看云）""君不见高堂明镜悲白发，朝如青丝暮成雪。（张业生）""最忙的人有最充分的时间。（钟鸣）""莫等闲，白了少年头，空悲切。（英杰）""你的时间走了不少，但余下的时光足以让你完成未了心愿。（昌影）""回想碌碌无为的从前，不如把握实实在在的今天。（诸葛清）"……

在这样的奖励中，千古流芳的名篇与孩童稚子没了距离；在这样的奖励中，孩子们成了李白，成了朱自清，成了鲁迅，更成了他（她）自己；在这样的奖励中，思考者的思考被烙上了无形的勋章，思考者在自己的思考中获得了自信，思考者从自己的思考中获得了对人生、对童年阶段的认识和体验。

由支老师的课堂"奖励"反观我们的教学，的确汗颜哪！为了上好一节公开课，为了在课堂上通过"奖励"调动学生的积极性，我们会煞费苦心地准备很多小礼物：可爱的动物头饰、闪烁的星星小棒、精致的小花小草图形……到了课堂上，该读课文了，我们会说："有谁愿意读课文中的××吗？谁读得好了，老师就把这些礼物奖给他！"于是，刚才还冷冷清清的局面马上变得火暴起来，课堂上出现了令人满意的气氛——孩子们不仅高高地举起了小手，而且不停地叫着："我来，我来……"然后，被指名读过课文的学生就兴高采烈地得到了奖品，没机会读的便无精打采自认倒霉，我们却在内心窃喜："众里寻他千百度，蓦然回首，调动学生学习积极性的法宝就在奖品里！"

是啊，课堂的评价与激励，是我们一直探讨着的问题。为什么支老师那么自然地就将学生引领到了美好的精神境界，让奖励滋养了他们的心灵，激发了他们的创造，而我们的课堂奖励只能作"秀"而已呢？

小而言之，教育是件良心事；大而言之，教育肩负着国家民族的荣耀与耻辱。于己于国，我们怎能不思考？

7 玩玩逻辑

师："谁来读一下晏子那段话？"

生（读课文）："这是个狗洞，不是城门。只有访问狗国，才从狗洞进去。我在这里等一会儿，你们先去问个明白，楚国到底是个什么样的国家？"

师："你看晏子这段话主要有几个意思？"

生："第一个意思是说，如果你让我钻狗洞，那你们这个国家里都是狗。"（笑声）

师："人家晏子可没有这样说。"

生："晏子的言外之意，就是说楚国是狗国。"

师："我还没有问到言外之意，现在只问他的'言内之意'。他先说，要是访问狗国，没办法，就要钻狗洞。能不能把这句话，这样简单地写下来？（板书：访狗国——钻狗洞）（生：'可以。'）晏子又说：'今天

《晏子使楚》

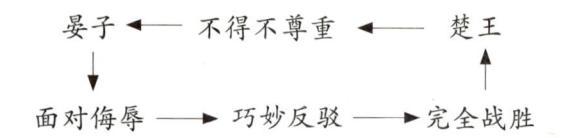

```
晏子 ◄──── 不得不尊重 ◄──── 楚王
 │                              ▲
 ▼                              │
面对侮辱 ────► 巧妙反驳 ────► 完全战胜
```

我来访问你们楚国,你们挖了狗洞让我钻。'能不能这样写?(板书:访楚国——钻狗洞)刚才你们说晏子还有一句没有说出来,是什么话?"

生:"楚国是狗国。"

师:"但这句话晏子作为外交使臣,不会说出来。他让士兵去问楚王,你们楚国是什么样的国家。楚王呢,绝不会为了侮辱一下晏子就说:'我们楚国就是狗国,我是个狗王,你给我钻去吧!'(大笑)楚王会不会这样说?(生:'不会。')所以楚王没有办法,只好大开城门。——好,大家看黑板。"(板书:楚国——狗国)

到此,黑板上呈现了三行字:

访狗国——钻狗洞
访楚国——钻狗洞
楚国——狗国

师:"这三行字很有意思,现在你们还不知道,等你们上了大学,有一门课程叫'形式逻辑',要专门讲这种格式。我不妨给你们简单讲一下,你们听一下就可以,记住记不住没有关系。想不想听？"

生："想听！"

师（指板书第一行）："这一行叫'大前提'，第二行叫'小前提'，第三行叫'结论'。这是形式逻辑里的一种'三段式演绎推理'方法。这是现代大学里的课程啊！可是在两千多年前——那时这种学问还没有出现，晏子就能熟练地掌握、运用。你们说，晏子这个人简单不简单？"

生："不简单！"

（下面是讨论本课另一次师生对话。）

师："现在晏子见到了楚王。楚王最后问晏子：既然你们国家有那么多人，为什么偏偏打发你来呢？实话实说，我不生气。晏子是怎么回答他的？"

生（读文）："敝国有个规矩：访问上等国家，就派上等人去；访问下等国家，就派下等人去。我最不中用，所以就派到这儿来了。"

师："仔细琢磨一下，晏子说的这一段话，你们认为哪一句最有力地反驳了楚王？"

生："是第二句：'访问下等国家，就派下等人去。'晏子说自己最不中用，来了楚国，意思是说楚国比下等还下等的国家。"（掌声）

师："能不能把这句话也归结一个三段式的逻辑推理格式。我不说话，你们自己考虑后发言，我只负责板书。——先说第一行：大前提怎么写？"

生："访问上等国家，就派上等人去。可以简单地写成：

'访问上等国家,破折号,派上等人。'"

　　师:"大家说行吗？"(生:"可以。")(教师板书)

　　生:"第二句写成:'访问下等国家,破折号,派下等人。'"(学生认可后,教师板书)

　　生:"最后一句:'访问楚国,破折号,派最不中用的人。'"(学生认可后,教师板书)

　　现在形成的板书:

　　　　访问上等国家——派上等人
　　　　访问下等国家——派下等人
　　　　访问楚国——派最不中用的人

　　师:"这样三段式完成了吗？"

　　生:"完成了。"

　　师:"你们说完成了,我不同意。结论是什么？"

　　生:"这……找不到。"(大笑)

　　师:"黑板上找不到,你们心里怎么想？"

　　生:"楚国是比下等还下等的国家。"

　　师:"对。说是三段式,是说推理的三个阶段,并不是三句话。你们说板书中的大前提在哪里？"

　　生:"我认为前两行都是大前提,它只说了上下两等,而晏子想说楚国更下等,所以第三行才是小前提,然后是结论:楚国连下等都不如。"(掌声)

　　师:"你真行,三步推理你都说完了,下课吧。"

【点评】

笔者并不是要讲逻辑学（也讲不了），而是借用这种形式，把晏子的话提炼到最简，而且环环相扣，使学生更能感受到语言的力量和无可反驳性，从而对语言产生一种亲近、憧憬，甚至拥有它的信念，有利于今后的语文学习。

8 随手涂鸦

（生读课文《暮江吟》。）

师："这回好多了,你再把这两句读一下。"

生："可怜九月初三夜,露似真珠月似弓。"

师："刚才还是太阳呢,现在怎么成了'月'？"

生："……"

师："作者弄错了吧？前两句你还讲了什么叫'残阳',怎么马上又成了月亮？"

生："因为太阳落了,月亮上来了。说明作者在江边看了很久。"

师："你说得对。作者没必要细说太阳落下去,他又干了什么,后来月亮就上来了——就做了一个小小的'留白',直接写月亮了。你把全诗再读一遍,会背就背一遍,让大家体会一下这个'留白'的效果。"

生（背）："一道残阳铺水中，半江瑟瑟半江红。可怜九月初三夜，露似真珠月似弓。"

师（教师在黑板上画的江面上，画了个圆月）："我画得对不对？"

生："不对！"

师："说我画错了？怎么错了？"

生："诗里说的是'月似弓'，弓是弯曲的，应该是弯月，您画成圆月了。"

师："好！月似弓，你来画。（学生在江面上画了个弯月）他画得对吗？"

生："对。……不对！"（意见不一致）

师（对着急举手的学生）："你来画。你保证能画对吗？"（生："能。"）

师："画不对罚款十元！"

生："罚吧，我不怕。"（但又低声说："我知道您是吓唬我呢。"此生作画：水面之上画了一个弯口向右的弯月。）

师："别画了，准备交罚款吧！（笑声）这里有点天文知识，你们可能不知道。圆月一般都在农历每个月的中段，比如八月十五中秋节；而农历月初开头几天和月末最后几天都是弯月。开头几天的弯月叫'新月'，最后几天的弯月叫'残月'。新月和残月形状不一样。新月的弯口向左，好像后括号，残月的弯口向右，好像前括号。你只要记住'残'字汉语拼音第一个字母'c'，就是残月的样子就行了，这样新月的样子也就知道了。知道了吧？记住，月份指的中国自家的'农历'，外国人不懂这些知识。"

生:"知道了。"

师:"你们看我画的是新月还是残月?"

生:"老师画的弯口向左,是新月,画对了。"

师:"为什么是新月就对了?"(生:'您和他画的不一样。')你们读一下诗句第三行。"

生(读):"可怜九月初三夜。"

师:"哪个月?哪一天?(生:'九月初三。')古代没有公历,只用我们国家的农历。九月初三是九月刚开头,是月初,应该是新月还是残月?"

生:"月初是新月,老师画的弯口向左是对的。"

师:"服气不服?(生:'服气。')服气了,罚款就免了吧。"(大笑)

【点评】

这是下课前两分钟的一个课堂"插曲"。讲这些好像与古诗的学习没有多大关系。是的,不讲它也能学习理解《暮江吟》。但是,既然还有点时间,讲了它:①学生多学了一点课本上没有的知识;②课堂生动活泼,信息量大;③学生感兴趣,爱听你的课;④学生觉得老师知识丰富,自然会产生一些敬佩之情。不要笑,这③④两点是很重要的。学生一旦对你的课感兴趣,对你产生了敬佩之情,那么,你今后说的话,不说一句顶一万句,起码一句顶一句。这样,你的工作就一切顺遂了。

《暮江吟》（课后诗）

口诵眼前多彩句，

神思千古暮江滨。

未觉学诗何吃力，

早随司马月下吟。

9 这也是文化

（《景阳冈》课文学完，还有时间，请学生自由提问。）

生："老师，我有个问题不知道该问不该问。"

师："问吧，跟课文有关系就行。"

生："武松打虎之前，为什么喝那么多酒，而且还喝醉了，他不怕醉酒误事吗？"

师："大家先说吧，我听听你们有什么看法！"

生："他喝酒时还不知道山上有虎，是喝完以后店家才告诉他，他要早知道就不会喝酒了。"

生："店家告诉他山上有虎，但他不听，还要上山，说明武松不怕老虎。"

生："武松怀疑这是一家黑店，拿虎吓唬人，半夜图财害命。"

生："武松爱喝酒。《水浒传》上说，

他去打蒋门神,一路走,一路喝,也是酒醉了才打的。"

生:"有的人特殊,只有喝了酒胆子才大,力气也大。武松就是这样的人。"

生:"《水浒传》里很多人都爱喝酒,光我记住的就有李逵、鲁智深、阮氏三兄弟。林冲也喝酒,风雪山神庙就背了个酒葫芦。好像梁山上没人不喝酒。他们喜欢大块吃肉,大口喝酒。"

师:"这位同学肯定读过《水浒传》。《水浒传》的时代背景是宋朝,宋朝是中国酒文化活跃的时代,不但梁山上人人嗜酒,一些文人也好酒,大文豪苏东坡、女词人李清照也很喜欢酒。宋代人认为喝酒的文人是雅士,喝酒的武人是英雄好汉,所以梁山上人人都喝酒。扯远了,还是说武松吧。"

生:"武松确实是好汉。他上山走路都是踉踉跄跄的,上山后不管有虎没虎,倒头便睡。被一声虎啸惊醒后,马上醉意全无,打死了老虎。"

生:"作者写武松醉酒打虎,是要表现武松的英雄气概。一般人酒醉后,不是吐就是睡,头昏脑涨,别说打虎,耍酒疯还差不多。武松却能把吊睛白额的猛虎打死,充分表现了他的英雄本色。"

生:"武松喝酒后坚持上山,故意说酒店是黑店,武松还怕黑店吗?上山后看见官府的告示说有虎,他照样上山,他怕返回去怕店家耻笑。可见他把别人耻笑,看得比老虎还厉害。武松确实是一个天不怕地不怕的好汉,他绝不会让人耻笑。"

生:"武松还是一个眼里不揉沙子的人。杀西门庆和潘金莲……"

师:"行了,扯得更远了,听我说两句。课文用了不少篇幅写武松喝酒,我认为倒不是专门为了表现武松的什么气概、精神,而是为了塑造人物性格。《水浒传》是一部长篇小说,小说一般都非常注重描绘人物形象,刻画人物性格,用以表现社会生活,抑恶扬善。这样才能脍炙人口,流传久远。这是第一点。第二点,刚才说了《水浒传》写的是宋朝的事,要符合宋朝的社会文化背景,所以书中多有描写饮酒的场景。今天讨论了喝酒的问题,希望大家耳朵里不要只剩下喝酒,还要知道喝酒背后的文化。"

【点评】

这是在临下课时的"谈天说地"。笔者往往在适当的时机,以课文做底本,和学生搞一点"谈天说地"的活动,以扩大学生生活视野,扩大他们的知识面,传递文化信息,营造一点文化氛围。这种活动比动员学生加强课外阅读的说教有效得多。最明显的是,学生读书兴趣提高了,上课时讨论发言踊跃了,发言不再是说上一句半句,就没有话可说了。

10 给大家介绍一位教研老将军（一）

> 济南有位江洪春，
> 紧抓教研不放松。
> 开口幽默又风趣，
> 内涵真正理论功。

江洪春老师脍炙人口的《课堂教学十六烦》《课堂教学十六急》和《课堂教学十六无》，虽然仅是他众多的教学议论中的"小品"，但这些被他个人称之为"调侃"的作品，却蕴涵着极为深刻的教学理念和极为丰富的教学实践的宝贵经验。虽然看过他许多教学论文，但这充满智慧的三个"十六"，却钻进脑子不肯出来。我初次接触江老师，是在多年前的2001年夏天。我应山东电子音像出版社之邀，前往济南拍摄教学录像，江老师也在场。从那时起这位诚恳、热情的教研主任就给我留下了难以磨灭的印象。他为人正直、厚道，谈吐幽默、坦率，对许多教学上的问题，都有一针见血的看法，观点鲜明，毫不模棱两可，而且极善交流，又极易交流。后来我和江老师又有几次接触。特别是2009年7月在青岛，我和江老师同时被聘为"中国当代语文教学专业委员会"举办的全国性教学观摩竞赛活动的评委。在一起工作了数天，使我认识到江老师在钻研教材、选择确定教学内容与方法、课堂操作的科学性与艺术性的统一等各方面，都具有精到而高超的见解。也正是这一次，开始读到了他的"十六烦"，顿觉清新、独特而又洞察时弊。于是赶忙抄录在本子上。而后一年多，又陆续看他了他的"十六急"与"十六无"，我均如获至宝。江老师能用如此简洁、诙谐而又富有韵律的语言，讲出教学的大道理，我内心的敬佩之情油然而生。

对于教师细读文本、吃透教材这个最关键的教学问题，江老师的三个"十六"，多有涉及。早在"十六烦"中他就写道："第十烦：理解教材太浮浅，蜻蜓点水浮表面，把握教材是硬功，需要潜心深钻研。"在"十六急"中他又反复强调："第二急：谁再一天天，一月月，一年年用连自己也没有读懂的教材教学，系歪了扣子，还不知道，知道了也不改，俺就跟他急！""第一急：谁再把《掌声》讲成身残志坚，把《威尼斯小艇》讲成威尼斯风情，把《老人与海鸥》讲成保护动物、环境等，即编者让他往东，他偏往西，让他打狗，他偏逮鸡，俺就跟他急！"

钻研教材，确实是上好课的第一关，道理很简单，但总有的老师在没有吃透教材或看错了教材的情况下，就上台讲课，真是贻害无穷。我也听过有很多老师把《可爱的草塘》《乡下人家》当成写景的文章讲（《可爱的草塘》表现"我"对草塘的喜爱之情，是抒情散文；《乡下人家》是讲乡下人家的生活的），把《丰碑》讲成军需处长舍己为人（《丰碑》是讲红军队伍是战无不胜的，不是表现军需处长个人的。他只是这支队伍中的一个典型代表），把《跳水》讲成船长沉着冷静（《跳水》中老船长并非中心人物，所以不能说是表现他的品质，而是说在遇到特殊情况时，人们应当怎么办，不应该怎么办，这样一个道理的。是一篇写事理的文章），等等。毫无疑问，看错了课文，就无法正确地确定教学目的。这样的课从根本上就讲错了。记得那次做评委，江老师看到有的老师把教材理解错了，还讲得津津有味，急得坐立不安，直搓双手。他心里难受啊！

11 给大家介绍一位教研老将军（二）

关于教学内容的确定，三个"十六"中多次提到："第九烦：学习目标不明确，没有航标乱行船。不知到底干什么，完成环节走教案。""第五烦：堆积资料乱拓展，正事没干好，闲事忙不完。种了别人地，荒了自家田。""第五急：谁再教什么不清楚，为什么这样教不明白，在什么起点上教不了解，教到什么程度不知道，教得怎样不反思，俺就跟他急！""第九急：谁再只教学生自己就知道的，自己就能发现的，自己就能理解的；就是不教学生意识不到的，发现不了的，认识不深的。哪里痒痒不挠，专挠不痒痒的地方，俺就跟他急！"

在"十六无"中，江老师没有再说自己的"烦"或"急"，而是情真意切地讲了他对教学中存在的一些问题的深深的担忧，写法更加恳切。他先有一段类似"前注"的叙述，而后是概括为一首小诗。如第四无："无知识的迁移与运用。知识的价值和生命是不断的迁移和运用，知识只有在迁移和运用中才会不断地升值，并显示出它的力量和魅力。然而，在听课中，我们既少看到语文知识的传授和获取，更少看到语文知识的迁移和运用。如，在学习了过渡句这一知识之后，在学习的新课文中也有过渡句时，完全可以让学生自主地运用这一知识去给课文划分层次、段落、把握课文的主要内容等。可是，执教教师似乎忘记了学生已经学习了这一知识，更想不到有意识地引导学生去运用这一知识。须知：阅读教学的任务不仅仅是引导学生梳理课文内容，或理解课文内容，还应在理解课文的过程中传授相关的语文知识，并不断地积累这些知识；更重要的是善于引导学生不断运用所学的知识，即学语文，用语文，在运用中、在知识的迁移中，使那些语文知识积蓄力量，获得新生。也就是在知识的积累中、运用中形成能力。这正是：积累知识贵在用，不用怎能有生命。培养能力靠迁移，不断迁移显神通。"

第六无："无领会语言表达。几乎所有的教师，在教学中只是引领学生去理解课文思想内容，或体会思想感情，而且是泛泛地、水过地皮湿地理解与体会，严重忽视了领会语言表达，不去引导学生领会作者是怎样写的，这实在是语文教学的残缺，是致命伤。中、高年级的教材中提出了许多关于领会表达的要求（多在单元导语中），可是执教教师就是视而不见，见了也不管、不为，凭'感觉'教学。真是让人难以理解。须知，就一篇课文而言，写的是什么，人人看得见，而怎样写的，作者为什么这样写不是一眼看得出的，需要教师着力指导。尤其是到了中、高年级，领会语言表达应是阅读教学的重中之重。阅读教学的关键是'文意兼得'。这正是：课文写的是什么，学生几乎能自得。怎样写的未必知，应让学生多揣摩。"

关于教学方法的选择，是江老师关心最多的问题。在"十六烦"中，有"第八烦""第十二、十三、十四、十五烦"；"十六急"中，有"第八急""第十急"；"十六无"中有"第二无""第四无""第九无""第十二、十三无""第十六无"等。读了这些文字，我们不得不佩服江老师教学思想的深邃和教学目光的锐利。

作为对江老师教学思想、教学行为的一篇随笔，我知道我引用得太多了，但我确实对江老师的文字爱不释手，不忍割舍。实际情况是我引用的还不足江老师三个"十六"的十之二三。其他在坚持语文教学本色、尊重教材编写意图、课堂教学操作、语言文字训练、多媒体的使用等各个教学领域，江老师都有精彩的论述。特别是他对近年来的某些教学作风，更有痛彻肺腑的真知灼见。在"十六烦"中他说："第三烦：你真棒，你真行，你真聪明挂嘴边，明明不好硬说好，糊弄学生空欢喜。"在"十六急"中他又说："第十三急：谁再依靠外力催化，过度煽情，就是不让学生潜心读文、切身体验，还自以为很得意，俺就跟他急！""第十四急：谁再把教学当作展示自己'口才'，用教师的强势压倒学生，把学生压成'弱势群体'，看不到学生的变化、发展，俺就跟他急！""第十五急：谁再在听公开课时为执教者故意展示'才华''忽悠'学生，而鼓掌叫好，就是不看学生怎样变化、发展，不看执教者怎样引导学生学习的，俺就跟他急！"多么鲜明的个性，多么强烈的爱憎。江老师在他的三个"十六"中讲述的道理，句句言简意赅、理直气壮，我没有资格做评论；他的信念，我也只有仰望的份儿。但在这里，我倡议老师们，好好读一读江老师的三个"十六"，结合自己的教学好好想一想，一定会有巨大的收获。

12 "作文教学"的课例一
—— 借助审题开视野

（这是一次"现场即兴作文课"。由听课老师现场出题目，教师现场指导，学生现场即兴写作，有些难度。）

师："当你面对一个文题时，首先应该干什么？拿起笔来就写吗？"

生："思考布局谋篇。"

师："布局谋篇肯定要考虑，但现在还不行，不到时候。"

生："先思考题目。"

师："对了。他说的'思考题目'，在作文上叫'审题'。先想想题目，它要求你写什么？有什么限制没有？审好题后该干什么了？"

生："思考什么内容可以写。"

师："这叫'选材'。我拿什么材料做这篇文章的内容？这个材料我熟悉不熟悉？写好写不好？第三步做什么？"

生："构思。"

师："就是刚才说的'布局谋篇'。先写什么,后写什么,怎样过渡,有没有呼应。但在构思前先要想好一个问题,那是'立意'。也就是我想通过这个内容说什么。比如《飞夺泸定桥》,内容是夺下这座桥的起因、经过和结果;而立意呢,是通过夺桥这件事告诉人们红军英勇战斗的精神,也就是这篇文章的中心思想,也是写作目的。这四步:审题、选材、立意、构思。都想好了,就可以动笔了。"

生："写不写提纲?"

师："可以写,如果你在心里想周全了,也可以不写,那叫'打腹稿',也就是说肚子里有了规划。有的时候,文题本身就有立意了。比如'快乐的日子',不管你写什么材料,中心思想都得是'快乐'。因此,写文章有时是先选材,有时是先立意。我们再说题目的限制,比如'快乐的日子',这个题目有什么限制?"

生："必须写一个快乐的日子。"

师："必须写'快乐',这是一个限制,但'日子'就限制只写一天吗?"

生："应该只写一个日子,就是写某一天。"

师："错了。如果题目是'快乐的一天',那就只能写一天,但'快乐的日子',就不一定了。你连续快乐了几天,就可以写几天,甚至可以写你从生下来就一直过着快乐的日子。可以吗?"(生:"可以。")

师："大家再想想,'快乐的日子'是写事的、写人的、写景的还是写物的？"

生："写事的。"

师："写事的，没错。今天我做了一件事，很快乐，大家也快乐，今天真是个快乐的日子。行吗？"（生："行。"）

师："可是大家想，我如果从来没有快乐过，那这篇文章还写不写？怎样写？"（生："只好瞎编。"）（大笑声）

师："编？那等你们当了作家再编吧。那叫'虚构'，是创作。小学生应该写自己内心实实在在的感受。那就要怎样啊？大家注意听——下面我说的话，就是我今天要告诉你们的最重要的选材方法。你可以打开视野，打开思路，这样你就可能有好几个材料可写。怎样做呢？你们能不能把写事的文章变成写人的呢？'快乐的日子'能不能写人？"

生："遇到一个可敬可佩的人，这一整天都心中高兴——快乐的日子。可以不可以？"

师："可以。还可以写同学。"

生："同学为我做好事，帮助我，今天真快乐。"

师："完全可以。你看，一个文题，想开了，就既能写事，也能写人。选材的范围就扩大了一倍。'快乐的日子'能不能写景呢？"

生："看到一片美好的景色，心中也很快乐。"

师："是啊！美好的景色赏心悦目，心里就高兴，整整一天，甚至这几天都沉浸在快乐中。可以吗？"

生："可以。"

师："写一件东西，写物，比如，写一只小狗可以吗？"

生："小狗那么好玩儿，长得也有趣，看见它就高兴。"

师："写一块石头可以吗？"

生："那石头长得奇形怪状，上面还有各式各样的花纹，看着它心里就喜欢，叫人高兴。"

师："你们贵州，到处都是喀斯特地貌，每一座山都有奇形怪状的石头，看起来像这个，像那个，你们看着一定高兴，是不是？"（生："是。"）

师："写一张桌子行不行？写想象作文行不行？"（生："都行。"）

师："原来认为只能写事，没事就得编，现在写人、写景、写物、想象作文都可以写，题材扩展了四五倍，这就叫'扩展题材'。你们眼看快毕业了，这对你们做命题作文有很大帮助。不管考试题谁出，你都有四五倍于别人的思路，还怕写作文吗？"

生："不怕了。"

【点评】

题目是"审题"，教师捎带讲了"扩展思路"，其实讲的还是选材。可见选材在作文教学中的重要位置。选材很重要——学生对作文感觉最难的是选材，即作文内容的确定。审题的重点也是选材。选好了材料，作文就有了一多半的把握，所以怎样选材是教师作文指导最重要的工作。

13 「作文教学」的课例二

——文题难作可变通

师："大家看一看，黑板上老师们给出的这些题目，哪个题目不太好写？"

生："'我没想好'，这个题目不好写。"（这是请一位听课老师出题时，老师说的一句客气话。笔者把它算作了题目。）

师："是啊，这不像是一个作文题。你再好好想想。"

生："考试题做错了，后来一检查，原来我没想好题目，就开始做题。"

师："从这件事中得到了一个教训，以后想好了再做。"

生："有一次，老师让我到黑板上解题。我说：'老师，我还没想好。'老师没说什么就让我坐下了。下课后，我没有把这当作一回事，就到操场上踢球去了。班长跑过来告诉我，老师让我到办公室去找他……然后再写老师怎样帮助我，等等。"

师："嚄！作文轮廓也有了。可以这样结尾：'我没想好，但是老师想好了。他想的是帮助每一个同学想好每一个问题。'一篇挺好的文章。还有谁来说？不要前面写了个做题，后面都说没想好就做题。"

生："选举班长，选谁？我没想好。"

师："你想写这件事告诉大家什么？"

生："选一个学习好，守纪律，办事公正，有能力，态度又和蔼的同学，不要只想选和自己要好的同学。"

师："看，不好写的也能写了。'春天'好不好写？想想有气象意义上的春天，还有什么的春天？"

生（多人）："好人好事的春天、我们班级的春天、贵阳的春天、祖国的春天、苗家的春天、我家的春天……"

师："对，把题目扩大了，这叫'小题大作'，可以开拓思路。再看老师们出的题目，'窗外'怎么写？"

生："写事、写人、写景、写物都可以。"

师："好，我们刚才讲的'扩展题材'的方法被他记住了。再看'感受'这个题目呢？"

生（多人）："写读后感，自己做错事后的想法，做错事或做好事后的反思，看到别人做了什么事后的思考，一件事做成功后的感受，考试后的想法，看见一片美景的感觉，看到环境被污染后的感受……"

师："环境污染是一件大事，既害了现在，又影响到将来。我们管不了大事，可以写我们见到的小事，写出我们的看法，这叫'大题小作'。"

生:"把大事写小吗?"(笑声)

师:"不是。比如,叫你们写'和谐社会',能写吗?"(生:"不能。")

师:"是啊,那是总书记要写的文章!但社会是由无数细小的单位组成的,我们可以写和谐的什么呀?"

生(多人):"和谐的家庭、和谐的校园、和谐的班级……"

师:"好极了,我们甚至可以写'和谐的同桌'。哎,写'和谐的我'行吗?"

生:"不行。两个人以上,才有人和人的关系。一个人跟谁去和谐呢?"

师:"他说得很对。社会上所有的家庭、所有的单位都和谐了,整个社会也就和谐了。对不对?你看从社会想到了家庭、校园、同桌,这是不是'大题小作'吗?这又是一种开拓思路的方法。黑板上老师们出的题目还有不会写的吗?"(生:"没有了。")

师:"我补充一个题目——一张白纸,怎么写?"

生:"写一张白纸是怎样造的。"

师:"恐怕你写不了,你不知道造纸的过程和工艺。"

生:"写爱护每一张纸,最后是保护了森林。"

师:"这倒是个好主意,把'爱护'改成'爱惜'。"

生:"写一张白纸对我们学习有多么重要。"

师:"你们都在写纸本身。我听过这样一句话:'我们的国家原来是一穷二白的,但可以用最美的文字,最美的图画去装点她。'这把国家比作了什么?"

生:"比作了一张白纸。"

师:"想想'一张白纸'的作文怎么写?"

生:"写每个孩子都是一张白纸,可以学好也可以学坏,看你怎么做。"

师:"这个想法非常正确。"

生:"一个新建的公园、一座新楼,都是一张白纸。"

师:"大家想想:写国家、写孩子、写公园,都是'一张白纸'的本义吗?"

生:"不是的,只是拿它打比方。"

师:"对,是写白纸的喻义。这就是开拓思路的第四种方法'思考喻义'。现在大家应该准备选题了。黑板上那些题目你选择一个写作文,先想好选择什么材料和要表现什么中心思想,好好构思,布局谋篇。还要记住'开拓思路'的四种方法:'小题大作''大题小作''思考喻义',还有前面讲审题时说的'扩展题材'。"

【点评】

本教例和前一教例,是教师在贵阳讲的一节随机请听课老师出题目的即兴作文课。这两个课录片段,主要呈现的是审题和选材部分。

审题和选材是完成一篇作文极其重要的思考过程,在很大程度上决定着作文的成败。教师在引导学生思考的过程中,向学生介绍了审题选材时可以开拓思路的四种方法:"扩展题材""小题大作""大题小作""思考喻义"。有的老师可能把这些看成是取巧的"窍门",也有的老师可能会认为这是应试的手段。其实不然。这是实实在在的作文能力。没有经常不断的学习实践,任何投机取巧的"走捷径""撞大运""凭侥幸"的心理和行为,都会碰得头破血流。因为这些方法是为了"开拓思路"!"思路"是学习实践的"指向",绝不是天上掉下来的"馅饼"!

14 对话张学伟
——《军神》视频课

昨天听了张学伟的一节视频课《军神》。我给他提了一些意见,他接受了,形成一段对话。原文复制如下。希望大家都有所思考。

支玉恒:"视频看完了。你小子够强悍,够精干,够爷们,有长进。学生体会步步深入,确有收获。优点是你已经做到的,不多说,我只说你的不足,不要不高兴!

不敢放手把课文整体尽早交给学生。依赖字屏,不断引导,频繁问答,才能实现课堂推进。

为什么不敢让学生自主发现关键句段?为什么只有不断追问才能逐步深入?

关键词语、句段都是字屏打出来的,那是你的发现,你的领悟,不是学生自己的发现和领悟。

这是典型的目前课堂上的流行病。流行病!流行病!

```
         ┌─ 眼睛重伤 ─┐   ┌─ 拒绝麻醉 ─┐
军神 ───┤           ├──┤ 抓破床单  ├─── 刘伯承
         └─ 需做手术 ─┘   └─ 暗数刀数 ─┘
```

课堂上学生一切的发现、领悟、感受都应该起始于学生，升华于学生，归宿于学生。

最后让学生向熊克武推荐军神刘伯承，是不错的设计，但表达难度大，所以效果不好。可以改为：①每个发言的学生只推荐一句他认为最重要的话；②用朗读推荐。

看完别哭，想骂可以。"

张学伟："师父，这正是我最怕也最难突破的地方！牵引多，不敢放手，还是怕冷场怕失控的心理作怪！师父一针见血，我一定努力朝这个方向大胆尝试！"

支玉恒："不敢放手，就永远放不开手。

你顾忌太多。你不是怕冷场，怕失控，而是怕失败，怕丢脸，怕人议论，怕学生不给力，怕自己驾驭不了，怕影响了你在全国的名声。实际上就是一点——自信心不够强大！人只要有了畏惧心，就会缩手缩脚。

以你现在的能力，还不如我当年刚出道那两下子吗？

记住：不破不立！"

张学伟："一定尝试。"

支玉恒："'尝试'两字，暴露了你的胆怯！"

张学伟：☺

支玉恒："介意不介意我把咱俩今天的私信对话发到朋

友圈？我想给众多患了'流行病'的老师们打个预防针，提个醒。"

张学伟："当然不介意。很荣幸！"

15 努力培养学生的自信心

——《两个铁球同时着地》

师："这一课的内容是讲谁的？认识他吗？"

生（齐）："伽利略，不认识。"

师："知道他的一点事情吗？"（生："知道一些。"）

师："知道举手啊！（无人举手）'我知道，就是不给你举手，气死你！'是这样吗？（笑声，还是无人举手）都是胆小鬼吗？（笑声）谁不是胆小鬼？（一个人举手）啊！终于有人不气我啦！你来讲。"

生："伽利略是个数学教授。"

师："数学教授没错，他是哪个国家的人？"

生："意大利。"

师："意大利在哪里？"（生："在欧洲。"）

师："没错。意大利的地图像个大靴子伸入地中海。关于意大利你们知道多少？知道意甲足球联赛的不算。"

生："我知道齐达内，足球踢得最好。"

师："错了，齐达内是法国人，不是意大利人。不说足球了。我们读课文吧！放开声音，各读各的，读完了想说点什么的，赶快举手，举晚了就没机会了。"（学生齐读）

师："还有没有想读的？（无人举手）不举手我自己找人，我把话筒放到谁嘴边谁就读，读完了你来拿话筒找人。"（有学生举手，请该学生读书）

师："我希望多一些人举手（有少部分同学举手）我改主意了，不许再举手了，我就请现在举手的同学一起来读。你们举手晚了，没有权力读书了。（请先举手的同学起立）他们读第一自然段，谁想获得读书的权力，赶紧站起来接着读第二段。就这样一段一段往下读，读累了就坐下，完全由你自己决定。"（学生争先恐后读了几段，全班学生都站起来了）

师："现在都站起来了，就不要老站着了，请坐吧！知道'滥竽充数'这个故事吗？"（生："知道。"）

师："齐宣王死了，谁继承了王位？"

生："伽利略！"（众大笑）

师："齐宣王驾崩了，齐湣王继位。齐宣王喜欢听所有人一起吹竽对不对？（生：'对。'）可是齐湣王却喜欢一个一个给他吹竽。刚才你们都是齐读，现在齐湣王上台了，我们要找出南郭先生来，你们也要一个一个吹，谁先吹？（笑声，请一位学生读完）好，你不是南郭先生了。还有谁不想当南郭先生？（不少人举手）好，你读下一段。"（此生接读）

师："你是哪里人？"

生:"我是北京来的。"

师:"怪不得你的语调和别人不太一样,很好听,但你读书声音太小,勇气不够。接着读下一段,声音再高一些,北京人清亮的语音就出来了。"

(北京女孩再读课文,声音响了。)

师:"这多好啊!谁还来?超过这位北京姑娘!"(一位男生读书声音洪亮)

师:"(对北京女孩)超过你没有?你要想不让人超过,还得增强自信,有自信才有胆子。(对全体同学)还有不少南郭先生,谁接着读?(有人举手)好,你来读,但是你要找一位平时比你读得好的同学读同一段,他读完你跟他学,两人一起进步。"(两位学生先后读,就这样有不少同学读过了)

师:"现在我们换个读法。谁敢选一位强大的对手,两人比一比,看谁读得好?"(不少同学举手)

师:"(指一学生)你选个同学,两个人起来读。(两人读后)你俩谁觉得自己读得差一些,就再找个对手起来读。"(就这样一直读到最后,差不多每位同学都读过了)

【点评】

一节课别的没做,只是在不断地朗读。因为教师开课时,觉得这个班的学生积极性实在不高。这种情况我们总觉得是学生胆小,这只是表象,内在的原因其实是缺乏自信。所以教师想了很多办法进行激励。表扬中有批评是激励,同学带读是激励,相互比赛是激励……但所有这些都要在和谐、愉悦的氛围中进行。虽然一堂课看似没有讲什么,但提高学生学习兴趣,激励学生自信自强,改善学生心理品质,更加重要。这就是"磨刀不误砍柴工"。

16 努力培养学生的自信心二

——《天游峰的扫路人》

师："哪位同学敢上台来露一手？（无人举手）人的勇敢有两种。一种是知道要做什么，自己会做，就敢去做，这不是真勇敢；另一种是不知道要做什么，也敢尝试去做，这才是真勇敢。成功的人往往都是后一种。刚才我只说了'露一手'，你们就都不敢举手了。你们觉得自己是真勇敢吗？"

生："不是。"

师："那我再问一次，谁敢上来露一手？（不少学生举手）这才是真勇敢。（指一名学生）你举手最快，请你来，把今天要学的课文题目写在黑板上。（笑声，学生板书）你们笑了，心里想：早知道这么简单，我早就举手了。心里有点后悔。是不是？"

生："是。"（笑声）

师："你们已经预读了课文，谁来说说读了课文有什么想法？"

生："读了这篇课文后，我觉得扫路人

非常……"

师："你先停一下，我把话筒放到别人嘴边时离得都很远，给你的时候已经这么近了，声音还是不大。你先得向扫路人学学。你看课文最后一句，看看扫路人的笑是什么样子的。你读读这一句。"

生："这充满自信、豁达、开朗的笑声，一直伴随着我回到住地。"

师："这里面有三个词，哪三个？"

生："自信、豁达、开朗。"

师："能不能把这三个词放到你身上？自信、豁达、开朗，我把话筒拿远点，你把话再说一次。"

生："读了这篇课文……"

师："还不行，（笑声）觉得行了时大家给他鼓掌，不行就等着他一直读，非让他行了不可！（问发言的同学）愿不愿意通过大家的鼓励，使自己拥有自信、豁达、开朗？"（生："愿意。"）

师："大家抬起手准备鼓掌。你要不要掌声？"

生："要。"

师："说话有点没底气，表现出自己的自信来！"

生："读了这篇课文，我觉得扫路人非常有毅力，对生活充满信心。"

师："他说得对不对？"

生（齐）："对！"

师："说得很对。但声音还是不响亮，还不够自信、豁达、开朗。（带学生到舞台口对台下老师说）老师们，大家给他

《天游峰的扫路人》

```
天游峰 ——————— 武夷山第一险峰

扫一程，歇一程 ↘
                    自信  豁达  开朗
好山好水看一程 ↗
```

鼓鼓掌，他也许就会变成一个自信的孩子（台下热烈鼓掌）（对学生说）这回怎么样？说好了老师们一定还会给你鼓掌！一边说一边想着那三个词！"（学生读得有很大进步，台下鼓掌）

师："这次说得很不错，想让你再读一段课文巩固一下，可以吗？（学生同意）好！读课文第一段，记得——自信、豁达、开朗！"（学生读得很好）

师："锻炼自信、豁达、开朗，也不是一下子就能成功，希望你努力坚持锻炼，不要放松，你一定会变成个自信、豁达、开朗的人。"

【点评】

自信、豁达、开朗，是一种非常可贵的性格。具备这种性格的人，虽然不敢说一生坦途（就像苏东坡那么豁达坦荡的人，也屡遭贬谪之祸），但豁达开朗的人，总会以乐观向上的态度淡然处之，依然迈步前进，本人也深有体会。培养学生这样的心理品质，让他们得益终生。本教例陈述了一些个人的基本操作，基本上属于激励。但要做得彻底一些，逐渐增加力度。只要有了第一次，这扇门也许就能打开了。

17 努力培养学生的自信心 三
——《鹿和狼的故事》

师:"谁敢很自信地说,我是全班读书最好的?相信自己能读好,也相信自己会努力去读,这就是自信心。自信心能使你一生走得铿锵有力。"

生:"我来读:'得到特别保护的鹿……食物充足的幸福生活。'"

师:"他读的语气和谐安详,和'幸福生活'的内容很吻合,是全班第一名。你们服气不服气?"

生:(不少人喊)"不服气!"

师:"不服气就站起来比一比啊!读下一段,读得比他好,你就不用坐下了,座位就是领奖台。读得不如他,你就坐下,他站在领奖台上。"

生:"很快,森林里的鹿增多了……大地露出的枯黄在一天天扩大。"

师(对前一位同学):"你坐下不坐下?"

生："不坐下。他读得速度太快，鹿把灌木吃光了吃小树，啃大树皮。人们应该很忧虑。他读得很轻松，还有最后一句，我认为应该读得更沉重些。"

师（对后一学生）："你自己觉得呢？他提的意见对不对？你该不该坐下？"

生："他说得对，我读得有点快，感情也差一些。"（自己坐下了）

师："暂时先坐下，再努力，下次把他读坐下。（指站着的学生）他还在领奖台上，两届冠军了，谁能把他读倒？你来读，读不倒罚款！"

生："我没带钱！"（笑声）

师（开玩笑）："没关系，下课去借。读下一段。"

生："灾难终于降临在鹿群头上……只剩下不到八千只病鹿在苟延残喘。"

师（问'冠军'男同学）："这回你坐不坐下？"

生："不坐。"

师（问刚读的女生）："那就该你坐下？"

生："我读得不比他差！"

师："大家说谁该坐下？"（学生意见不一致）

师："我听出来了，女生说男生坐下，男生说女生坐下，都有点'性别保护主义'。（笑声）我认为两人都读得很好，并列第一，都得奖励，罚款也免了。看谁能一次读倒两个人？"（请一女生读）

生："罗斯福无论如何也想不到……过多的鹿能成为毁

灭森林的罪魁祸首。"

师:"你能读倒他俩吗?"(生:"还差一点。")"你自认为还不能,其实你读得也不错,声音平和舒缓,语气坚定,很适合这段内容。只是有两个地方打了结巴。好,先坐下,不要遗憾,知道缺点就容易克服了。下一段谁来读?给咱们男子汉争一口气!"

生:"这与人们对狼与鹿的认识似乎是相悖的……就是根据这种习惯的看法和童话的原则制定的。"

师:"你觉得能读倒他俩吗?"

生:"读不倒。"

师:"继续努力,请坐。还有课文的最后一段了,大家一起来读,把他读坐下。我来给你们打拍子。"

(生在教师手势指挥下,齐读最后一段。)

师:"读得很好,语调正确,情感充沛。(问两位'冠军')你们两人现在坐不坐?"

生:"不坐。"

师:"我说你们该坐下了。为什么呢?我问你们,刚才大家读的时候,你们俩读了没有?"(二人都说:"读了。")"对啊!把你们读坐下的,不仅有全体同学,也有你们自己——你们用这一次的读,超越了自己前一次的读。在世界上,一个人能战胜别人,也许还比较容易;能战胜自己,超越自己,往往是最难的。你们两人今天做到了超越自我,很不简单!同意不同意坐下?"(二人坐下,全场鼓掌)

【点评】

保持自信，敢于展现，敢于挑战，敢于评价，认识自我，超越自我，这都是非常好的心理品质，也是形成良好性格的重要底蕴。这种培养十分有利于学生一生的发展。教师在教学中时刻不能忽略。进行这样的教学，教师不能态度僵硬，不能对"落后"的学生有丝毫的伤害，要尊重每一位敢于展示的学生，无论优差。

18 在不经意间提高文化修养

——『古代』『古老』不相当

师（指名学生板书课题"古井"后）："古井，'井'就可以了，为什么还加一个'古'字？"

生①："因为这是一个，（师插话：'要说一"口"井。'）因为这是一口古代的井，不加'古'字不知道。"

师："是'古代'的井吗？秦始皇喝过它的水？"

生①："不知道……不一定。"（笑声）

师："我要说这口井是一百年的井，行吗？"（生①："也可以吧。"）

师："那一百年算古代吗？"

生①："一百年应该……不应该算古代，不太古。"（笑声）

师："这样说，把'古井'解释为'古代的井'就有点不太合适了，该怎样解释呢？"

生②:"我觉得应该说是一口'古老'的井。"

师:"要是这口井真是秦始皇时代的呢?"

生②:"我觉得那也可以说是'古老'的井。"

师:"如果它只有一百年历史呢?"

生②:"我觉得也可以。因为它的岁数也够很老了。"

(笑声)

师:"你说得很对。那你为什么每次发言时,都要先说一个'我觉得'呢?"

生②:"我没有把握,是我感觉的。"

师:"你很会说话,既给自己留了余地,也显得很谦虚。你讲得很对,说它是秦始皇时代的,没错,很古老;说它是一百年的,也算很古老了。"

【点评】

之所以要把这样短小、简单的教例记录下来,是因为它显示了:

①方法灵巧,在对答中教师善于发现学生发言中的缺陷,而且能立即想出相应的对策予以纠正;也善于抓住正确的解释,轻巧而又及时地对学生做出评价、激励。

②教师语言机巧,既纠正了学生的错误,又不伤害学生的情感,保护了学生的积极性。

③教师对近义词词义的把握非常准确,而且能用简单、明快的语言,将这种把握转化为学生的理解,也不声不响涉及了一点历史文化。

19 在不经意间提高文化修养二

——谈笑风生议草塘

师:"今天在这里和大家共同学习《可爱的草塘》一课。(板书课题,但把'塘'字故意写错)对我写的课题有意见吗?"

生①:"老师的'塘'字写错了。"

师:"哟,怎么错了?"

生①:"您的那个'塘'字右的'唐'字中间,您写的右边和下边都没有出头儿。"(师在学生指出的地方修改)

师:"他说得很对。汉字中有许多字都有这个结构,(板书:ヰ)如肃、君、康、建、隶、律等。大家记住,这也是个小小的书写规律:凡是有'一竖'穿过这个结构中的'三横',那么中间的'一横',在右边出头,'一竖'下面也要出头。要是没有'一竖'穿过,中间这'一横'就不能出头,如'雪'字的下面,'录'字的上面等。我再问一句,这个草塘是什么东西?"

《可爱的草塘》

不知草塘 —— 不爱草塘 —— （远离实际）
初知草塘 —— 赞美草塘 —— （目睹耳闻）
深知草塘 —— 珍爱草塘 —— （亲身感受）

生②："草塘就是草原。"

师："啊？据我所知这草塘可不是草原。草原上有无数的牛、羊、马。草原上长满了牛、羊、马爱吃的草，牧民在草原上搭帐篷生活。"

生③："草塘就是长满草的池塘。"

师："池塘我知道，是人工挖的水塘，用它养鱼、养鸭，或是种荷，观花采藕，但你这个池塘只让它长草，还要长满。这个池塘的主人是不是有点傻？（笑声）多亏你发言中用了一个'大概'，可见你也不十分肯定，对吗？"

生③："是的。"

生④："我想草塘可能是一片草地，里面有不少水塘吧？"

师："你这个发言很聪明。第一，你采用了猜测性的语气；第二，你避开了'池塘'二字，因为池塘是人挖的，水塘就不一定了；（笑声）第三，可以看出来你是读了课文后，吸收了一些课文的知识；第四，你最后用的是疑问的口气。我说得对吗？"（生④笑了："对。"）

师："这个草塘其实就是人们常说的沼泽地，它是'地球之肺'。我去过东北，从西边的齐齐哈尔一路往东，过大庆、哈尔滨、牡丹江再往东，在这么一大片土地中，有许多地方都长满了一人多高的芦苇、蒲草。有些地方这些水草就长在一片片的水中。在这些地方还开辟了丹顶鹤的养殖保护区,叫'扎龙自然保护区'。地上绿浪滚滚,水面波光粼粼;天上鸟儿高飞,草下虫儿低鸣,真是很美!你们想,这和一般的草原一样吗?"

生:"不一样。"

师:"对。我们今天要学的《可爱的草塘》就是这里面有水、有草、有鱼、有野鸡也有狍子的地方。"

【点评】

凡是知识就是文化。讲《可爱的草塘》,首先得知道什么是草塘。草塘的样子、特征、位置和生态,通过师生的这一段对话让人觉得很清晰。一番谈话,一番风情,教师是在讲述,用的是文学性的口语。使人感到亲切,使人产生想象。这与课题中的"可爱"息息相通。

教师巧妙地应答学生的发言,在谈笑风生中纠正学生的错误,而又极力肯定他们的优点,一二三四,如数家珍。可以想象,这些答错了题而又受到了点拨的学生,心中是多么熨帖。正是这些孩子的发言,使大家弄清了草塘、池塘、水塘和草原、草地的不同之处。谈话起始,教师的"故错"点明了学生在书写中常犯的规律性错误。教师对语言的运用,对学生的发展起着至关重要的作用和潜移默化的影响。

20 在不经意间提高文化修养（三）

——又逢草地需区别

师（板书：草地）："谁能根据自己的感觉，结合预习阅读，谈一下'草地'是什么？是不是电视上演的内蒙古的广阔草原？"

生："是……不是……"

师："认为'是'的请举手。（有少数学生举手）认为'不是'的请举手。（大多数学生举手）你认为不是？你讲。"

生①："是一小块地方，长满了草。"

师："一小块地方？就是咱们校园里的一块块绿地？谁知道这'草地'指的是什么样的草地？"

生②："行军走过的地方。"

师："那行军走过的地方都叫'草地'吗？那是红军二万五千里长征曾经走过的一片地方，人们习惯上叫它草地，谁再来说说？"

生②："地上长满了草的地方就叫'草地'。"

师："'此'草地非'彼'草地也！听不太懂这句话吧？听我说，你刚才说得太宽泛了。在这里这个'草地'是特指的，是指红军长征时所走过的一片没有人烟、广漠无边的泥泞的沼泽地。什么叫'沼泽地'呢？（有学生举手）你知道你来说吧。"

生③："沼泽地就是人掉下去就出不来的地方。"

师："掉下去就出不来的地方吗？那是井！（笑声）这片草地也有这个危险，但并不是因为掉下去出不来就叫沼泽地。"

生④："有很多深潭的地方，掉下去越陷越深。"

师："越陷越深，我告诉你们，红军走过的这片'草地'，自然条件特别恶劣。这种沼泽地全是泥、水，上面长着矮矮的丛生杂草，其实就是烂泥潭。人真要走上去，就有可能踩到泥潭里，底下全是淤泥，真的越陷越深，直到没顶。本课文中的老红军就是在夜行军时踩到泥潭里牺牲的。你们在电影、电视里看到过这种情景吗？"

生："看到过。"

师："我们上学期讲过《可爱的草塘》，那也是沼泽地，但和这里的沼泽地一样不一样？"（生："不一样。"）

师："对，这就叫'此不是彼'，是两种不同的沼泽地。东北那个'可爱的草塘'水草丰美，水是清冷冷的，草有一人多高，都是芦苇、蒲草，随风起伏，一望无际。这里的'草地'生态环境可就恶劣得多了。明白没有？"

生："明白了。"

【点评】

这里既是解题又是解词，主要目的是弄清"草地"的含义，为学习课文打好基础。从教例中可以看到，一听到"草地"，学生就认为是一片地上长满了草。（这样的草地，老红军怎么可能陷下去呢？）小学课本上有草原、有草塘，这篇课文和《金色的鱼钩》都有草地，特别是草塘和这个"草地"又都是沼泽地，但情况极不相同。师生事先把这些搞清楚，有助于学生理解人物的行为和遭遇，既扩大了学生的知识面，也有利于学习文本，提升文化修养。

21 在不经意间提高文化修养四

——落花入土解迷茫

师:"花生,知道不知道？"

生:"知道。"

师:"因为它有营养,吃了它能养生,所以有的地方叫它'长生果',平常叫它'花生',但课文里为什么要加一个'落'字,叫它'落花生'？不知道吧,听我讲。（一边讲一边在黑板上画出一棵花生）花生生长在比较松软的土壤里。种子被种下去以后就开始生根,发芽。长上来以后,开始分叉长叶。花生的叶子像一根羽毛,植物学上叫'羽状复叶'。花生一般五六月份开花——从茎上分叉的地方,好像人的腋窝一样的位置长出花柄来,然后开花。一般的植物花落了就长出果实来,但是花生不一样,这个花柄继续往长长,往下弯,最后扎到哪儿去了？"

生:"钻土里去了吗？"

师:"对。花落了以后,花柄带着一个

《落花生》

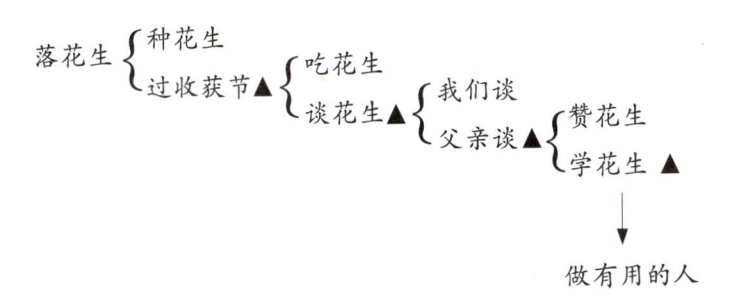

落花生 { 种花生 / 过收获节▲ { 吃花生 / 谈花生▲ { 我们谈 / 父亲谈 { 赞花生 / 学花生▲ } } } → 做有用的人

（本板书从课文整体开始一直到其最细部，都分别用"▲"标出了相对的重点内容，一目了然。）

叫子房的东西钻到土里去，在土里面结出什么？"（生："果实。"）

师："这就是那个谜语说的'麻屋子，红帐子，里面住了个白胖子'。这是什么东西？"（生："花生。"）

师："它的特点就是落花入土而生果，所以植物学上叫它什么？"

生："落花生。"

师："这叫'学名'。另外，我告诉大家一件事：这篇文章的作者是许地山，他写的这篇文章发表以后，在社会上反响很大，因此许地山先生特意起了一个笔名叫'落华生'。"

【点评】

学生不知道的东西，教师没有必要启发，启发也"启"不出来，只要能开启学生的头脑，就要敢于给他们讲。这个教例教师就纯粹是"讲"，边讲边画。（如果不弄清楚这个"落"

字是怎么来的,学生理解主题恐怕会遇到问题。)但讲,要讲得有意思、有趣味、有用处、有文化信息量。教师的"讲",涉及了许多植物学的术语,如羽状复叶、花柄、子房等,因为边讲边画图,学生不难理解。教师还提及了一些学生熟悉的词语,如生根、发芽、开花、结果等。要画画,就得有几分相像。这就要求教师知识要广博一些,起码对本课要讲的内容应该有所了解,这样讲起课来才能游刃有余,才能吸引学生。把学生吸引住了,教师即使只讲述,效果也应该不错。

22 在不经意间提高文化修养 五

——不蘸丹青画白杨

师:"你们见过白杨树没有?"

生:"见过。"

师:"我注意观察了一下,咱们洛阳附近也有好多白杨树,大家看是不是这样?(教师板画白杨树)大家看它的树干怎么样?"(生:"很直。")

师:"很直,高不高?"(生:"高。")

师:"什么颜色?"(生:"白色。")

师:"对,青白色的。它的枝是往哪边长的?"(生:"一直往上长。")

师:"对。一般的树枝长出来以后就往两边长,特别是有一种松树,比如黄山的迎客松,远远地伸出臂膀欢迎来客,但是白杨树的枝却围拢着树干一直往上长。(画树枝围拢树干往上长的样子,用绿粉笔横过来给树点染树叶)看,白杨树还有一个特点,(在树干上画眼睛状的图样)像什么东西?"

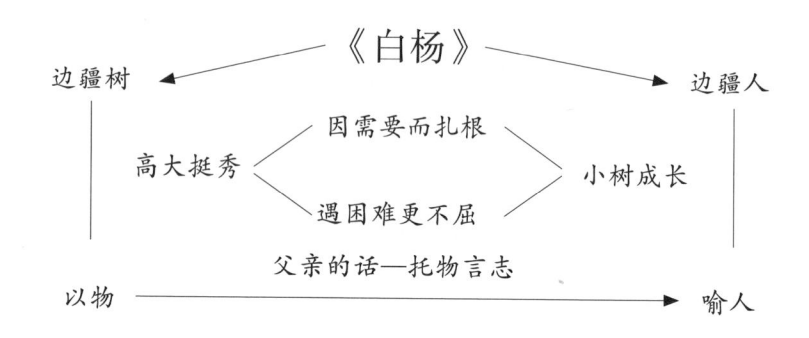

```
                    《白杨》
  边疆树 ◀─────────────────────▶ 边疆人
        │   因需要而扎根   │
        │ 高大挺秀 ╱─────╲ 小树成长
        │         ╲─────╱
        │   遇困难更不屈   │
        │                  │
  以物   │  父亲的话——托物言志  │ 喻人
        ─────────────────────▶
```

生:"像眼睛。"

师:"因为白杨树生长特别快,在树干上有疤有节的地方,就把树皮上下扯开,像眼睛一样了。有的小说里赞美白杨树的'眼睛',听说过吧?白杨树很有意思,我们今天就来研究它。"

【点评】

《白杨》这篇课文:抓住白杨树的特点来阐述道理。教师边画边讲述——画是为了更好地叙,并紧密联系课文中"直""高"等内容。

课文中小孩子说白杨树像一把大伞。其实,在干旱地区如沙漠地带,生长的树木,为了防止水分散发,不可能长出舒展、扩张的树冠(像一把撑开的伞那样)。白杨树在北方也叫钻天杨,可见其高大、笔直;"钻"字也说出了它枝叶收拢向上的特征。作家茅盾的著名散文《白杨礼赞》也描述了白杨树如此的树形特征,因此教师强调了白杨树的枝条是"围拢着树干一直往上长"。这既符合茅盾的描述,也与教师亲眼所见相同(与课文插图也一致),所以文中小孩子说的"大伞",应该是一把合拢后竖立的伞。这一点,可能与不少老师的理解和想象不同。

在教例中,教师还补充了一个很有意思的细节——白杨树的"眼睛"。这和教师的许多教例一样,三言两语扩大了文化信息量,提高了学生的兴趣。学生对教师和白杨树有了兴趣,对上课也就有了兴趣。

23 在不经意间提高文化修养六

——轻弹细品月光曲

师:"《月光曲》的'曲'是什么意思?"

生①:"我认为'曲'就是歌曲。"

师:"那怎么不叫'月光歌'?"(笑声)

生①:"因为它没有歌词。"

师:"那么你重新解释一下'曲'字。"

生①:"没有歌词的歌就单叫曲。"

师:"没有歌词就不是歌曲,因为它根本无法唱。"

生①:"没有歌词的音乐就单叫曲。"

师:"这里说'音乐'两个字不合适。"

生②:"我觉得是没有歌词的、用乐器演奏的乐曲。"

师:"乐曲,对。《月光曲》是谁用什么乐器演奏的?"

生②:"是贝多芬用钢琴演奏的。"

师:"很好,你已经读了课文。我再问你,这个'曲'字有一个读音是 qū(一声),按

《月光曲》

有感于知音 ↗   ↖ 寄情于月光

听到琴声～一分触动——月光升起～微波粼粼（轻柔徐缓）
看到兄妹～十分感动——月亮升高～风卷巨浪（沉重刚健）
遇到知音～万分激动——月光照耀～波涛汹涌（高昂激荡）

一声的'曲'字来组个词。"

生②："弯弯曲曲。"

师："还能组什么词？"

生③："曲水流觞。"

师："对，曲水流觞。这是咱们绍兴的一个名胜，是王羲之写《兰亭序》的那回事，酒杯在弯曲的水流里流转，转到谁跟前谁就喝酒，是不是？"

生③："就是，我还去看过。"

师："哈哈！我也去看过。还能组词吗？（生④："曲折。"）

师："对，还有吗？"

生⑤："'曲'服，绝不'曲'服。"

师："那是哪个qū呀？"

生⑥："应该是屈原的'屈'。"

师："对。绍兴的同学不愧是历史名城的人，组词都用的是历史典故和历史名人。"

【点评】

这个教例实际上是教师以解词（曲）来解题，而后又回到了"曲"字上。在这一过程中，教师虽然只有三言两语，但却完成了这样几个"任务"：①使学生知道了《月光曲》是一首没有词的、用乐器（钢琴）来演奏的乐曲；②分清了"歌"与"曲"的区别；③扩展"曲"字的音、义认知范围，并与"屈"字加以区别。这个教例的过程也不过两三分钟，但信息量很大。教师在看似不经意的谈话中，引导学生快速地转换思维，遇有错误，一点一拨，使学生得到正确的认识。特别值得一提的是，学生因特定的居住地在发言中说出了"曲水流觞"这样的词语（不在绍兴讲课一般是不会出现的），但教师应对自如，不但肯定了学生的发言，而且表扬了发言的学生，还一语点破典故的由来（可见教师不但要读万卷书，还要行万里路）。对学生组词"屈原"，教师的应答也恰到好处，不失时机地给予鼓励。这些细节，都是教师备课时不曾准备的，所以做教师既需要知识广博，又要反应迅速，也便于传承文化和历史。

24 在不经意间提高文化修养七

——西门大人姓什么

师:"看见大家精神饱满、神采奕奕,我非常高兴!大家一起说,我们今天讲什么课文?"

生:(齐答)"《西门豹》。"

师:"对。我们今天讲一个姓西的人的故事。"(生似有异议,有人举手)

生①:"老师,不姓西,他姓西门!"

师:"啊?中国人还有姓两个字的?"

生①:"有,我就姓两个字。"

师:"请告诉我,您贵姓?"(笑声)

生①:"免贵姓欧阳。"(笑声)

师:"欧阳先生,您太客气了!(笑声)您就姓两个字,那您一定知道两个字的姓叫什么姓了?"

生①:"叫'复姓'"。

师:"啊!叫复姓,您还知道有别的复姓吗?"

生①:"还有姓上官的。"

师:"您怎么知道的?"

生①:"我看电视剧《武则天》里面有个人叫上官婉儿。"

师:"不错,有这么一个人。还知道别的复姓吗?"

生①:"还有姓司马的,打破水缸救小孩的那个司马光。"

师:"对,他还是个政治家、文学家——那是他长大以后的事了。中国还有很多复姓,比如诸葛、司徒、端木、皇甫等。姓西门的你们知道还有谁?"

生②:"梁山武松打死了西门庆。"

师:"对,那是个坏蛋,不说他。"

【点评】

应该说《西门豹》这个课题是没什么可解的,但"西门"恰好是一个复姓,教师觉得。作为一个中国人,应该知道一点关于姓氏的知识——这也是一点中国文化的传承,因此有了这个教例。在其他地方讲这一课,学生列举复姓时还说出了"爱新觉罗"(显然是错的)。这与他们看了一些反映清朝的电视剧不无关系。有学生说自己的母亲姓"徐张",叫"徐张丽娜"。这是港澳一带的妇女在婚后取夫姓与本姓同用的习俗(也不算复姓)。教师都做了简单的解说。这种讨论,丰富学生知识是主要目的,同时也能引发学生的学习兴趣,为课外阅读做点准备。这种谈话要生动、有趣。教师在这里先是采用了"装糊涂"的"故错"手法,引起学生注意。在谈话中,教师对学生的发言都有适当应答,注意要简洁、明快,点到为止,避免纠缠不清、喧宾夺主。

25 在不经意间提高文化修养八

——细说山水为何物

师:"我写两个字,哪位同学先举手讲讲?(板书:桂林)请讲!"

生①:"桂林,在中国。"

师(对另一举手的学生):"你讲讲你的意见。"

生②:"桂林是我国的一个城市。"

师:"对,在哪里?"

生②:"在广东那边。"

师:"往西说,广东再往西到哪里?"

生②:"广西。"

师:"对,在广西壮族自治区。从全国方位来看,在我们国家的南部,知道了吗?谁再来讲讲下面这两个字?"(板书:山水)

生③:"'山水'是有山有水的地方。"

师:"有山有水才叫'山水'吗?没山没水能叫'山水'吗?"(生不语)

师:"我画了一幅画,上面是一片平地,

《桂林山水》

慕名观赏荡舟行，水静山奇绿意凝。
相映相依成一体，人入画中更添情。

慕名观赏荡轻舟，满江清碧静幽幽。
奇峰竞秀拔地险，山水相依画中游。

水——静清绿（静为主）水因山而静
　　　　〉山水相映相依〈
山——奇秀险（奇为主）山得水而奇

有小树林，两间小草房。这叫不叫山水画？"

生（齐答）："不叫山水画。"

师："你们答对了吗？"（生："答对了。"）

师："错了。当然只说山是山，只说水是水，但是这两个字放在一起就是指风景、风光。《桂林山水》描写的是桂林的什么？"

生："风景。"

师："有的诗人专爱写山水诗，他诗的内容是什么？"（生："风景。"）

师："描述风景、风光，所以我刚才说的那一幅画，一片平地、两间小草房，这也叫什么画？"（生："风景画。"）

师："也叫山水画。当然，一般山水画还是以山和水为主要内容，这篇课文主要也是介绍桂林的什么和什么？"

生："山和水。"

师："桂林作为名胜的主要原因是它的山和水，而不是小草房。"（笑声）

【点评】

一般情况下，讲《桂林山水》把"山水"理解为桂林的山和水，也没有什么不妥，但这里却讲出了"山水"作为一个词的含义。教师故意绕了这么一个弯子，不是为了弄一点玄妙，而是为了扩大学生的知识面，这也是一种文化传承。从教例中可以看出，学生们不仅明白了"山水画""山水诗"，而且隐隐地领会了汉语的一种组词方式。他们今后再见到"万里江山""山河似锦""山川秀丽""江河日下"等词语，就能举一反三，理解它们的真正含义了。在解题过程中，教师还留意了"桂林"这个地方，讲出了它的方位。这也是对学生知识一个"见缝插针"似的小小的补充。

26 运用读写新教法一
——《大瀑布的葬礼》

师:"谁来读第八段,先想想怎么读?"(许多学生举手)

师:"好,举手的同学都站起来,大家一起读,想想这一段的内容,应该读出什么情感?"

生:"要读得低沉一点,心里很难受,很失望。"

师:"行。读读试试。(生齐读,师插话)听我读一下:'它在群山中无奈地垂下了头,像生命垂危的老人一般,形容枯槁,奄奄一息。'知道什么叫'形容枯槁'吗?"

生:"就是形容老人很瘦。"

师:"皮包骨头是枯槁,是那种瘦小枯干的样子。但这里的'形容'两个字,并不是'形容一下今天的天气情况'那个'形容',而是说人的形体和容貌。这个词的意思是说整个人干瘦憔悴,不健康的样子。这里用它来描述瀑布是什么意思？"

生："瀑布已经没有多少水了，剩下细细的一小股。散散乱乱，像一个八十多岁老头儿的山羊胡子。"（全场大笑）

师："这个比喻太生动了，很有想象力！好，好，真好！大家把这山羊胡子再读一下。"（笑）

（生朗读）

师："你们说第四、第八两段之间有什么关系？"

生："对比关系。"

师："对。你们能不能再读细一点？这段课文中有许多句子，和第四段的一些句子形成了对比。你们一边默读，一边做一些记号。比如①和①对比，②和②对比，标在对比句子的开头。"（学生各自一边默读一边做标记）

师："标好没有？"

生："标好了。"

师："好。我们下面这样来读，一个人读第四段的一句，另一个人读第八段中与它对比的一句，就这样一直往下读。两段的内容不一样，你们读时，情感也要表达出来。"（指举手的两个同学起来读）

生①："汹涌的河水紧贴着悬崖咆哮而下，滔滔不绝，一泻千里。"

生②："它在群山中无奈地垂下了头，像生命垂危的老人一样，形容枯槁，奄奄一息。"

生①："尤其是每年汛期，大瀑布的气势更是雄伟壮观，每秒钟有一万立方米的水从几十米的高处飞流直下，落地撞开万朵莲花,溅起的水雾飘飘洒洒,水声震耳欲聋。"

生②:"几年过去,塞特凯达斯大瀑布逐渐枯竭,即使在汛期,也见不到昔日雄奇的气势。"

师:"第四段开始第一句的前半句你怎么没读?"

生①:"因为这半句只说它是世界上最大的瀑布,没有描写瀑布具体的样子。"

师:"可以这样说,但我建议你也读一下,看他(指生②)能不能读出对比的句子。"

生①:"塞特凯达斯大瀑布,曾经是世界上流量最大的瀑布。"

生②:"科学家们预测,过不了多久,瀑布将完全消失。"

师:"他读这一句做对比行不行?"

生①:"行。"

师:"那再考考你们。(对生①)你再读一下,把第五段中关于观光人的内容读出来,看他(指生②)能不能再找到对比句。"

生①:"世界各地的观光者纷至沓来,在这从天而降的巨大水帘面前,置身于细细的水雾中,感受着这世外桃源的清新空气,游客们常常为此陶醉不已,流连忘返。"

生②:"许多慕名而来的游人,见此情景,无不惆怅满怀,失望而去。"

师:"真好!全都找到了,读得也很有感情,谢谢你们二位,请坐吧!"

【点评】

两位学生交替读出不同段落中对比的句子，可以让全班同学同样感觉到强烈的对比，更深入地体会情感，也同时欣赏作者的语言，要比按课文原来的顺序读，效果更好。所以，要提高课堂教学效率，教学方法一定不能因循守旧，而要大胆地打破常规。

27 运用读写新教法二

——《白杨》

师："还是不清楚？看看第三段，共有几句话？"

生："三句。"

师："再看看第二段，从'孩子们多了一点知识'的冒号后，看看有几句话？"

生："一大句，中间是分号。"

师："每一个分号，隔开一个分句。这样看，这一段也可以说是几句？"

生："三句。"

师："好，两段各有三句。我们这样读：男同学读前一段，女同学读后一段，男一句，女一句，轮着读。这样男女同学一句对一句，把两句的内容对着来思考，看看能想出什么道理来？"

男生（齐读）："他们只知道爸爸在新疆工作，妈妈也在新疆工作。"

女生（齐读）："在通向新疆的路上，

《白杨》

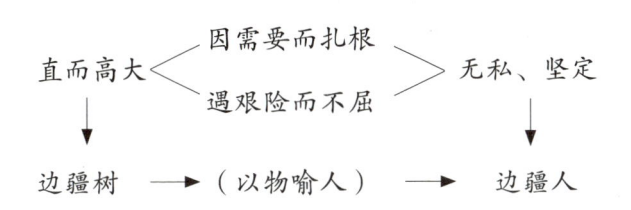

```
             因需要而扎根
直而高大 <                  > 无私、坚定
             遇艰险而不屈
   ↓                           ↓
 边疆树 ——→ （以物喻人）——→ 边疆人
```

有许许多多白杨树。"

师："先读这两个第一句，你们把这两个句子对照一下，发现了什么没有？"

生："发现了。他先说爸爸妈妈在新疆工作，然后就说新疆有许多白杨树，两句连起来看，就是说爸爸妈妈就好像是新疆的白杨树。"

师："非常好，就这样思考，再读两个第二句。"

男生（齐读）："他们只知道这次爸爸到奶奶家来，接他们到新疆去念小学，将来再念中学。"

女生（齐读）："这儿需要他们，他们就在这儿生根了。"

师："这回呢，有什么发现吗？"

生："把两句连起来看，意思是把孩子们接到新疆，就像白杨树扎根一样。"

师："孩子们来了怎么就像扎根？"

生："不但爸爸妈妈到新疆，孩子们将来也来新疆念书，也要在新疆工作，这就是扎根了。全家人都来了，谁也不走了。"

师："很好，再读第三句。"

男生（齐读）："他们只知道新疆是个很远的地方，要坐几天火车，还要坐几天汽车。"

女生（齐读）："而他们不管到哪儿，总是那么直，那么高大。"

师："再说说你们的发现。"

生："我先说新疆很远很远，再说不管到哪儿都是那么直，那么高大。也就是说他们全家人到了新疆也要那么直……而……"

师："人到了新疆也要直？这个'直而高大'，放到人身上怎么理解？"

生："就是说要正直，要……高尚。"

师："说具体一点，在新疆工作要怎么样？"

生："不怕困难，建设新疆。"

师："可以这样理解。现在把这三句合起来，一段写树，一段写人。想一想，孩子们为什么不能理解爸爸的话？"（生无言）

师（稍停）："你们刚才怎么思考的？"

生："刚才两个人一对一读完，是把两句话连起来思考的。"

师："是啊，一对照就明白了，这是你们。那孩子们呢？读了写人的句段，就完全怎么样？"

生："想人的事。"

师："是啊，读了写树的句段，他又光想什么？"

生："树。"

师："他们在读书时缺了什么？"

生:"缺了对照。"

师:"对啊,读书就需要前后对照、前后联系来思考。你们一开始读不懂,是不是也缺了联系?"

生:"是。"

【点评】

"联系上下文理解内容",这是最好用而且常用的读书方法。但是别人"常用",不等于自己"常用"。也许是不会用。这两个课例中的"联系上下文"的方法有些特殊。所以,多开动脑筋,对学习有很多帮助。

28 运用读写新教法二
——《匆匆》一课的结尾

（课讲完了，老师请每位学生写一句话，表达自己学习后的内心感受，并要求尽量写得像格言、警句。）

师："写完了起来读一读，让大家欣赏一下。"

生："学了《匆匆》一课……"

师（打断）："直接说你的想法和感受，不要像写读后感一样。"

生："生命的时间是短促的……"

师："把'的时间'三个字去掉。"

生："生命是短促的，但是随着时钟的指针飞转。"

师："把'的指针'三个字去掉。"

生："但是随着时钟飞转，到了一个阶段，就要宣告结束，要无效地消磨这段时间不会太长……"

师："你这一句话写得太长了，也听不

太明白。句子太长就会说不清楚。你究竟想说什么？想清楚，再修改一下好吗？要简单而明确。"

生："时间就是生命，无端地浪费自己的生命无异于自杀。"（笑声）

师："你用了鲁迅的话，但说自己的感受更好。"

生："我们的生命是由时间造就，片刻时间的浪费，就是虚掷了一部分生命。"

师："很好！特别是'虚掷'两字还带点文言味。"

生："世界上最大的浪费，就是浪费时间。"

师："非常好！是你自己创作的格言。"

生："时间是人类发展的空间。"

师："这句话说不通。时间和空间是两个不同的概念，不能说'时间是什么什么的空间'"。

生："时间是伟大的作者，它能写出你未来的光辉。"

师："未来的'光辉'？不一定吧？你在'光辉'的后面加上'和黯淡'三个字（教师板书'黯淡'和'暗淡'，并讲解两个词的区别），把'伟大'两字也去掉，把'作者'改成'作家'。你改好了再读一次。"

生："时间是一位作家，它能写出你未来的光辉和黯淡。"

师："我还要问你，为什么在光辉后面加上黯淡？为什么要去掉'伟大'？"（生答不出）

师："对于珍惜时间的人，时间这位作家就能写出光辉来；对于浪费时间的人，只能写出黯淡。作家的话分量更重，人们才信服，所以改成作家。"

生:"不能珍惜时间的人,只会抱怨时间不够。"

师:"来,过来,站在舞台边,对着老师们理直气壮地读出来!"(读后全场鼓掌)

师:"快到时间了,最后一位,谁来读?"

生:"今天的天空,飞不出昨天的那只鸟儿。"

师:"太好了!独特的创意。不是昨天的鸟儿不在了,而是它和昨天的鸟儿不一样了,起码它老了24小时。这句话巧妙地说出了——时间就是生命。这是一种特殊的比喻手法,叫借喻。暗暗地借用'鸟儿老去'来说生命(时间)流逝。你有很好的想象力,不简单!"

【点评】

写一段话,谁都能写几句,但写好不容易。书面语需要更规范一些,比说出来难度要大很多,教师指导的难度也大。①需要在学生口头表达时,非常注意地倾听,并及时、准确地发现他表达中的瑕疵。②同时还要瞬间想到修正的方法。③如果修改幅度大,要给学生加以解释。④如果估计多数学生不能理解,还需给学生简单地讲解清楚,如本课最后教师关于"鸟儿"的那句话。

29 童年无忌趣事多

师:"咱们今天的作文请大家回忆你小时候做过哪些有趣的事,犯傻的事,荒唐的事,笨拙的事,可笑的事,捣蛋的事,不讲理的事,搬起石头砸自己脚的事,把它们写下来,留个童年的纪念。当你六七十岁时再看看这些作文,你一定会回到童年的幸福中。愿意写吗?(生:'愿意!')那你现在就好好想一想,选好材料。想好了,简单说一说。"

生:"我小时候家里有一条狗,它没有尾巴,我看它没尾巴,就打它的屁股,打得它在地上直转圈。"

师:"俗话说:'老虎屁股摸不得。'没尾巴的狗屁股,就可以随便摸是吧?"(笑声)

生:"不是。有一次它发脾气把我的裤子都拉掉了。"(笑声)

师:"有点意思,好好写,但是不能就这么两句话。要把狗的样子,动作,脾气和你的心理活动,怎么拍它,它的反应,怎样拉掉你裤子都要写一写。"

生:"有一天,我和妈妈上街,后来走散了,我找不到妈妈了,我就到处喊着找,我看到了妈妈,就跑上去抱住她喊妈妈。那个阿姨睁大眼问:'你是谁呀?'"

师:"这一段就在这儿戛然而止,可以。这在修辞上叫'急收',可以让读者继续想下去。然后另起段写怎样找到妈妈。但前面得好好写写街上人多拥挤混乱的情况,走丢后你的心情,等等,写细致了,才能有趣,吸引读者。"

生:"童年时我特别爱吃东西。那时候妈妈煮了茶蛋会放在一边,等爸爸回来吃。我看得特别馋,就拉一下妈妈的衣角,妈妈往左边一看,我就快速地从右边拿一个剥了皮的茶蛋塞到嘴里。"

师:"哈哈!你给妈妈来了个'声东击西',不简单,《孙子兵法》里的计策。好好写!"

生:"小时候跟妈去乡下外婆家,我看见一窝小猪很可爱就抱走了一个,结果母猪嚎叫着满院追我,把我吓得哇哇直叫。"

师:"猪也叫,你也叫,真热闹,写好了是一篇好文。"

生:"小时候妈妈带我去动物园看猴子,妈妈抱我在围栏上坐着……"

师:"你掉到猴池里去了?"

生:"没有。我的脚甩着,鞋子掉下去了。我急得直叫,一大群猴子却跑过来抢鞋子,咬鞋子。"

师:"一大群傻猴子,永远也变不成人。鞋子那么臭,还用嘴咬!"

生(笑着喊):"我的鞋不臭!我天天洗脚!"(众笑)

师:"别急,跟你开玩笑呢!把你的心情,猴子的动态、表情,围观人的反应都好好写写。"

生:"小时候妈妈带我坐公交车到北京故宫去玩,汽车到了停下来,我问妈妈:'我们怎么来到了敌营?'"

师:"你怎么说来到了敌营?"

生:"那时我还不怎么识字,把'故宫'两个字认成了'敌营'。于是,公交车上的人都笑了。"

师:"这个故事只有一个地方有趣,怎么能把它写好,还得动动脑子,不太容易啊!"

生:"小时候我和爷爷一起去上街,看见一只大狼狗,我很害怕,就向前猛跑,爷爷在后面喊我不要跑……"

师:"你犯错误了,狗就爱追跑的人。"

生:"我随便跑到一个楼上,见到狗还是追来了,我没有一点力气了,就蹲下身子闭上眼,心里想,糟了,我一定要被它吃了。过了一会儿,没再听到狗叫声。我睁开眼,那只狗不知哪里去了。"

师:"可以。重点把狗怎么追,你的心理活动,以及怎么狼狈逃窜这方面好好写写。"

生:"我小时候很喜欢喝葡萄糖。有一次妈妈外出,我在冰箱里找不到葡萄糖,就到厨房里去找,果然有一瓶放在架子上。我踩着凳子取下来就喝,妈呀!这是什么?又咸又苦！后来才知道我喝的是酱油。"

师："葡萄糖和酱油的颜色不一样，怎么会弄错？"

生："平时都是妈妈把葡萄糖给我倒在杯子里，不知道她又给添了什么东西，也是黑红颜色的。"

师："说得过去，但这些情况都得交代清楚，另外，你的心理活动、动作、喝完后的感觉都得写细点。"

生："小时候妈妈买回一篮子螃蟹，我把它们倒在门口的草地上玩。这些螃蟹你踩我我踩你乱成一锅粥。我就想把它们整理好，让它们排成队。结果它们没有一只听话的。我用手按也按不住，还用大夹子夹了我的手，好疼好疼。后来妈妈出来救了我。"（笑声）

师："写好了是篇很有意思的文章，符合小孩子的心理。把你怎么叫它们排队，它们怎么不听话，你心里前后的想法都好好写一写。"

【点评】

童年无忌，是说小孩子纯真坦率。但除了纯真，童年还有它更丰富的色彩。

给学生读上一两篇描写童趣的文章，学生的兴致一下子就来了。"把你们自己的事也写下来吧！"由于是他们自己极感兴趣的事，所以说起来，写起来都很顺畅，效果出奇得好。在阅读和批改这些作文时，往往同作文中的主人公一起笑得泪眼模糊。这样的作文，才使我感到教书的真正乐趣。

小学生，最大的才十一二岁吧！让他们保留一点童年的纯真吧！看了那些整天板着面孔、浑身上下都一本正经、庄严肃穆的"小大人"，真的很难过。

30 "异样课堂"课例一

——豹公良策救新娘

师:"还有时间,我们再朗读一下课文。"(有学生举手,老师请他说话。)

生①:"老师,请让我们再演一下第二段吧!"(全体学生鼓掌,听课老师也鼓掌,教师同意并选"演员",饰西门豹一人,卫兵二人,巫婆一人,女弟子二人,官绅头一人,小官绅二人,新娘一人。教师与众演员分别耳语一番,告诉他们演什么内容和简单的台词。表演开始。)

卫兵(喊):"西门大人到!"(西门豹入场,昂首挺胸)

官绅头(带着小官绅弯腰屈背上前,拱手):"参见西门大人。"(畏缩在一旁)

(巫婆哆哆嗦嗦地带着女弟子上前,拱手致礼。)

师:"你是女人,不能拱手,要行万福礼(做示范)。"

巫婆（行万福礼，学得不像，笑声）："叩见西门大人。"（往回退时踩到了官绅头的脚，一趔趄，众大笑）

西门豹："把新娘请出来，我要看看。"（两个女弟子扶着新娘入场，新娘在笑，众大笑，师提醒。新娘不笑了，抹眼泪，但又笑了，众又笑。教师找饰演西门豹的学生，耳语两句。）

西门豹："这个新娘年纪太小，还不懂事，一个劲地笑，不知道自己快要死了。（众大笑）长得也不漂亮，送去恐怕河伯不满意。（对巫婆说）你跟河伯关系好。麻烦你去对河伯说一声，过几天我再给他送个漂亮姑娘去。"（两个卫兵架着巫婆，把她推到台下象征性扔到河里。）

巫婆（大喊）："哎哟！我的妈呀！"（全场大笑。西门豹严肃地站在一边，等着巫婆回来。）

西门豹（等了一会儿）："这个巫婆怎么还不回来？可能河伯留下她吃饭了吧！（众大笑，转身对官绅头子说）去，麻烦你去催她一下！"（卫兵架起官绅头子"扔到河里"。）

小官绅（跪下磕头，众大笑）："大人饶命！大人饶命啊！"

西门豹："好吧，（又等一会儿）看样子河伯挺喜欢他们，跟他们聊上了。（众笑）你们也起来，回去吧，以后继续干'好'事！"

小官绅和女弟子："不敢了，再也不敢了！（磕头）谢大人饶命！"（全场鼓掌）

师："演得很有意思，有很多创造性的发挥。课文上说，

《西门豹》

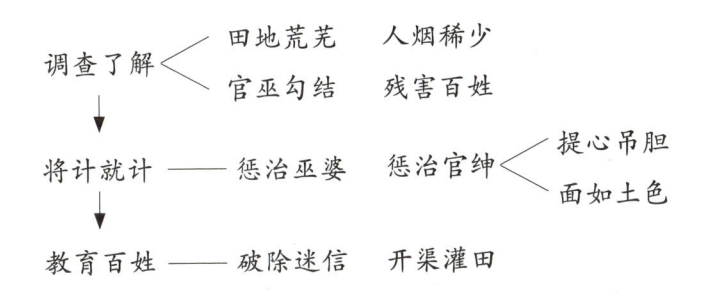

调查了解 —— 田地荒芜　人烟稀少
　　　　　　官巫勾结　残害百姓
　　↓
将计就计 —— 惩治巫婆　惩治官绅 —— 提心吊胆
　　　　　　　　　　　　　　　　　　面如土色
　　↓
教育百姓 —— 破除迷信　开渠灌田

在河边看热闹的'老百姓都明白了',这些老百姓都明白了,你们明白了什么?"

生①:"老百姓明白了巫婆他们是骗人的,我也明白了。"(众笑)

生②:"我明白了不能讲迷信。我妈就爱讲迷信,老是对着一张画纸唠唠叨叨,我爸和我劝她也不听!"(笑声)

生③:"我明白了西门豹是个好官。"

师:"请还在举手的同学放下手。我知道大家都明白了,很好。那咱们就下课吧!"

【点评】

由于课文第一段学生演得不错,大家受到鼓舞,思想都放开了,这一次演得更好。

这次增加了不少角色,教师的两次耳语激发了学生的创造欲,他们表演的内容丰富了,也都合情合理。这种表演必须有一定基础。首先是学生读的基础,有了充分地读,他们才能理解、领悟得好,"唱念做打"才能自如;其次是学生

西门豹治邺

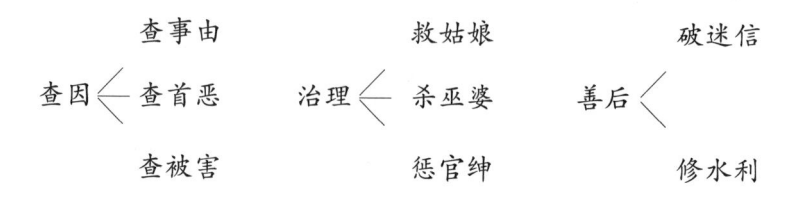

```
              查事由              救姑娘              破迷信
查因 ← 查首恶      治理 ← 杀巫婆      善后 ←
              查被害              惩官绅              修水利
```

得有一些相关的知识,才能创造发挥;再次是学生得有较好的行为习惯。如果上台表演不能落落大方,而是缩头缩颈,扭扭捏捏,人家未笑自己忍不住笑(像那个扮演新娘的学生一样),就会影响表演效果。最后,教师对全体学生问话"你们明白了什么"无形中把他们带入剧情,大家都成了看热闹的老百姓,教师顺便总结了学生对课文的认识问题。

31 "异样课堂"课例二

——课堂群起摆擂台

师："课文读完了，你们在心中可能还有解不开的问题。我们今天来一个打擂台。你们按座位分成两组。A组提的问题B组答，然后B组提问A组答，看哪一组答得好！A组先提问题吧！"

A组学生问："我的问题是：西门豹为什么说那个姑娘不漂亮，要换一个漂亮的？"

B组学生答："西门豹只是找了一个理由，让巫婆去告诉河伯，趁机淹死她。就是新娘很漂亮，也要这么做。"

师（问A组学生）："对他的回答满意吗？"（A组学生："满意。"）

B组学生问："该我们提问了。课文说西门豹面对漳河站了好久。他已经把巫婆和官绅都投到河里了，为什么还站着不走？"

A组学生答："当地老百姓很迷信，他们以为巫婆他们真的去见河伯，要等着结果。

西门豹……西门豹来送新娘是假，他是想借这次活动（笑声），让老百姓知道河伯是假的，不要再迷信了。所以西门豹要等一等，要看事情的结果。"

B组学生提意见："他们没有答全。西门豹站了很久是想让其他官绅害怕，向他求饶，人们就知道娶媳妇是假的了。"

A组学生问："西门豹只要下一道命令不许再给河伯娶媳妇，把巫婆官绅砍头，多简单，何必费这大事？"

B组学生答："老百姓迷信，下命令也没用。不破除迷信，也许杀了巫婆老百姓还不服气呢！"

A组学生提意见："这样回答不行！下了命令不再给河伯娶媳妇了，老百姓就不会再受害，然后再修水利，结果也是一样，怎么就不可以？"

B组学生反驳："就是不可以！西门豹是一个很有学问的人，难道还不如你！"（众大笑，B组学生的发言激怒了A组学生）

A组学生："你不是辩论，是拿西门豹压人！"（笑声）

B组学生反驳："我不压你，你讲出你的道理呀！"（笑声）

A组学生反驳："讲就讲！迷信是人心里的想法，别人不信的事他就信。下命令，他心里服气吗？"

B组学生反驳："不管他服气不服气，反正他再不敢给河伯娶媳妇了，老百姓就不再受骗了。"

A组学生反驳："他不给娶媳妇了，但人们还是迷信的，他们还要借助人们的迷信，再想出别的花样来骗钱。"

B组学生反驳："巫婆和官绅都被砍头了，还会想什么花样吗?"

A组学生反驳:"死了一个巫婆,还会再来一个巫婆,只要有人迷信,巫婆就有人愿意去当。"

师:"就先说到这里,听我说一下。迷信是一种思想,对待思想问题,有时不能只用命令的方法去解决。西门豹去送新娘,就是想用事实来教育老百姓。他要老百姓亲自看见巫婆和官绅一去不返,老百姓就知道巫婆和官绅们并不'通神',河伯也根本不存在,让他们自己从迷信中明白过来。好了该哪一组提问了?"

B组学生问:"我想让A组同学说一说,插图里都画了谁?"

A组学生答:"西门豹在图的左上角;旁边和下面穿盔甲的,都是西门豹的卫士;被两个卫士架着的是巫婆,正在被卫士往河里扔;下面三个女的,是巫婆的女弟子;剩下的那几个是官绅,有两个是老头儿,另一个背着脸看不见。"

师:"一点儿也不错。这个问题好回答,但这段话不好说。难得他说得有条有理,清清楚楚。今天的擂台赛就到这里。两组同学表现都不错,敢说敢辩。就是有时说不到关键处,想想最后这个问题我是怎么说的,以后再辩论就能说到'点子'上了。"

【点评】

这个教例呈现的是讲《西门豹》第二部分"惩恶"时的情景。教师在这里使用了"摆擂台"的方式,来进行学生质疑、释疑的教学活动。这样做学生趣味浓,兴致高,锻炼了思维、表达能力,有助于提高质疑和释疑的水平。引导学生在课堂上提出问题,解决问题,是改变教师"满堂讲,满堂问"现象的好办法,一举多得。再加上比赛的氛围,使课堂呈现了一种积极主动、活泼热烈的氛围。这种局面是"老师问,学生答"的模式中,几乎不会出现的。

32 诸葛亮没话找话为哪般
——思维想象辨端详

师:"大家想想这么一个问题,诸葛亮已经借上箭了,应该赶快悄悄走吧?但他却叫军士大喊'谢谢曹丞相的箭',这是为什么?"

生①:"我认为他想让曹军出来追他。当他回到南岸交箭时,曹军已被他引出来,然后他用借来的十万支箭射曹军。"

师:"是这么回事吗?"(生②:"不是。")

师:"诸葛亮现在希望不希望曹军出现?"

生(齐):"不希望。"

师:"如果曹军真的出来了,诸葛亮还真的要做俘虏了。"

生③:"我认为诸葛亮这样做,是因为曹操也是有勇有谋的。诸葛亮如果什么话也不说,就悄悄走了,那曹操可能真的会追出来。说了这句话,曹操一听,想引他出来,

《草船借箭》

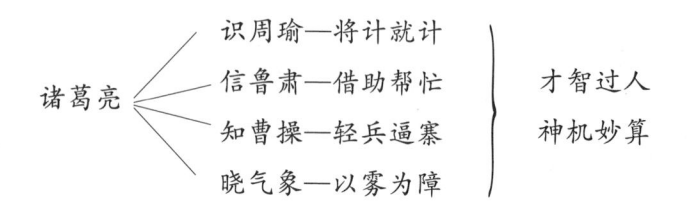

```
              识周瑜——将计就计
              信鲁肃——借助帮忙      才智过人
诸葛亮 <                              
              知曹操——轻兵逼寨      神机妙算
              晓气象——以雾为障
```

就认为一定有埋伏,曹操就不敢出来了。"

师:"听!他的意思是诸葛亮用这句话止住曹操,让他不敢出来。还有没有别的意见?"

生④:"我自己想了想,我认为还有另一面,那就是诸葛亮想贬低曹操,说他计策不高明,没有他聪明……"(师插话:"他说得有道理吗?")

生⑤:"因为曹操也不是无能之辈,他被称为丞相,说明他也非常聪明,非常机智。既然诸葛亮说'谢谢曹丞相的箭',那就把曹操贬低了,把自己抬高了。但我也知道诸葛亮不是这种人,但是……"(说不出来了)

师:"大家想这么一个问题,如果船两边的草把子上都插满箭,箭数已经够了,诸葛亮就悄悄把船开回去,曹操心里会怎么想?"

生⑥:"曹操会想,你悄悄溜走了,一定是心里发虚。我带人追你,到了南岸我就把你们杀光。"

生⑦:"曹操会对诸葛亮有一种想法,这人做事鬼鬼祟祟的。"

师:"大家记住,曹操之所以要射那么多箭,基于一个想法——他认为诸葛亮或周瑜他们率领大军乘雾来进攻。在这种情况下,诸葛亮悄悄走了,曹操会怎么想?"

生⑧:"他会认为诸葛亮的军队被打败了。"

师:"对了。但诸葛亮一喊'谢谢曹丞相的箭',曹操就知道诸葛亮干什么来了?"

生⑧:"他借箭来了。"

师:"所以,曹操知道自己的箭被人家骗走了,心里面会怎么样?"

生⑨:"心里难受,很后悔。"

师:"他沮丧不沮丧?"(生:"沮丧。")

师:"他知道不知道这次上当了?下次与诸葛亮打仗的时候,他对诸葛亮会怎么样?不等打,心里就怎样了?"

生⑩:"害怕了。"

师:"心里就发怵了。诸葛亮让军士这样一喊,就是给敌人心理上一个重重的打击。这个人高不高?"

生:"高。"

【点评】

《草船借箭》的写作目的是表现诸葛亮的过人才智。教学这篇课文,教师就应该牢牢把握这条思想主线、引导学生认识诸葛亮这位历史人物,认识他的神机妙算。因此教师实施这个教例,其目的并不是要讲解、讨论"谢谢曹承相的箭"这句话的意思,而是要通过这句话,认识诸葛亮这个人。他让军士喊这句话的目的是什么?起到了什么作用?进而知道这位历史人物的特点。为了获得这一认识,学生需要结合当时的战况,进行分析、需要揣测曹操的心理。这样岂不是在认识人物的同时,又培养了学生的思维、想象能力吗?能够对事物进行推理、判断,这是一种深刻的思维能力。但是,"谢谢曹丞相的箭"这短短的一句话,却被大多数授课老师忽略了,可见细读文本的重要性。

33 诸葛亮没话找话为哪般二

——认知一事观万端

师："《草船借箭》课文讲完了，我提最后一个问题：诸葛亮草船借箭成功了，请你综合全文，给他归纳出三条取胜的理由，但不要再说具体的排兵布阵等策略。"

生①："他占了天时、地利、人和。"

师："没错，但你说的是一般事情成功因素的概括。我要的答案是对'草船借箭'这件事的具体概括。这个问题比较难，需要大家深入思考。"

生②："是周瑜的紧逼、鲁肃的帮忙和曹操的配合。"

师："哈哈！曹操真好，主动配合诸葛亮来拿箭。（笑声）现在的形势是孙刘——（生答：'联合。'），共同抗御——（生答：'曹兵。'）对呀！那么孙和刘就是结盟的盟友了，对不对？"（生："对。"）

师："既然是盟友，周瑜和鲁肃就是诸葛亮的盟友了，是不是？"（生："是。"）

师:"诸葛亮对周瑜和鲁肃两个人的品行、心思知道不知道?"(生:"知道。")

师:"知道什么?"

生③:"诸葛亮知道周瑜想害自己,但他将计就计,没有说破,心里防着他。他还知道鲁肃这个人忠厚老实、靠得住,支持孙刘联合。"

师:"对这两个是盟友的人都很了解,那就是知道什么?(生答:'知友。'教师板书'知友')这就是一条原因,是我帮你们分析出来的。此外诸葛亮还知道什么?"

生④:"老师,我有一个问题:周瑜既然是诸葛亮的盟友,为什么还要陷害他?"

师:"你这个问题虽然跑题了,但问得很好。这就是一边结盟,一边还有斗争。周瑜在想:'诸葛亮这么厉害,将来把曹操打败了,孙刘两家又成了敌人,得尽早除掉诸葛亮。'为除去将来的对手早做打算。按说周瑜也是一个有远见的人,但他的对手太厉害了,不能如愿。下面,我们接着讨论诸葛亮借箭成功的三条理由。"

生⑤:"我说一条:知曹。"

师:"曹操是诸葛亮的什么人?"

生⑤:"是敌人。"

师:"对啊!那该怎么说?"

生⑤:"知敌。"(师板书"知敌")

师:"他'知敌'什么?"

生⑤:"因为有雾,曹操只能放箭不能出兵,他怕上当。"

师："还知什么？"

生⑤："知天。"

师："为什么说'知天'？"

生⑤："他知道三天后有大雾，曹操没办法才放箭。"（师板书"知天"）

师："如果没有这三条，诸葛亮借箭能成功吗？"（生："不能。"）

师："能把知友、知敌、知天，再概括成两条吗？"

生⑥："知人，知天！"

师："很痛快。对，知友、知敌都是知人。我再出一个难题还能答吗？"

生⑥："您说吧，我试试！"

师："那你想一想，能把它们再概括为一条道理吗？"

生⑥："那就是什么都知道！"（笑声）

师："要想做到'什么都知道'，有一条道理你们能说出来吗？想一想课文中的一些事。"

生⑦："知己知彼，百战百胜。"

师："知己知彼，对。但怎样做才能'知己知彼'呢？你们想一想：周瑜说诸葛亮神机妙算，他不如诸葛亮，那么他佩服诸葛亮哪一点？"

生⑧："佩服他神机妙算。"

师："'神机妙算'指什么？"

生⑧："能算计。"

师："'算计'这个词，一般来说是个贬义词，用在诸葛亮身上不合适。"

生⑧："他估计鲁肃能帮他,而且给他保密,鲁肃果然如此;他估计曹操不会出兵只会放箭,也没算错;他预计三天后必有大雾,果然有雾。"

师："对呀!这就是他心中的想法,符合了什么?"

生⑨："符合了实际情况。"

师："一点不错。"(板书"心中想法符合实际")"这就是我们要概括的一个道理。人干什么事情一定要使自己的主观想法符合客观实际,如果不符合就会失败。明白了吗?"

生:"明白了。"

师:"明白了我再问一个问题,看你们是真明白还是假明白。你们想如果诸葛亮那天轻兵逼近曹营,守曹兵大寨的是张飞,诸葛亮会怎样?"

生⑨:"诸葛亮会做俘虏,因为他想着曹兵不会出来,只会放箭。而张飞才不管那一套,领兵就出来了。诸葛亮船上的草把子不会打仗,他只能做俘虏。"

师:"这就是主观想法不符合客观实际,事情就办不成功。"

【点评】

凭借教材训练学生的思维能力,特别是概括能力,具有多方面的意义。这个教例教师先是引导学生从具体的一件事(借箭)想到办一切事都要符合实际情况,这就是由个别到一般的归纳推理——从个别事件得出普遍规律。最后教师又问张飞守寨的事,这又是从一般到个别的演绎推理——用普遍规律去判断个别事件的结果。这样学生就经过了综合和分析两个思维过程,提高了学生认识事物的能力。

34 理解词句办法多之一

——调侃鼎铭又何妨

师:"刚才那位同学说,课文第二段毛主席引用了司马迁的话,这一段又提到了谁呢?"

生①:"李鼎铭。"

师:"这次还是引用吗?"

生:"不是,是举例说明。"

师:"对,很好。毛主席在他的文章中,有时引用权威人士的话,有时举出一些实际例子,增强文章的说服力。李鼎铭谁认识?他是什么人?"

生②:"他是党外人士。"

师:"对,他不是共产党人,是个地主,但是他愿意服从党的领导,是个开明人士。他提的'精兵简政'的意见是好的,我们党也接受了。但是提过意见的人肯定不少,毛主席为什么单举他为例呢?"

生②:"更……更能让人服气。"

师:"你心里明白。连党外人士的意见都能接受,正说明了'不管是什么人,只要提的意见正确就改正'。大家说,更有什么?"

生(齐):"更有说服力。"

师:"再回头看看'李鼎铭'三个字,你们在桌子上写一写,看'鼎'字有多少画?"(学生回答不一)

师:"应该是12画。我们看看对不对。跟我一块儿写,一边写一边数笔画,要特别注意笔顺。(教师在黑板上一笔一画写'鼎'字,学生跟着边写边数)是12画吧?这个字只要你笔画写对了,一般就不会写错,笔顺也错不了。多少画?"(生:"12画。")

师:"谁知道'鼎'是什么东西?"

生③:"古代的一种器物,三足两耳。"

师:"哈!真了不起,说得又简练又正确。我们来看这个'鼎'(师在黑板上写),上面是一个容器,像一口深底大锅,上面刻着花纹,左右两旁上边有两个'耳朵',下面有三条腿,也就是'三足'。(写的是一个象形字的'鼎')你们看看像个什么字?"

生:"'鼎'字。"

师:"象形文字就是这么来的。知道'鼎'是干什么用的吗?"

生④:"好像是烧香用的香炉。"

师:"鼎的外形挺像香炉,但不是烧香用的。古代用它做礼器来祭祀神灵祖先,也用来烹饪,就是做饭做菜。另外,有的鼎也是地位的象征，也用来象征皇权，如'问鼎中原'，就是企图夺取皇权。不说了，说得太多了。(笑声)再看一下'李鼎铭'的'铭'字吧，它的左半边是什么？"

生："金字旁。"

师："右半边呢？"

生："姓名的'名'。"

师："'鼎''铭'这两个字是本课的生字，大家要会写。什么叫'铭'？你们可能不知道，听我讲。'铭'就是在有纪念意义的器物（如鼎上）铸刻文字或图样，所以鼎上的文字或花纹就叫'鼎铭'。知道没有？"（生："知道了。"）

师："可见李鼎铭老先生的父亲想让儿子流芳百世，给他起了这样一个名字。可他并没有机会把自己的名字刻在鼎上，倒是毛主席的这篇文章让人们知道有个开明士绅叫李鼎铭。"

【点评】

这是《为人民服务》教学中的一个插曲。教师在讲清了写文章时引用和举例两种方法后，顺势而下，研究了"鼎""铭"两个字。先是研究了李鼎铭这个人，集中于"党外人士"这个身份，后来教师又介绍了他另一个身份——开明地主。这样强调是为了印证课文中"不管是什么人，谁向我们指出都行""只要你说得对，我们就改正"这些话的真实性。然后教师顺手捎带解决了"鼎""铭"两个字的形与义，还顺便调侃了几句，丰富学生文化积累。

35 理解词句办法多之二
——设身处地看星星

师:"现在回忆一下小时候看到的星星是什么样子的,谁能告诉我?有的同学已经举起了手,有的同学还在那儿想着呢!"

生①:"我小时候看到的星星是一眨一眨的……"

师:"你现在还是'你',不是巴金。你们都应该把自己当成巴金先生,站在巴金先生的位置上想象。"

生②:"'我'小时候看到的星星是密密麻麻的。"

师:"作者在第一自然段里写他看到的星星只简单地说了几个字啊?"

生②:"四个字——密密麻麻。"

师:"他只看到了密密麻麻满天的星,他当时陶醉了没有啊?"

生(齐答):"没有。"

师:"你再回忆一下'你'在南京看星星,

那时候是什么样子的?"

生②:"是星群密布的蓝天。"

师:"'星群密布'和'密密麻麻'有区别吗?"

生②:"有区别。'密密麻麻'是特别多,'星群密布'是比较多。"

师:"他长大了,星星也老了,掉下来不少。(笑声)不对吧?"

生③:"'密密麻麻'是挨挤在一起,'星群密布'是一片一片的。"

师:"小时候星星是挤在一起的,等长大了就谁也不想挨着谁了。"(笑声)

生④:"老师,'星群密布'和'密密麻麻'究竟有没有区别?"

师:"没有区别?——不对。'密密麻麻',看起来有没有秩序?"

生④:"好像没有。"

师:"'星群密布'看起来虽然还是满天的星,但是作者已经把它们看成一群一群的了。也就是说,他不再把满天的星看成密密麻麻的一片了,而是看成了一组一组的。为什么他会组合这些星星呢?看书回答。"(生读书)

生⑤:"那时作者在读一些有关天文学的书,认得一些星星。"

师:"对呀!他认识了许多星座。他再看星星就不是密密麻麻一大片了。这几颗星组成一个什么星座?"(教师随

手在黑板上点出北斗七星图)

生(齐答):"北斗星!"

师:"对,也叫大熊座。再往前看是北极星,那边又是仙后座,还有什么天鹅座,天蝎座……也就是说,因为他能把星星看成一个群一个群的组合了,所以这时候他说的是——"

生:"星群密布。"

师:"看起来不一样了,因为知识增加了,但是和他在远洋轮船上,在海上看星星的感受一样吗?"

生:"不一样了。"

【点评】

教师引导学生以作者的身份,站在作者的位置上,用作者的心情去"回忆"小时候看星星时它们的样子,并区分了"密密麻麻"和"星群密布"的不同,分析了造成这种不同感觉的原因。学生的年龄和作者幼时的年龄相仿,让学生以作者的身份去"回忆"。目的是让学生入情入境,产生一种设身处地的感受。这样来学习,学生能更好地体会作者的情感经历,有利于进一步体会一位远离家乡,远离亲人,独旅异国的赤子之心。

36 理解词句办法多之三

——嬉笑怒骂是风格

生①:"(读)'你想,四周围黑洞洞的,还不容易碰壁吗?'这句话说的是旧社会的黑暗,写鲁迅先生在旧社会中受到了许多挫折。"

师:"他说全了没有?没有说全就给他补充。"

生②:"我觉得这句'四周围黑洞洞的'是说当时黑暗的旧社会。鲁迅先生是一个富有正义感的人,是革命的人,经常受到反动派的迫害。"

师:"好,你是说用'碰壁'说什么呢?我们没有太听清楚,课文上鲁迅先生说的'碰壁'实际上在讲什么?"

生②:"他实际上讲的是当时社会黑暗。鲁迅先生的鼻子并不是被墙壁碰扁的,而是天生又扁又平。他说是碰壁碰扁的,是风趣地面对旧社会的黑暗统治,不怕受挫折。"

师:"他有一句话说得好,他说鲁迅风趣地面对当时的现实。但我还是不明白,他直接说社会吧,干吗说鼻子是碰扁的?"

生③:"因为当时作者还小。根本不知道社会上的事,要是直接说社会,作者就不知道是什么意思了。"

师:"所以她最后懂了,墙壁比鼻子硬多了。这就是作者的'恍然大悟'。作者究竟懂了吗?"(生:"没有。")

师:"她会慢慢悟出来的。再想想,作者本来是问伯父的鼻子为什么又扁又平,鲁迅却'一拐弯'说'四周围黑洞洞''碰壁',这叫什么手法,有一个词知道吗?"(生:"不知道。")

师:"这叫作'借题发挥'。(教师板书"借题")借鼻子扁这个话题,说自己想说的事。他想说什么呢?"

生④:"'四周围黑洞洞'和'碰壁',是说旧社会黑暗,好人受迫害。"

师:"他只是诉说吗?他是含着什么情绪来说这些话的?"

生⑤:"他痛恨当时的社会。"

师:"他在骂旧社会,在骂这个社会太黑暗了,是不是这样?"(生:"是。")

师:"但是这些骂的话,又都是在笑谈中说出来的。我再说两个字,看你们同意吗?我说这叫'笑骂',可以吗?"

生:"可以。"

师:"这叫'嬉笑怒骂',骂当时的世道太黑暗了。我再写几个字你们看可以不可以?(教师板书'借题笑骂世道昏')当时的世道昏暗无光,懂了吗?"

生:"懂了。"

附本课主板书:

> 语轻意重育后人,借题笑骂世道昏。
> 多少爱心多少恨,关心他人忘自身。

【点评】

教师在讲这一课时,采取的方式是让学生在自读后,站起来表达自己对课文的理解。这个教例就是在一个学生表达对"四周围黑洞洞的,还不容易碰壁吗"这句话的理解时展开的。这句话在本课中是一个比较难以理解,而又需要重点理解的句子。即便如此,学生也是表达的主体,教师只做了点拨和引导。从教学实际情况看,学生对这句话的自主理解是比较正确的,但教师从学生的发言中,看到了一些理解的欠缺。教师只是对这些欠缺进行了引导,主要还是由学生进行纠正和补充。后来教师进一步引导学生,理解鲁迅先生所采用的"借题笑骂"的方式,及其讽喻的意味。理解这一点对了解鲁迅先生的情感和战斗风格是非常必要的。

37 培养想象力三连缀之一

——《走月亮》

师："下面看第四段，他们都看到了什么？"

生："细细的溪水……采过鲜花的地方。"

师："你们拿出支笔来，把你觉得奇特的语句勾出来。"

生："卵石间有多少小水塘啊，每个小水塘都抱着一个月亮。"

师："他说这句话很奇特，大家好好读一读，体会一下，一边读一边想，想想那是什么景象？"

（生读这句话）

师："你为什么觉得这句话很奇特？"

生："因为我觉得每个小水塘都抱着一个月亮，那不是有很多月亮吗？"

师："他似乎看到了那个景色。你们说是不是有那么多月亮？"

生："不是。"

师："我说就是有好多月亮，甚至满地

《走月亮》
（读写结合课）

一、跟着作者走月亮（阅读学习）

　　　观察……写景……抒情……想象

　　　溪水—村道—果园—稻田

二、学着作者走月亮（写作练习）

　　　观察……选景……抒情……想象

　　　按序写景—抒发情感—放飞想象

都是月亮。你们认为呢？再带上想象有感情地读一读。"（指名让两位学生朗读，然后发言）

　　生："月亮的倒影在水塘里，月亮就多了。"

　　师："对啊！河床上布满了鹅卵石，大大小小，卵石间都有空隙，每个空隙都是一个小水塘，每个小水塘里都倒映着一个月亮，你们说有多少个月亮？"

　　生："很多很多，无数个。"

　　师："比如，教室就是河床，你们就是卵石。（指座位旁边的空地）你们这儿就是一个小水塘，这儿也是一个小水塘，每个空儿就是一个小水塘，每个小水塘都抱着一个月亮。你们都闭上眼睛想一想，是什么景象？再像刚才那样好好读一读。"（又指名让四位学生朗读，然后发言）

　　生："天上有一个月亮，地上有多少小水塘就有多少月亮。"

　　生："天上有一个大月亮，地上全是小月亮。"

　　生："天上地上满眼都是月亮。"

　　师："谁能说得更艺术一点，更美一点？"

生："我说一句？（教师：'好。'）我好像走进了月亮的宫殿，到处都是月亮，上下左右都是大大小小的月亮，到处充满了金色的光辉。"

师："很不错，好像你身临其境一样！谁还说？"

生："天上一个……"

师："把'一个'改成'一轮'，车轮的'轮'。"

生："天上挂着一轮月亮，地上也铺满了月亮。"

师："可以，但是不太好。给天上、地上的月亮都描写一下。"

生："天上挂着一轮圆圆的明月，地上满眼也铺上了闪闪的月亮。"

师："为什么地上的月亮还'闪闪'的？"

生："因为小溪的水在流，水里月亮的影子也在晃动。"

师："很好，你想得很细。"

生："我再说一句！（教师：'好。'）我好像走进了月亮的宫殿，到处都是月亮，上下左右都是大大小小的月亮，随着小溪的流动，到处充满了闪闪烁烁的金色的光辉。"

师："非常好，善于向其他同学学习，使句子现出了动态。多么奇特又多么美的月夜！"

【点评】

学生们通过有思维、有情感、有想象的学习，深入地理解了课文，锻炼了口头表达能力，更令人欣喜的是他们锻炼了想象力。儿童一旦勤于想象，不知道他们会感受到什么样的惊喜！

38 培养想象力三连缀之二

——《繁星》

师:"我们学习最后一段。大家默读,一边读一边勾画出你觉得最奇妙的一两句。"

生:"我勾了这两句。(朗读)'深蓝色的天空里,悬着无数半明半昧的星。船在动,星也在动,它们是这样低,真是摇摇欲坠呢!'我认为作者从小就爱看星星,说他爱星天,他已经被迷住了。"

师:"你们不要只注意星星怎么样,你们也想想作者。"

生:"作者一开始就说'爱星天',他一看见满天的星星就忘了自己(笑声),心情和眼光也变了。"

生:"我觉得有道理,我有时饿得厉害了,看见平常根本不吃的东西也馋得不得了。"(笑声)

师:"他结合自己的亲身感受想通了。"

生:"作者觉得天和星星都跟他很亲近,

《繁 星》

```
        叙谈密友之间
爱星天  〈              〉  思念祖国家乡亲人
        甜睡慈母之怀
```

就觉得它们都很低;平时人们都说星星眨眼睛,这时看上去就是半明半昧的。"

生:"我觉得作者好像喝醉了……"

生(另一学生抢话):"作者不是喝醉了,是他太爱这满天的星星,他是陶醉了。"(台下有掌声)

师:"这个问题他解释得有些道理,确实和作者的情感有关系,'陶醉'两个字说得很好。"

生(朗读):"'渐渐地我的眼睛模糊了,我好像看见无数萤火虫在我的周围飞舞。'我同意王天佑说的,作者是陶醉了,他把星星看成了萤火虫……"

生(另一生抢话):"我也同意,他躺在船上看到的不是萤火虫,而他觉得星星在他身边飞舞。他已经忘了他在哪里了。"

师(插话):"读一下后面的课文。"

生(朗读):"海上的夜是柔和的,是寂静的,是梦幻的。我望着那许多认识的星……"

生(又抢话):"不对!我认为是星星的影子映在大海里,

他躺在船的舱面上看见了,觉得好像在他周围飞舞。"

师:"不太可能吧!第一,作者是看着天空,还是看着海面,怎么会看见海水中星星的影子?第二,作者坐的是远洋轮船,甲板离水面至少有十几米高,和四层楼房差不多,能看到海面上吗?第三,大海波涛翻滚,不可能映出星星的影子。"

生:"作者说'我的眼睛模糊了',是他看错了。"

师:"等哪天你眼睛模糊的时候,你看看天上的星星下来下不来?"

生:"我认为作者还是陶醉了啊。对不对?"

师:"你的意思说得对,但是因为没有读好,无法体会人在陶醉时的心情和情态。想想你们在入迷地看一部电影时,能听见别人说话吗?能感觉到自己的存在吗?你当时觉得自己的全身心都到了哪里?"

生:"我知道了。我有时读一本童话,自己就进了童话里面。作者在看星,他一定是沉醉了,忘了自己还躺在舱板上。"(掌声)

师:"你说对了,这就叫陶醉。他已经物我两忘了。谁来读一下,从'渐渐地'读到'忘记了一切'。"(用范读和手势指导了两位学生朗读)

师:"读得不错了。我提个问题:作者说星星在他周围飞舞,是他上天去了,还是星星下来了?"

生:"星星没下来,他也没上去。"(笑声)

师:"照你这么说,作者是在说假话?"

生："是作者上去了。"

师："你为什么这么理解？"

生："因为他看星星已经陶醉了。"

师："他已经把自己置身于星空里去了。他的身体没上去，可他的什么上去了？"

生："他的想法上去了。"

师："他不是陶醉了吗？陶醉了还有想法？"

生："陶醉了什么都敢想。"（笑声）

师："我们还是再读读文章吧，读什么情景，你就想什么情景，你就可以分享作者的情感，和他一起陶醉了。"（学生认真读课文）

师："这次有没有陶醉的？（有人举手）你们推荐一位能读好的同学。（让学生走到台前）要特别注意这一句，听我怎么读。（教师范读）'海上的夜是柔和的，是寂静的，是梦幻的。'"（学生学读）

师："读得非常好！她读一个标点，你们跟她学，也读一个标点，用眼角扫着我的手，轻重缓急按我的手势读。（学生在老师的指挥下朗读）哈哈！读得非常好，把我也带到了星空里了！是你们与作者同样热爱星天的情感上去了，是随着对星天的遐思和星星融合了。"

师："还有最后两句：'在星的怀抱中，我微笑着，我沉睡着。我觉得自己是一个小孩子，现在睡在母亲的怀里了。'谁能陶醉地读这两句话？（一位学生读得还好）谁敢说我在班里读得最好？"

（生朗读）

师："读得有点像是陶醉了。再读一次，声音轻一点，柔一点，幸福一点，因为你在妈妈怀里。"

（学生读得非常好，全场鼓掌）

【点评】

想象能力，看不到，听不到，只能从学生朗读中听他们表现出来的语感。老师的范读指导和适时的启发也很重要。本课例中，教师非常适时地提出一个关键性的问题（是作者上去了，还是星星下来了？）这个问题像锁钥一样，一下子打开了学生的思路，学生发挥想象力，得出了正确的结论。

39 培养想象力三连缀之三

——作文课

师："今天上午我们学习了《只有一个地球》，现在我们写一篇关于地球的作文愿意吗？"

生（齐）："愿意。"

师（板书文题）："'2050——地球遐想'。这个文题是让你们写什么？"

生："就是让我们想象2050年地球是什么样子。"

师："写好的样子，还是写坏的样子？"

生："我觉得两种样子都可以写。"

师："对。写好的样子，是对地球的期望和憧憬；写坏的样子干什么？"

生："地球不好了，是人类没有保护好。写坏的样子，给人类提个醒，不，是提出警告。"

师："你说得对。你想以什么身份写这篇文章？"

生："我以科学家的身份来写。"

师："可以。还有谁也以科学家的身份写？（不少学生举手）你看最少十几个同学，你就不是独特的了，最好选一个别人想不到的身份和角度来写，那你就是所有文章里的独一份！（生未答）你上午在'实话实说'节目中扮演了冰箱厂老板，建议你还当冰箱厂老板怎么样？"（学生同意）

生："我以人类的身份写。"

师："行，代表全人类，只要你代表得好。"

生："我以地球小主人的名义写。"

师："小主人？2050年你已经60多岁了吧？选身份第一要合适，第二要有内容可写，第三要独特。"

生："我想以一只动物的身份来写。"

生："我想以一只小鸟的身份写。"

生："我想以一棵大树，写写我看到的情景，也说说我的感受。"

师："你比他们想得多，写感受更好，有自己的想法。你们三人文章写好了，就是三篇童话。"

生："我现在11岁，我想以一个61岁的老人的身份写。先回忆现在的地球，再写那时候的地球。"

师："用对比的方法，说你的所见所思，很好。"

生："我以天空上一朵白云的身份来写。"

师："你的想法很奇特，很好，俯视芸芸众生！"

生："我以整个地球的身份来写。"

师："这样写就是地球的自述了，要用第一人称来讲述。

（指另一学生）建议你还以上午扮演的广州市环保局长的身份来写怎么样？"

生："好！但我怎么能一直当48年局长？"（大笑）

师："因为你上午的局长当得很好，所以我任命你一直当到你去世的时候！（全场大笑并鼓掌）怎么样？"

生："那我就不死了！（大笑）我知道您是说的玩笑话，我也开个玩笑。"（全场鼓掌大笑）

生："我想环球旅游，用日记的方式写。"

师："写作形式也想好了。你是第二个徐霞客！"

生："徐霞客是谁？"

师："他是你师父！（笑声）他是我国明朝时代的人。他经过了30年的旅行考察，撰写了60万字的《徐霞客游记》。希望你也写一本出来！"

生："我想从战争方面来写。"

师："你是发动战争的罪魁祸首，还是保卫和平的战士。"

生："我是一个司令官，发动了战争。"

师："写写你的所见所闻，写写你的罪恶，写写你的自责，写写你的忏悔。你没见过打仗，可以借鉴看过的电影电视，加上想象来写。"

生："我想作为一位历史学家来写。"

师："历史学家？是写地球的历史，还是写人类社会的发展变化？这两样内容你都写不了。建议你当个画家、摄影家，用你的照片和影视作品，来表现2050年地球的样貌，并配上介绍那时地球的情况和你的向往的文章，就是你的作文了。可以吗？"

生："那时我老了，再学摄影有点晚了，我还是只当个画家吧，把那时见到的情况画出来就行了。"

生："我还想当宇航员。"

师："是啊，你上午就扮演了宇航员嘉宾。行，希望你写得比上午说得更好！"

【点评】

要想写好想象作文，当然需要激发和培养学生的想象力，但首先也得从内容入手。本教例从开始的命题，到尽力引导学生发散思维，从不同的（特别是独特的）身份、视角去开辟宽阔的选材领域，引出了学生许多"奇思妙想"。内容有了方向，文章可能就一挥而就了。

40 又见支玉恒

湖北宣恩 夏芳

　　课堂上的支玉恒老师还是那般神奇。"心里有所想，敢不敢举手？""心里想笑，敢不敢笑？""上课时间长，中途你想要上厕所，敢不敢举手？"灵魂三问正式拉开课堂大幕。在短短的一小时里，我见到了一位多面支玉恒。

　　讲台、观众、陌生的老师，这些非常态的因素，让孩子们恭肃严整，大气也不敢多出几口，在支老师的开场三问之后，孩子们略有放松。在《子夜吴歌·冬歌》的"自己读好"环节，孩子们字音有误、声音不行，换一个，再换一个，眼看孩子们刚刚才点起的一点放松的火星又将遭遇风的剿灭。支老师问："谁能超过他？"一个孩子站了起来，支老师走近他："超不过，我刮你鼻子；超过了，你刮我。"孩子笑了，结果是读得差强人意，支老师说话算数，真真地刮了他的鼻子。这一刮，孩子们都笑了，被刮的孩子笑得更欢。

课堂的整体情绪被拉了回来,并第一次上了新一级台阶。当学生把《子夜吴歌·冬歌》读得公认的好时,支老师却说:"这次咱们没打赌,我逃过一劫。"这一耍赖,就把自个儿变成了学生的同桌和玩伴儿,课堂的轻松感再跃一级。在引导读出《出塞词》的"有劲儿"时,"谁能让大家满意?"学生果然读得让大家都满意了,我正在琢磨支老师这次要如何逃脱时,82岁高龄的支老师弯下腰,接受学生重重的一刮。这一刮,我鼻子一酸:这一刮,支老师就和学生刮成了"发小",那交情瓷瓷实实的。此后的课堂,就是老友之间的聊诗,如入无人之境。一个"刮鼻子",刮出了学生学习状态的三级跳,好一个"狡黠的老顽童"!

在教学《子夜吴歌·冬歌》的第四个环节里,支老师问:"还有没有什么没弄懂的?"学生问:"'絮'字可不可以换成'填'字?"支老师引导:"那你换成'填'读读。"生一读,发现了:音不对啊,一读就知。支老师带着他再走一程:"'填'是什么都可以往里'填',但'絮'只能……"学生恍然:"'絮'只能'絮'棉花。"四两拨千斤!听到此处,我脑海里浮现出一个将领模样的支老师,只是手里捏着绣花针,恢宏控全盘如斯,灵巧至毫发如斯!

在这节课上,支老师的身份感让我几度穿越,与其说是"老师",更多几分是这个班里的学霸、班长的感觉。一般印象中,老师常常喋喋不休、"诲人不倦",但支老师讲得少,讲得真少!一个小时的课,就讲了两回。

第一回是在《子夜吴歌·冬歌》的最后破疑环节,学生提问:"'那堪把剪刀'这句,我怎么读,都像疑问句。"支老师终于开讲了:"抽一根针都这么冷,更何况要满手去握这把剪刀呢?"学生跟着说了一遍,心领神会地点头。对,仍然是讲得如此少,这压根儿不算是讲的"讲",要不是他自己明示"那我就来给你讲",我都差点儿没感觉到他的讲。

好在"乱斫胡兵缺宝刀"一句,让他稍微正式地"讲"了几句。在理解诗句的意思部分,第一个学生将此句理解为"缺了一把宝刀",支老师接:"刀都没拿,做客去了?"生笑。第二个,又错了。支老师接着启发:"缺把宝刀怎么砍?拿手砍?"生大笑。第三个开讲之前,支老师再次提醒:"他们俩都有错误,你注意着点儿,别跟着他们跑!"终于……第三个,仍然顽强地理解为"缺了一把宝刀"。我捂嘴大笑。暗示不行,就来明示:"'缺宝刀'的理解错了。转舵!"学生开始把焦点集中放了在"缺宝刀"并努力纠偏:胡兵缺了宝刀,胡兵扔了宝刀,胡兵缺少像宝刀一样得力的将领,等等,不一而足。理解的惯性思维,总是将此处的"缺"理解为"缺少",不是我缺就是他缺,一直"缺"到了第六个学生。我想,有好戏看了!支老师终于出手了:"告诉大家一个读诗的诀窍,为了押韵和音调平仄,古人常常把诗句里面的字词调换位置,进行倒装,比如这句,你把'缺'字放到'宝刀'后面,再想想。"只此一句"讲",清晰明了。第八个学生站起来了,支老师问:"你能不能保证说对?"孩子很实诚,也丝毫不拖泥带水:"不能。"于是坐了下去。到了第九个学生:"就是刀斧可能砍得都坏掉了。"终于啊!全场的老师们掌声伴着笑声,空气里满是欢乐的气氛。支老师再追一程:"'坏掉了'没说清楚,坏成什么样儿了?"学生答:"已经缺了好几片了,宝刀上有缺口……"热烈的掌声再度响起,这场思维浪潮终于扑上了岸。

回味起来,"自己能读好吧""你自己说,我不说""你还有什么没弄懂的"三张王牌,张张直指要领:课堂是学生的学习时间,不是老师的秀场。老师只是同行者和帮助者。唯其如此,学生方能学得真实,学得透彻,学得轻松自然。素净无尘、修为。真语文,唯其如此。

大道无痕。课堂激情,节节攀升,只要一个动作,就行云流水;难点词语,透彻理解,只要指个方向,就不言自明;思维之惑,因势利导,就豁然开朗,点石成金;语文的真情至性,人格的至纯至真,全在满头银发一颗赤子心。这节课里,是支老师读过的书、经过的难、走过的路、迈过的坎儿和几十年修得的长在心底的风轻云淡,吾等晚生后辈,有几人敢妄言一个"学"字!然则,我所为何来?不就是为了"学"吗?

第一次见着支老师本人是在武汉,其实也记不太清楚年份。支老师所讲《太阳》一课中的趣味,令初入教坛的我看到痴迷。也只是痴迷,并不懂其背后的各种深意。课堂上那个绣花鞋的创意,却是一直停在记忆里的。20多年里,我一直追求简约真实的课堂,我无法肯定"夏芳素语文"的血液里,是什么时候开始拥有"支玉恒"的影子,就像我现在的身体与母亲喂给我的每一口奶水都有关联,却说不清,也道不明。五色令人目盲,在这个小学语文流派空前繁盛的时代,我一直像个孩子一般行走在自己的语文世界里。有些风太过强劲，令人动摇，令人怀疑走过的路。不识庐山真面目，只缘身在此山中。在众多的讲座里，常常会有这样一个关于语文的终极追问——"什么是语文？"听了支老师的课后，我首次觉得这个追问是有答案的，我想用三个字来回答：支玉恒。是的，"支玉恒"就是我心中的"语文"的样子，真实且自然、诚挚又机变。

在洛阳，近距离遇到支老师，是在电梯口。听到旁边老师的问候我才回过神来。我和着大家一起低声问候"支老师好"，其后光顾着看他的白发了，精神里透着清爽，开朗里带着慈祥。第二天的中午时分，我和姐姐一同去要签名，他笑眯眯的，手上的烟已有半支燃过，只是烟灰一整个儿还附在未燃的一段上面，甚是有趣。给姐姐签完名，他笑得像个孩子，点评姐姐的开心："看把你美得……"；与爱徒们合影时竟然是"爱拍一族"："把你们师娘也请上来！"；有一个爱徒拍照迟到一会儿，他就像老父亲一般"不高兴"："你跑到哪里去了……"

17年后又见，支老师成了可爱的老头儿，也还是纯粹的少年，永远的"风清扬"。大美在真，我见到了支老师，也见到我此后要教的小学语文——"支玉恒"。

大巧若拙，自然而然。醍醐灌顶，恍然大悟。支老师的课，最大的难度在于最后一个部分：还有没有什么没弄懂的？行文至此，如课之将结，我也有一问：何时再见支玉恒？

41 肚子里的东西消化了

《柯里亚的木匣》一课将要结束，教师引导学生进一步讨论"周围一切都在起变化"这个道理。

师："课快要结束了，我再问一个问题：学了这一课你印象最深的是什么？用一句简单的话来表达。大家一起说。"

生（齐答）："周围一切都在起变化。"

师："哈哈！你们偷懒了！都说的是板书上的最后一句话。不过，你们说对了。那么我问你们，我们讲课的这个礼堂里，从讲课开始到现在起了什么变化呢？"

生①："这一段时间我们快把这一课学完了。"（笑声）

师："说得一点也没错，大家在这一段时间里又长了不少知识。"

生②："一开始您没出汗，现在您出汗了。"（笑声）

师："很好。出汗只是从外表观察到的，显性的变化，身体内部也有许多变化，但看不到。刚上课时，我刚吃完早点，现在肚子里的这些东西已经怎样了？"

生（齐答）："消化了。"

生③："我有一个问题，既然一切都在变化，为什么妈妈当年走了30步埋箱子，现在还是30步又取出来。妈妈为什么没变化？她算不算'一切'？"（大笑）

师："你问得真刁——她算不算'一切'？这个问题怎么办？谁能回答？比他再刁点！"（笑声）

生④："妈妈也在变化，她肯定比4年前老了。"

生④："我是问她的步子为什么不变？"（笑声）

生⑤："她的步子也变了，只不过妈妈是成年人，她知道自己的步子变大了，这次就每步迈小了一点。"

师："看来你的说法也不能令人信服。你怎么知道妈妈的步子也变大了？又怎么知道她每步迈小了一点？"

生⑥："可能妈妈当时走了30步还另外做了记号。"

师："书上没有这么说，不能乱猜。我问你个问题吧（指提问的同学），4年前柯里亚5岁，你估计他妈妈当年多少岁？"

生⑥："……可能不到30岁。"

师："可以这么想。但他们如果不是4年后回来，而是40年回家，妈妈再挖箱子需要走几步？"

生⑦："15步。"（有许多学生举手表示反对）

生⑧："他说得不对！柯里亚由5岁长到9岁步子变大了，妈妈从30岁长到70岁步子怎能也变大？老太太走不动了，可能得60步。"（有人喊："60步也走不到！"）

师："很好！具体多少步我们不去追究，但这样推理思考是对的。根据这个例子，你自己能回答你提出的问题吗？"（问提问的学生）

生③："我懂了，妈妈从30岁到34岁都是青年时期，步子应该不会变，变也看不出来。所以她还是走了30步就把东西取了出来。"（掌声）

师："有道理。从30岁到34岁，人正处在稳定时期，确实有变化也看不出来。就像你们说的，我把食物消化了，也看不见我长了肉一样，有些变化是隐性的。所以，不管你看到看不到，感觉到感觉不到，你周围的一切，包括你自己都在变化。是这样吗？"

生（齐答）："是。"

师："你们都把这个问题弄懂了，这是不是也是一种变化呢？"

生（齐答）："是。"

师："大家已经变化到这个程度了，那就下课吧！"（掌声）

本课板书：

《柯里亚的木匣》

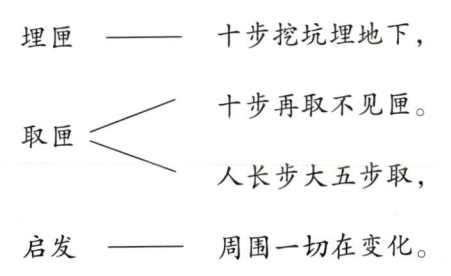

埋匣 —— 十步挖坑埋地下，

取匣 〈 十步再取不见匣。

人长步大五步取，

启发 —— 周围一切在变化。

【点评】

这一课的"周围一切在变化"是最基本的辩证唯物主义思想。在学生举出周围一切在变化的例子时,学生深入思考,提出了一个极富"挑战性"的问题(妈妈的步子为什么没有变化?),这是学生思维和想象得到高度解放的明证。教师利用这一问题,把讨论引向更加深入。在学生争论僵持时,教师提出一个关键的假设:如果离开40年,结果会怎样?这一石块投入水中,立刻激起波澜,课堂讨论进入高潮,学生认知也达到了新水平:周围一切确在变化,但这个变化有显性的也有隐性的。超出了教材的预期。

42 旁敲侧击更有效

（讲《古井》一课，学生正在质疑问难。）

生①："我想问'晨光熹微'是什么意思？"

师："你问我，我也不知道！（众笑）还是来问你自己吧。你能不能估计一下，晨光熹微大约是几点钟？"

生①："可能是早晨五六点钟……6点左右吧。"

师："我也同意。这个时候天上、太阳是什么样子的？空气怎么样？"

生①："我只知道'晨光'说的是早晨天刚亮的时候，'熹微'是什么意思就不知道了。"

生②："天刚亮，太阳快出来了……也许是刚刚出来，还不太亮，空气很新鲜，有点凉。"

师："哈！连气温也说了。（教师转问

提问的学生①）你现在知道'晨光熹微'是怎样的了吧？"

生①："知道了，应该是太阳刚出来，还不太亮的样子。天空中好像飘着薄薄的一层雾。"

师："你看，我说还得问你自己吧！（众笑）其实，'熹微'两字就是这个意思，但不一定有雾。"

生③："我想问'络绎不绝'是什么意思？"

师："又把我问住了！谁给我帮忙解围？"

生④："络绎不绝就是很快。"

师："很快？不是吧？书上说'到井边取水的人络绎不绝'他们挑上水赛跑，看谁快吗？"（笑声）

生⑤："络绎不绝就是不知不觉。"

师："啊，真有意思！挑上水不知不觉就从我家门前走过去了，真有点神出鬼没的味道！"（笑声）

生⑥："络绎不绝就是不断，不断地走过去。"

师："我们家浇地需要很多水，我不断地挑水，能说络绎不绝吗？"

生⑦："不是。得有好些人走过去，一个人走来走去，那叫独来独往。"（笑声）

师："很好，人来人往，前前后后，连续不断。每天早晨，同学们怎样来到学校？"

生（齐答）："络绎不绝。"

【点评】

听到学生的问题，老师两次都"装傻"，听了这话，学生不会以为老师真的不懂。他们会认为，这是老师逗着我们自己解决问题。果然学生在老师的启发下把这两个词语理解得很好。

对"晨光熹微",老师提了很巧妙的一个问题,让学生说出晨光熹微大约是几点钟,那时候天空、太阳是什么样子。利用学生人人都有的生活经验,把实际事物和词语概念联系起来,解决了问题。"熹微"一词不多见,学生真的不知道。老师在学生自悟的基础上,又特意强调了一下。讨论"络绎不绝"时,多了一些对话,原因是学生的理解发生了一些偏差。教师都以课文上的情节为例,用归谬法让学生知错,对于后来"不断"的解释又进行了意义上的补充,最后还落实到词语的运用。教师所有的指导,都是把词语放到生活实际和语言环境中让学生思考。所以在指导学生理解词语时,不应该孤立地、干巴巴地以词解词。这可以说是这一教例最典型的方法,也是笔者常用的方法。

43 绣花鞋上有文章

（《太阳》一课的学习快要结束了。）

师："大家还有什么问题吗？"

生："没有了。"

师："没有问题咱们做个练习。（教师拿出一只小小绣花鞋，八九厘米长）我是想问你们，课文上说太阳与地球关系密切，没有太阳就没有可爱美丽的世界。那么，这只可爱美丽的绣花鞋和太阳有什么关系？"

生①："这只小鞋所用的布是棉花做的，棉花是植物，没有太阳就没有植物，也就没有绣花鞋了。"

师："说得有道理，但这鞋不是用布做的，全是丝织品，比如用绸缎来做。"

生②："绸缎是蚕丝做的，蚕是动物，也离不开太阳，没有太阳这只鞋也不会产生。"

师："我又不用绸缎了，我用化学纤维来做。"

生③:"不管用什么材料,都得有人来做。没有太阳,人都活不了,谁来做鞋?"

师:"反问得好!但我不用人做鞋,我用机器人全自动。"

生④:"机器人也是人造的!"

师:"真干脆!一句话就被你全部否决了。但能不能再从别的方面来想一下呢?我主要是想看看你们会不会思考,会不会分析?"

生⑤:"做鞋要用针,针是钢铁做的,没有太阳就没有钢铁,也不会有针和鞋。"

师:"'没有太阳就没有钢铁'?这句话需要研究。地球里的铁矿可不像煤炭一样,是远古的植物埋入地下形成的。铁是自然界的一种基本元素,原来就有的。当然这里先不要谈人炼铁的事。"

生⑥:"炼铁先不谈人,可以。但炼铁还要煤炭呢,煤炭就和太阳有关呢!不能炼铁,就不会有绣花针了。"(掌声)

师:"好,好,逻辑性非常强。一步跟一步,一环扣一环,真有点天衣无缝了!"

生⑦:"还有一点最简单的,做鞋需要用眼看,没有太阳,一片黑暗,怎么做鞋?"(笑声)

师:"真厉害,全是反问句!大家很会分析问题。正像大家说的,没有太阳,就没有我,也没有大家,没有这堂课,还讨论什么绣花鞋!"(众笑,鼓掌)

【点评】

这是笔者的即兴之作。在别的地方讲《太阳》时都没有这个"节目"。这一课是在济南经五路小学讲的。讲课前一天,笔者参观了该校的课外活动成果展示,并在学生们自办的作品义卖中,买了这只可爱的小小绣花鞋。上课将要结束时,教师拿了出来,创设了这么一个对话情景。其意义在于:①用可见的实物,让学生把刚刚学到的知识运用到具体的分析中,不但强化了课文思想观点,而且是实实在在的一次"理论联系实际"的演练。学生们事前没有一点准备,所有的发言也都是"即兴"的,训练了他们思维和语言的敏感性和应对能力。由于教师在过程中的故意"作梗""设卡",更锻炼了学生发言的这种敏感性和机变性,使他们力争做到每一次发言的准确和严密;②使课堂生动活泼,妙趣横生,让学生更喜欢语文,享受语文。这是继续学好语文的重要的心理基础。

44 掐指一算错不了

讲《草地夜行》有学生提出疑问。

生①:"本课题目是《草地夜行》,为什么课文中大多写的是白天的事情,夜行写得却不多?"

师:"你认为课文中哪一部分是主要内容,或者哪些内容使你最受感动?"

生:"那位老红军陷入泥潭牺牲的一段。"

师:"对,这一段正是夜行军,所以题目上特意写上了'夜行'两个字。"

生②:"课文中说的'金寨大暴动'是在什么时间发生的?"

师:"这个问题我在备课时也考虑过,但没有找到这方面的资料,可能是暴动规模不大,历史上记载较少。但我们可以从课文中寻找线索找到一些有关信息。想一想,课文上说金寨暴动时用什么方法传递革命消息?"

生②:"用卖帽子的方法。"

《草地夜行》

```
稀烂的路伸向远方          光明大路通向陕北
           ↘  记住  ↙
              革命
           ↙       ↘
拖着两腿一步一挨          鼓起勇气迈开大步
```

师："买上帽子后发现里面有一个纸条，上面写的是什么？"

生②："打倒土豪劣绅。"

师："对。我们以这一点为依据，可以推测出金寨暴动发生在我国土地革命战争时期，也就是1927到1937年间。"

生③："老师，您刚才说金寨暴动规模不大，怎么一个小规模的暴动就暴动了十年？我想知道得更具体一点。"（可能学生不理解"年间"两个字的含义）

师："好，咱俩算一笔账，我问你答。据历史记载，红军长征到达草地是1935年。课文中那位老红军称这个小战士叫什么？"

生③："叫小鬼。"

师："你认为被称'小鬼'的人有多大年龄？"

生③："估计是十四五岁。"

师："对。年龄再小一点就跟不上队伍了，再大一点就不是'小鬼'了。但当谈到金寨暴动时，他说记得清清楚楚。

这时他大概有几岁？"

生③："大约至少有六七岁。"

师："好。从1935年往前推六七年，是哪一年？"

生："是1928或1929年。"

师："那么金寨暴动就发生在这两年。这个答案行不行？"

生："差不多。"

师："是的。我们没有准确的资料，也只能推算到这个程度了。我还得向你说一声抱歉了！"

（后注：几年后，北京师范的娄湘生老师出版了《小学语文教材资料汇编》，寄给我一本。我特意查了金寨暴动，果然发生在1929年。）

【点评】

抓住线索，判断推理，训练了学生的思维能力。教师重视并尊重学生质疑问难，培养了他们认真阅读，深入、广泛思考的习惯。"于无疑处生疑"，自古以来都是学习者应有的品质。

45 人的外貌可逆写

讲《我就是朱德》一课时有学生提问。

生①："老师曾经给我们讲过：写一个人的外貌、衣服要有顺序，一般是从头到脚写下来。为什么课文写朱军长外貌时，先写腰带，又写草鞋，最后才写脸色和眼睛？"

师："请同学们先来回答。"

生②："朱军长从坐在地上的人群里站起来，人们先看了他系着腰带，抬脚一走又看见了鞋，最后一抬头，才看见他的脸部。"

师："你想象力很丰富。"

生③："朱军长往前走，怕踩着坐在地上的人，所以他低头看着路，看不见他的脸，就先看到腰带和草鞋。"

（这两种说法其实都是一种猜测）

师："课文前面说人们等着乘轿骑马的长官到来，可见在老百姓心中认为当军长这么大官，一定也像他们见到过的国民党军官一样,穿着呢子大衣,高筒马靴,所以特别注意他的穿着打扮,至于长什么样子,则和当官关系不大,所以,当朱军长站起来,人们首先想看他穿的是什么样的衣服,什么鞋,并不太注意他长什么样子。当看到他扎皮带,穿草鞋,已经认定他不是朱军长,心中疑惑,这个人站起来做什么,想辨认一下他是谁,才去看他的脸部。作者是以人们的心理活动和他们的观察动作,作为描写顺序的。"

生④:"课文108页最后,列举了几种议论以后,既然还有其他'各种的看法''说法',是不是应该在下一段加一个单行省略号?"

师:"可以在两段间,单用一行,只点上一个省略号。但是根据上下文的内容,不加单行省略号也不影响两段之间的衔接。"

生⑤:"开会时间早过了,人们都在等着朱军长。既然他早就在人群里,为什么迟迟不走出来,让人们干等着?"

师:"大家想一想,这个地方刚刚解放,还要开庆祝欢迎会,肯定有首长要来参加。刚退走的敌人,他们可能怎么想?"

生⑥:"他们可能来破坏。"

师:"对。甚至还会趁人不注意,开枪乱放,那就会出大事情。你们说谁也不认识的朱军长,坐在人群中在做什么?"

生⑦:"他在暗暗地四面观察,想发现有什么敌人的痕迹。"

师："应该说有什么'蛛丝马迹'。（板书这四个字）回去查一查什么意思。朱军长警惕性很高，时刻关心着群众和战士们的安全。"

【点评】

解了疑惑，学了知识，更重要的是参与了分析问题，解决问题，判断、推理的过程。这种潜移默化的渗透，天长日久，必有裨益。

课堂上鼓励学生随时质疑问难，是培养和训练学生思维、想象和口头表达能力的有效途径。如果教师能在谈话中造成一连串的多次对话，其效果更好，更能培养学生机敏、迅捷的反应能力，提高他们多方面的心理素质。同时，也使课堂更加有生命活力，充满情趣与智慧，使课堂绚烂多彩，提升教学效果。也使学生更爱听你上课，反过来也促使教师更加努力提高自己的教学水平。这是教学相长，也就是双赢！

46 学生看耍猴

那是多年前我改教语文两个多月的时候。一天下午第一节我上课时有四个学生齐刷刷地迟到了。我没有说什么就让他们回位听课。下课后他们自觉地找到我说："老师对不起,我们在路边看见围了一堆人,里面还有敲锣打鼓的声音,我们不由自主地走过去看了看,是一个老大爷敲着锣在让一只猴子不停地在一个木杆上爬上爬下……"我知道他们遇到耍猴的了。我看他们一脸真诚和悔意,没有怎么批评他们,只让他们回家后写一篇"看耍猴"的作文。第二天,四份作文交来了。

第一篇作文写了耍猴的大概情况,又说真热闹、真好玩等,大约有一百多字。余下三篇同样写了耍猴的大概情况,但后面又写了不同的内容。

第二个学生把关注点放在那个耍猴人身

上，写了他破旧的衣服、黑里透黄的皮肤、疲惫的面容和脚边放着干硬的窝窝头等，最后说："这位老大爷小时候肯定没有好好学习，他的孩子们估计生活也不会很好。"

第三个学生把关注点放在了那个猴子身上。他写道："都说动物是人类的朋友，这个老头不管可怜的猴子饿不饿，累不累，不停地让它爬上爬下，还不断地用鞭子抽它，猴子身上的毛都快掉光了，真是没有良心，根本不懂得爱护动物，他的心就不疼吗？"

第四个学生却把关注点放在围观的人们身上。写了猴子表演时他们怎样高兴得又喊又叫又跳，可等老大爷拿着破帽子收钱时，有些人一个个的丑态百出，有的理也不理，有的扭头就走，有的把硬币扔在地上，有的甚至还骂老头是穷鬼……

四篇作文写了四种情况，而且差别很大。这引起了我的深思。

为什么第一个学生只觉得热闹好玩？后三个学生却有另外的关注点，而且各个不同，观察和思考的深度也不同？——我首先想到了"眼界"两个字。但是同一个班的学生为什么眼界相差如此之大？这时我忽然想起了一句老话：秀才不出门，能知天下事。因为秀才会读书，他们从书中知道了他们亲眼看不到的事。可是，后三个学生怎么会说出"老大爷小时候没有好好学习"？怎么会联系到爱护动物？怎么会鄙视那些不想掏钱的看客？——对了！因为他们带上了自己的情感，他们产生了联想和想象，他们在观察并思考这个世界上的人和事，也就是说，他们在认识这个客观世界！他们通过观察、思考、判断、推理，有了观点，有了言辞，又因此表达了自己的情感、态度，甚至不经意间体现了他们初步的价值观。虽然他们年纪还小，心理还幼稚，但我上面说的这些心理过程，他们都实实在在地亲自经历了。

这些心理过程又是什么？我想大概就是认识客观世界的过程。于是豁然开悟——难道写作文与认识能力有关系？一下子想不通，我又想起了"秀才不出门，能知天下事"这句话，于是查阅了很多有关"写作与认识能力之间的关系"的文章与书籍。这些资料中无一例外地认为：一个人的写作能力，至少包括"语言表达能力"和"认识事物能力"；语言表达能力可以解决写作中的形式问题（如遣词造句、布局谋篇等），而认识能力解决的是写作中的内容问题。哈哈！逮住了！原来学生作文中最难的问题——提起笔来，无话可说（冰心语），是因为他们的认识能力偏低。那么认识能力又是哪里来的？我一下子想起了"阅读是写作的基础"这句经常萦绕耳边的话。于是我又查找、翻阅有关"阅读与写作关系"的资料，知道了阅读可以极大地开阔学生眼界，丰富写作内容，特别是在阅读中还能看到各种各样的新鲜事物，从而认识它们——不对呀！我们天天进行阅读教学，为什么学生的认识能力还"偏低"？左思右想……是不是我们当老师的没有意识到，也没有去有意引导学生在阅读中去认识文章中所描写事物？可我们经常让学生分析认识文章所写事物的起因、经过、结果啊？这不是认识事物的因果关系吗？……啊！可能仅有这些还不够！我打开课本，一翻就翻出了《观潮》一课。

课文没有明显的因果关系,那么没有原因怎么形成那么大的潮水?我找资料查看形成钱塘大潮的原因。原来这个世界奇观不但有原因,而且原因还不止一个!①月亮吸引了大量海水向陆地涌来(怪不得大潮定期在每年农历八月十六日前后形成——这一天月亮最大最圆,吸引力也最大);②钱塘江入海口90度直面大海,海水直接汹涌闯入,而紧邻的长江入海口斜对大海,又有巨大的崇明岛阻拦,海水受阻难入长江;③钱塘江入海口东宽西窄,大量海水从东面宽阔的江口涌入,越往西奔涌,江岸越窄,潮水受两岸挤压,潮面不断升高,越加汹涌;④钱塘江口,江底有一条直抵南北两岸的高埂,潮水过来,激起了一条横贯大潮的浪线(这就是钱塘潮那条著名的"白线")。钱塘江口有这么多独特的地理特征,所以才形成了独特的大潮奇观!这说明世界上的事绝不是单纯的一因生一果,有不少事物是由多种原因形成的。我一下子又想到我讲《跳水》一课的情景:按当时教材要求,这一课的重点训练项目是抓住事物间的相互联系。但要抓住这种"联系",就得明白这个故事的肇起和过程,以及发生、发展的主要因素。我认真读了课文,觉得这个故事的"肇事者"是猴子,但使故事不断发展变化的重要原因,"首恶"却是那个不顾危险拼命追猴子的船长的儿子。于是我提了一个问题:"孩子为什么拼命追猴子?"在讨论中学生们说出了很多原因。①孩子个性要强,不认输;②孩子是船长的儿子,被猴子抢走帽子羞辱,不愿失去尊严;③孩子长期在船上生活,具有爬杆爬绳的能力;④水手们不断哄笑,更是刺激了孩子的好胜心，等于推波助澜；⑤猴子一边逃一边回头做鬼脸，惹得孩子越来越生气，失去了理智，等等。由此可见：学生们只要得到引导、点拨，他们也能认识到这么多的因果关系。可见我们平常讲的阅读课真的缺乏有效的引导。比如，如果把"为什么追猴子？"换成"怎样追猴子？"，那么学生只能按照课文内容"复述"了。这可能培养学生的口语能力，但与培养认识能力关系不大。因此追根溯源，孩子们认识能力偏低，与我们的阅读课对培养学生认识能力重视不够，脱不了干系。

我又阅读了不少理论书籍，三天两夜，终于醍醐灌顶，懂了不少。

阅读是一项认识活动，是对客观事物的一种间接性的认识活动。没有这种认识活动，人的知识只能局限于各自的生活实践范围和口耳相授的低级阶段。

写作也是一种认识活动。没有对社会生活深刻入微的认识，要写出一篇有情有趣、有理有据的文章是不可能的。

想到这些我明白了：

阅读课上要利用课文所叙述的事物引导学生认识这些事物发生发展过程，并从这些过程中寻找事物产生和发展的规律，这可能就认识了这一事物的根本，这就形成了认识能力。于是我在阅读课上加强了这方面的培养。例如《惊弓之鸟》一课中，更羸回答魏王的一段话说：这只鸟飞得慢，叫得惨。飞得慢是因为受过箭伤，叫得惨是因为孤单失群。它听到弦响心里害怕，就拼命高飞，一用力就撕裂了伤口。它就掉了下来。这段第一个句号前是"观察";第二个句号前是"判断";第三个句号前是"推理";最后一句是"结论"。这是一个比较简单,但比较完整的认识过程。引导学生理解、把握了这一过程,他们就会有意无意地去观察、判断、推理周边的事物,久而久之就在一定程度上提高了认识能力。如讲《军神》引导学生认真阅读"做手术"一段,就会提炼出"拒绝麻醉""抓破床单""暗数刀数"三个词语,从而认识为什么称呼刘伯承为"军神"。再如《草船借箭》分析诸葛亮取得胜利的原因(课文中有很多可以认识因果关系的句段)。《桂林山水》桂林的水,静、清、绿三个特点中,哪一个是主要特点?(桂林的山也同样)认识一个事物诸多矛盾中的主要矛盾,也能涉及一件事情发生的主要原因是什么。我还经常给学生布置一些小作文。如:我养的花儿枯萎了、我感冒了、我的××丢了、我爱××、我受到了批评(表扬)、妈妈不让爸爸抽烟、我们的小区、大街上的一件事等,让他们把对事件的认识写出来。

# 第五部 地方记趣

1 家乡有山可赐儿，有水则为水母宫

塞北张家口，有山四围，有河纵贯，有粮莜麦，有矿铁、煤。千年边卫，百年商埠，一时省会，一世家乡。由荒到盛，由盛转衰，衰之未败，败又复原，是一个经折腾、会翻身的"打不死的小强"。

这恰好跟我的性格有些相像。小时捣蛋，少时调皮，中年奔跑，晚年多病。学武半途，执文至老，遇良则敬，遇佞则攻，是一个倔强的好人，善良滚刀肉。

张家口也有几处可看一下的地方，不管其有无名气，但与我是血肉相连。西山不高却得名"赐儿山"。我还记得，每年农历四月八日是赐儿山庙会。是日，络绎不绝的善男信女，迤逦而来，揣着抱回个儿子的愿望，到"娘娘殿"里捐几个钱，用红绳儿拴一个"替身"回家，就安心地等待过年喜来了。其实那"替身"只是一个泥偶，不过让人寄

张家口赐儿山上云泉寺

托一番希望罢了。赐儿山半腰有一座释道两容的"云泉寺"。它建于明洪武二十六年(1393),已有600余年历史。之所以叫"云泉寺",是取"白云深处有清泉"之意。云泉寺上部为道,下部为佛。寺内有子孙娘娘殿(即拴"替身"之处)。云泉寺的山水景观有些让人惊叹之处。

寺院中部,有古柳二株盘抱而生,高12—13米,粗30—40围,相传为明代所栽,奇怪的是向东横卧的一株主干中空,腹内长出一株松树,柳丝袅娜,松枝苍劲,形伴影随,相映成趣。尤为奇观的是寺的西崖下,排列三个古洞,仅距咫尺,景观迥异。右为"水洞",洞口刻有"劈开双玉峡,云山一碧泉",雅称"喷玉",洞中泉水清清,数九寒冬也不结冰。左为"冰洞",洞口楹联曰:"灵液供丹灶,清心照玉壶。"洞内四季结冰,晶莹剔透,即使炎炎夏日也不溶

赐儿山崖壁下的冰洞、风洞和水洞

化。中间是"风洞",一年四季寒风凛冽,有物置于洞口,即被冷风吸入。云泉寺整体依山而建,亭台楼阁,参差错落,给人一种神奇缥缈之感。云泉寺是省级重点文物保护单位。

　　我最熟悉的是张家口西郊两三公里外的"水母宫",因其宫内贡有"水母娘娘"而得名,建于1782年。其四周榆柳环合,松青柏翠,草木繁茂,因此也称为森林公园。水母宫依山就势,碧瓦朱门,宫前为青砖牌坊,宫两侧有大型壁画《出入回宫图》。附近卧云山,有一股喷涌清泉,水流清澈甘美,终年不涸。此泉水为含锶与偏硅酸的优质矿泉水,长期饮用,对身体极为有益。张家口历来为中原与北方少数民族贸易互市的重要场所,"张库大道"(直通今蒙古国首都乌兰巴托)就是贸易运销路线,是继我国古代"丝绸之路"的另一重要商道。张库大道的繁荣,使张家口成为我国最大的毛皮集散地,因而被称为"皮都"。大量的毛皮在张家口加工鞣制,必须有充足的优质水,于是人们发现了水母宫的这股泉水。经这泉水浸泡、洗鞣的毛皮,皮板柔软,毛色铮亮。

我不关心什么"皮都",我只把水母宫当作我的游泳"练习宫"。初中时中午在学校吃完饭,我就纠集三两好友跑向水母宫。宫内有毗邻的两个水池,一圆一方。圆池直径大约有20米,池里水草丰美宜于养鱼,池上搭有曲折木桥,供人观鱼。方池长宽大约50×25米,西浅东深。我们就在此处游泳。把裤子脱下来,扎紧两个裤腿口,裤腰向下扣入水中,裤腿充气,就是"救生圈"(当时我们穿的都是旧式的敞腰裤)。时间差不多了,赶紧穿上水淋淋的裤子往学校跑,跑到了,裤子也干了。我在初中三年常去踢球和游泳,为进入体育学校奠定了基础。其实我跑得也挺快,16岁初中毕业时的百米速度已达12秒1。比博尔特的9秒58只慢了2秒多一点,一眨眼的工夫。哈哈!

2 西昌讲课看火箭发射

因为时间久远，记不清确切的日子了，大概是2000年，我突然接到一个邀请函，是西昌市一个学校发来的。我当时连西昌市这个名称都不太清楚，很奇怪他们怎么得到我的地址的。于是我查阅了地图，才知道西昌市是四川省凉山彝族自治州首府，而且与我国一个卫星发射中心距离很接近。

地处偏远，怎么去？我按照邀请函上的电话号码打过去，是该校校长接的电话。校长客气地表扬了我好几句，接着说："我和老师们久仰您的大名，想请您来我校传经送宝。"我赶紧截住校长的话说："我没有去过西昌，不知道怎么去，乘什么交通工具。"校长说："您先到成都，然后再从成都坐飞机直接到西昌青山机场，我们会派车去接您。"这下我放心了，虽然偏远一点但路不难走。于是我们商定了具体日程和讲课等事宜。

给边远地区的孩子们讲什么课，我再三考虑。最后我想到，发射中心就在附近，中心工作人员的子女有可能就在西昌市就学。他们都是跟着父母，来到这里支援祖国建设发展的。对！讲一篇旧课文——《白杨》。用《白杨》中孩子们跟着父母支援新疆的故事，鼓励孩子们努力学习，继承父母的事业。我把这个想法告诉了校长。校长很意外，也非常高兴。他说："我们学校接纳发射中心工作人员的子弟最多了，他们一定也会很高兴。"讲课的内容就这样确定下来了。没想到校长把我这个决定也告诉了发射中心管教育的领导。于是又发生了"连锁反应"——待后再叙。

记得是个晴朗的上午，我首先飞到成都，然后换机去西昌。下飞机后，接机的学校领导也来了，我才当面见到这是位和蔼可亲的中年男人。

《白杨》讲了两课时，我讲得很用心，学生们学得也很开心，效果不错，校领导和老师们也很满意。讲课的最后板书如下：

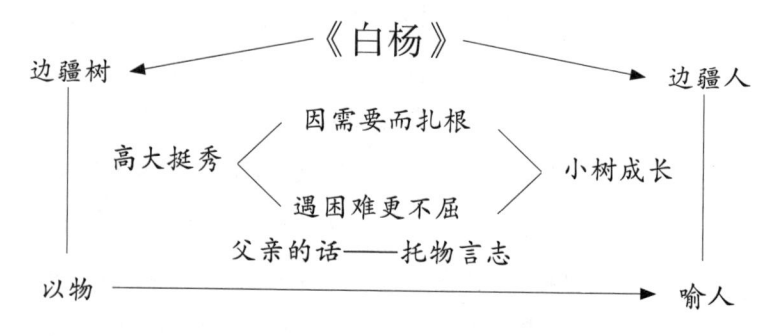

```
              《白杨》
边疆树 ←                  → 边疆人
         因需要而扎根
    高大挺秀            小树成长
         遇困难更不屈
         父亲的话——托物言志
以物 ─────────────────────→ 喻人
```

回到校长办公室，跟来了一位干部模样的人，经介绍，原来是发射中心负责教育的那个人。他紧紧握着我的手，激动地说:"谢谢您!真好。您上的不仅是语文课,更是对孩子们的人生课,是对我们中心所有工作人员的肯定和支持!"哈!这个评价太高了,其实,我只是坚持我的讲课习惯——把课尽可能讲到奶奶家。

校长让我在西昌多住两天,我问为什么,校长笑而不答,只说是有好事。我也只好丢下好奇心,借机会又给孩子们讲了一课《草船借箭》,带他们去了一趟"三国"。

第三天早晨,校长笑眯眯地来告诉我:"今天发射中心有发射任务,特邀请您去参观,咱们走吧!"我听了当然非常高兴,普通人一生能有几次看发射?于是马上跟校长上了汽车。汽车前挡风上贴了一张16开大的纸,上面印着"特许通行证"几个醒目的大字,还盖着发射中心的印章。行车一路无阻挡。每到哨卡,检查人员一晃红旗就过去了。因而60多公里的路程,不到半个小时就到了。我们依照指挥来到一座小山顶上。这里有一片30多平方米的平台,上面摆了几把木椅,旁边有两三人监守。我和校长坐在椅子上静心等待。我想吸支烟,又怕不允许,就拿着烟盒向一位监守示意,监守和气地点了点头。这是许可令吗?校长说:"抽吧,可以的。"我拿烟向校长送了送,校长说:"不会。"我才点着烟吞云吐雾起来。

时间到了,三四公里外,发射架上已经装好了火箭。雪白的箭身在阳光下闪闪发光。不一会儿,轰轰的声音传来,火箭下方喷出了熊熊的火焰,向地面冲去,巨大的隆隆声震耳欲聋。声音越来越大,让人有点受不了。火箭动了,升起来了,一下子冲向蓝天。声音更大了,校长捂住了耳朵。我喊着告诉他:"张大嘴!张大嘴!"可能听不清,校长无动于衷。我用手捅了捅他,一边向他张大嘴,校长才照做了。火箭已经飞远了,但耳边仍然隆隆不绝,脑子里也嗡嗡地回响着。太震撼了!这时我才明白,怪不得参观台离发射台这么远。

这是一次奇特的、难以重复的经历。其中有偶然,有机遇,有幸运,可能与我的做事风格也有一定关系吧?

3 中国著名石窟：龙门、云冈、大足、麦积山

　　石窟是古代石刻、雕塑造像的伟大宝库。题目中提到的石窟，按顺序分别在河南洛阳、山西大同、重庆大足和甘肃天水。四个石窟我都去过，同样的震撼，同样的诧异，同样的惊奇，同样的遐想，却又有千差万别的不同感受。这就是中国雕塑艺术的伟大、神秘、精彩、雅致之处。它傲立于世界美术史的顶峰。

洛阳龙门石窟卢舍那大佛

龙门石窟，是世界上造像最多、规模最大的石刻艺术宝库，被联合国教科文组织评为"中国石刻艺术的最高峰"，位居中国各大石窟之首，是世界文化遗产、全国重点文物保护单位、国家5A级旅游景区。传说龙门由大禹在治水中开凿。其石窟始凿于北魏孝文帝年间，历经10多个朝代，陆续营造长达1400余年。现存洞窟像龛2345个，造像11万余尊。其中艺术成就最高的是武则天根据自己的容貌雕刻的卢舍那大佛。所以我每次去瞻仰，这里都是人群汇聚最多的地方。卢舍那大佛通高17.14米，头高4米，耳长1.9米，举目凝望大佛，让我惊叹不已。大佛身披纱衣，从右肩绕至左肩，舒缓的衣褶飘逸而浩荡。看似流水，却尽显躯体的健美，让我们看到了所雕人物旺盛的生命力，也看到雕刻者高超的艺术表现力。更深层次的艺术造诣我没有能力欣赏，评价更不敢置一言，只觉得在这雄浑壮丽的雕塑面前自己是多么渺小。

大同云冈石窟大佛下留一个纪念

云冈石窟，也是依山开凿，东西绵延一千米。现存主要洞窟45个，大小造像59000余尊，附属洞窟209个，雕刻面积达18000

余平方米。造像最高 17 米，接近 6 层楼，最小为 2 厘米，不及一个指节。真正宏伟与精致的并存，古人思维与表现力的精彩表达！

云冈石窟有 1500 年的历史，是佛教东传中国后，第一次由一个民族用一个朝代雕作而成的皇家风范的佛教艺术宝库。它是首批国家重点文物保护单位，也是世界文化遗产，国家首批 5A 级旅游景区。

重庆大足彩色石刻是独一无二的

我个人觉得云冈石窟的雕刻艺术，偏重表达粗犷与精细的艺术风格，而不是龙门石窟所展现的雄伟与柔美。我是外行，没有理论根据，只是一种主观感受。因为在龙门，我的感觉是震惊与欣赏，而在龙冈却是惊诧与敬畏。

大足石刻摩崖造像达五万多尊。它以题材广泛、内容丰富、技艺精湛而著称。大足石刻在重庆市大足区，距重庆市中心 130 公里。全县有石刻 40 余处。以宝顶山、北山的规模最大、刻像最集中、造型最精美，是唐宋时期石刻艺术的代表作，同时，也是中国晚期石窟艺术的优秀代表作品。

我感觉大足石刻的特点是：彩色斑斓绚丽、题材广泛丰富、造型多种多样、技艺精湛细腻。看看吧：巨大的卧佛，集群的人物；一排排、一丛丛、一层层的塑像，没有穷尽；

独立的、稳坐的；有伟男、有俊女、有佛尊、有武者、有官吏、有平民……看得我目不暇接、眼花缭乱。这种设计与其他三窟的明显区别是，脱出了单纯的神灵境界，融入了世俗生活。我猜测这可能是受到了渝蜀地区淳朴民风的影响吧？

麦积山石窟在甘肃天水不远处，参观这里时，天水实验小学的妥金录先生做了我的导游和讲解员。

石窟建造在一座独立山上，山形像农家的麦垛，所以命名"麦积山"。层层石窟布满整个山体。石窟之间有多层纵横交错、旁逸斜出的栈道连通。我们顺着栈道盘旋而上，每个石窟内都有各种造型、各种姿态、各种表情的塑像。合十端坐的，微笑俏立的，仰望苍天的，操练功夫的，遮面偷笑的，怒目圆睁的，三人对视的，众人交谈的……层层叠叠、大大小小，一天半晌根本看不完。而且还有"万佛洞""千佛塔"。更要指出的是，麦积山石窟的塑像中还有女性。第44号石窟塑造了一位集佛性之慈、人性之善、母性之美于一身的伟大女性形象。不仅是西魏泥塑佛像艺术的巅峰，也是北朝石窟中的至尊之作。她身着长衣，

天水麦积山像个麦垛，
石窟纵横交错，有栈道相通

自然下垂，线条流畅自然，层次丰富分明。塑像面形方圆适中，眉宇间透漏出睿智深沉的灵气。鼻梁高而修直，与额头相连，尤其是唇边那神秘的微笑，和蔼可亲，无牵无挂，端庄典雅，令人见之忘俗，被人称为"东方微笑"。

中国的文化艺术，几千年前就已经这样繁荣昌盛，是每一个中国人的骄傲。我们当教师的一定要引导学生努力传承下去。我真情希望，国家能给广大教师，提供一些参观游览名胜古迹的机会，让教师丰富、充实自己。这样就会使老师们，胸中有丘壑，腹中有乾坤，心中才有底气。

4 喀纳斯湖与中国魔鬼城

喀纳斯湖,是国家5A旅游景区,中国最美湖泊。还有一连串光荣称号,我记不住了。这里雪峰耸峙,绿坡墨林,湖光山色美不胜收,被誉为"人间仙境、神的花园"。

"喀纳斯"意为"美丽而神秘的湖",位于新疆极北部。湖水来自冰川融水和当地降水,是座高山湖泊、内陆淡水湖。

喀纳斯湖景区有高山、河流、森林、湖泊、草原等自然景观,成吉思汗点将台、古代岩画等人文景观,与蒙古族独特的民俗风情融为一体。有驼颈湾、变色湖、卧龙湾、观鱼台等主要景点,具有极高的旅游观光、自然保护、科学考察和历史文化价值。喀纳斯湖呈狭窄的长条形,水色常因时间、角度的变化,或碧绿、或湛蓝、或乳白,变幻莫测,素有"变色湖"之誉。这里有几大奇观,一是千米枯木长堤,是因湖中浮木被强劲谷风吹着逆水

喀纳斯湖狭长碧绿，两岸青山绿树

上漂，在湖上游堆聚而成；二是湖中巨型"水怪"，据说常常将在湖边饮水的马匹拖入水中，给喀纳斯湖平添了几分神秘色彩，也有人认为是当地特产的一种大红鱼（哲罗鲑）在作怪；三是雨过天晴时才有的奇景——喀纳斯云海佛光。

蒙古族图瓦人聚居此地，以木屋为显著标志的小村庄和周围的森林草原和谐地融为一体。淳朴、浓郁、独特而完整的民俗风情和恬静幽雅的人居环境令人流连忘返。

俗语有云"智者乐水，仁者乐山"，看来这里的游客都是"既仁又智"的人了。但是旅游的每个人，享受的却是自己的主观感受。喀纳斯湖这么大，占地又狭长，各种风光谁能一眼尽览。上面我介绍的都是游览图上写的，都是宏观的描述，而每个游人却只能有自己目所能及的微观感受。我不仁也不智，所以认为在喀纳斯湖看水，看不到西湖的辽阔荡漾，看不到壶口瀑布的肆意奔腾；在这里看山，看不到桂林山的拔地而起，看不到草原上勾勒的中国画。走在喀纳斯湖边，极目四望，到处都一样，很容易产生审美疲劳，这就是我独特的自我感受，看来我真的是不仁不智了。

但是换一个角度讲，要说舒服惬意，喀纳斯湖确实是极尽之美。炎炎夏日浑身舒爽，没有一丝汗臭；尤其是晚上，天下静谧，小木屋内，没有一只蚊虫，闭眼一觉见天光。在家中、在五星宾馆有这种享受吗？呼吸的每一口空气，都让人神清气爽，脑中净明。京津沪深有这种深入细胞的愉悦吗？我这种感受，不知是仁还是智？

离开喀纳斯往南不远，就是名称吓人的"中国魔鬼城"。"魔鬼城"这个名称我估计是个"舶来品"，因为"魔鬼"这个词也是舶来品。魔鬼城可远观而不可亵玩。远观，你会赞叹它的壮观、雄伟、感叹大自然的鬼斧神工，深入其中，你会感觉到它非凡的恐怖。四周被众多奇形怪状的土丘所包围，高的有四层楼般高，土丘直壁陡立，从断面上可以清楚地看出地壳沉积的痕迹。脚下全都是干裂的黄土，寸草不生，四周一片死寂。如果大风一起，会与陡壁摩擦出鬼哭狼嚎般尖厉的呼啸。如果只身一人来这里，便不会相信眼前看到的一

中国魔鬼城，城内土山狰狞，奇形怪状，风起似鬼哭狼嚎

切都是真的。即使不刮大风的夜里，也会让人因为害怕而战栗。在起伏的山坡地上，布满着血红、湛蓝、洁白、橙黄的各色石子，宛如魔女遗珠，更增添了几许神秘色彩。如果您胆子很大，建议您白天不必"到此一游"。白天风不多，您看到的只是静态的嶙峋巨丘，"魔"不会出现，"鬼"也不会光临。

其实我想，看任何风景，一定要让自己的想象力飞扬起来。不然，您看到的只能是原原本本的客观景象。如果您能放飞想象，那您不管是下溶洞、上冰川、入森林、穿竹海、走三峡、漂大海、进庙宇、出峡关，哪怕是看画展、赏牡丹、观世事、瞧稀罕，想象力都使您"看"到更加奇特、更加灿烂、更加美好、更加让您难以忘怀和留恋的美景。

5 克拉玛依的西瓜

飞机在乌鲁木齐机场降落，接我们去克拉玛依讲课的老师们已等在机场降落厅的门口。互道寒暄后，我们一行三人被簇拥着分别登上了他们开来的两辆汽车。因为还有五六个小时的车程，所以行动很快速。

汽车刚刚开出机场，克拉玛依的老师就在两腿上铺上一块厚厚的塑料布，开始切西瓜。他们取瓜不挑不拣，拿起一个就切。不愧新疆瓜果名声在外，果然，皮薄籽少不用咬，满口酥香满口甜。一个西瓜四个人，四个肚子已撑圆。

从乌鲁木齐一直往西开，往西开，一个多小时路过石河子，再往西开一个多小时到奎屯。奎屯好像是中转站，因为过了奎屯就要右转向北开。克拉玛依的老师让大家都下车休息一下。找了个树荫坐下来，又是切瓜吃瓜。由于有西瓜，车上根本没有准备水，多亏我没有糖尿病！

这么多瓜放到哪里都藏不住

吃了西瓜又上车,这回我说什么也不吃西瓜了。克拉玛依的老师才把瓜刀收起来。一个多小时后,终于抵达了克拉玛依。克拉玛依是个很漂亮的新城市,街两边有不少崭新的楼房。到处飘着同一首歌的声音:"当年我赶着马群经过这里……我向别处走去!"汽车开进一个院子,好像是一个市政招待所。下车进屋,首先看到的是床底下又是西瓜,堆挤了十几个。我吓了一跳,怀疑地问:"是不是每天不给吃饭,只让吃瓜?"克拉玛依的老师哈哈大笑:"放心吧,又吃饭又吃瓜,想吃什么吃什么。"

终于开饭了,请我们吃的是新疆风味的手抓饭。手抓饭还真的要用手抓。一只硕大的铁锅里,有米、有枣、有葡萄干、有胡萝卜,更重要的是,有比男人拳头还大的,一块块带骨羊肉。满锅色泽金黄透亮,谷米粒粒分明,筋道耐嚼,羊肉香而不腻,再配搭上小菜,清新脆爽,耐人回味。我回味最久的不是美味,而是吃手抓饭的过程和感觉。羊肉块头那么大,筷子、勺子、叉子全无用,只能用手抓。餐厅的服务员特地给我们"内地人"提供了薄膜手套,连肉带饭抓起来,先得吃掉零星的米饭和其他辅料，再大口撕咬带骨的羊肉，吃得嘴边全是油。同行的两位北京女老师，看着大块的羊肉，可能有点无法下口的感觉，服务员赶忙戴上手套帮着把肉撕下来。吃够了，还有餐厅自制的冰酸奶，比其他地方卖的酸奶浓厚很多，入口冰凉，全身舒爽！回到房间，克拉玛依的老师已经切好了一桌子西瓜。我实在是撑得吃不下了，只好反复告饶。

当时，克拉玛依是开发不久的石油城。新地、新城、新建筑，连人也一多半都是新来的，整个城市朝气蓬勃。讲课后，克拉玛依的老师带我们四处走走。走不多远，视界内到处耸立着涂着黄色油漆的抽油机，机头像鞠躬一样，不断从大地中的油井里，抽出源源不断的工业血液。

新疆是美丽富饶的，新疆人更是淳朴善良、友好热情的。我到过新疆无数次，每一次都有不同的感受，但无一不是美好的。

6 新疆喀什香妃墓

喀什是南疆最重要的城市，也是维吾尔族人民聚居的城市，去一次喀什，过去须从北京先飞到乌鲁木齐，然后再换乘飞机去喀什，只坐飞机就用去了6个多小时，就不说乘机前后的手续及等待的时间了。现在好多了，喀什在许多地方有了直达航班。

我去过喀什至少有4次，对喀什还算熟悉，在喀什也有不少朋友和徒弟。喀什是个美丽的城市，有许多著名的名胜古迹，香妃墓就是其中之一。香妃墓坐落在喀什市东郊5公里，是自治区的重点文物保护单位，距今已有350年。

香妃墓外观雄伟庄重，洁白无瑕。四围转角处各有一座柱形高塔围拱。建筑顶上正中，有巨大的穹顶笼盖，庄严肃穆。正门高耸宽阔，大气凛然。走进大厅，对面建一宽大的高台，高台上陈列有不少棺椁，各用锦

香妃众说纷纭，香妃墓真的雄伟漂亮

缎覆盖。据说这里有一个家族历代的七十多位逝者（但眼观之下没有如此数量，也许另有安置）。置有标志的香妃棺椁在高台之左侧后排。因禁止登上高台无法近观。

关于香妃的故事，人们多从电视剧中得知。实际上乾隆皇帝的后宫嫔妃多达四十几个，其中确有一位少数民族姑娘叫作和卓·伊帕尔罕，也就是传说中的"香妃"。其实她身上是否真的散发着香气是无从考证的。不过皇帝只有这一位维吾尔族的妃子倒是真的。

可是奇怪的是，文人们在她去世一百多年之后，突然开始杜撰多种有关她的传闻。这位妃子常常出现在文学作品之中，因为无法考证传言的真假，就有很多关于她的民间传说，不同的版本之间的差异也越来越大。

不管怎样，参观香妃墓还是非常值得的。既能了解历史上的一个似真实，又似不可思议的故事，又实实在在地领略了维吾尔族的文化传承特色。同时也领略了维吾尔族人民在建筑工艺设计方面的聪明才智，和他们在实践上的不朽功绩。

另外，香妃墓周围形成了一座大院。经介绍，院内修建了门楼、小礼拜寺、大礼拜寺、教经堂等建筑，建筑恢宏漂亮。满园绿色瓷砖、圆拱门窗的房屋非常特别。香妃墓的主墓室是景区内的重点建筑，也是新疆较大的穹顶式建筑，穹顶旁还有漂亮的邦克楼。四楼一拱，搭配上铁柱高擎的五弯新月，造型和谐，使整个建筑物显得格外庄严峻拔。四周墙壁从上到下全都用深绿色琉璃砖贴面，上面绘有彩色图饰等。这些琉璃砖是300多年以前烧制的，时至今日依然光洁精美，是珍贵的文物级遗留。

参观了整个香妃园，我总觉得不虚此行。因为在其他任何地方，都难以欣赏到如此特殊、如此完美无瑕的、特点鲜明的建筑群。

7 喀什大巴扎，想买不着东西都难

喀什是中国最西部的边陲城市，是维吾尔族人民的聚居地，是民族风情展示最充分、最精彩的地方。"喀什"是突厥语"玉石"的意思，可见维吾尔族人多么喜爱这座城市。

喀什有一个维吾尔族风格的建筑群，那就是"高台民居"。高台民居现有居民六百多户，两千五百多人，全都是维吾尔族人。高台民居地势崎岖，人口密集，小巷很多，纵横交错、四通八达。巷内还有很多百年前的老宅，有的还是两三层简易楼房，楼梯多半没有设置护栏。这里的维吾尔族居民对来访客人非常热情，而且都很注重礼貌，见面时会热情问候，而且让我们盘腿坐在华美的地毯上，面前摆放着瓜果、烤南瓜、琼琼饭，最不缺的就是馕。在小巷内遇到维吾尔族居民我们都要说一声"亚克西"！

喀什最让我惊奇、感兴趣的是那绝不同

银器、装饰品、绸缎布、各种乐器……无所不有

于任何地方的，别具特色和民族风情的商场——"大巴扎"。喀什大巴扎位于喀什市东门，是我国西北地区很有名气的国际贸易市场。喀什是古丝绸之路上的历史文化名城，也是商品集散地，当年由西安出发的商旅，无论走天山南路抑或走天山北路，均在此地汇合。因此，这里的大巴扎迄今已有两千多年的历史。

我去过喀什四次，去大巴扎看看、逛逛、买买、吃吃倒不下十几次，实在是太有诱惑力了，无论是对女人，还是对男人；无论是对年轻人，还是对小孩和老人。为什么？因为这里特殊的环境、特殊的商业氛围和特殊的交易方式，尤其是丰富、多彩、只要你想买就不可能没有的货品。丝绸的，毛纺的，重棉的，轻纱的；木制的，玻璃的，铜制的，锡制的；身上穿的，头上戴的，脚上踩的，床上铺的，厅里挂的，家里用的；小孩子喜欢的，女人们钟爱的，男人们窃喜的，老人们离不开的。还要特别说一下的是乐器，我知道的就有都它尔（冬布拉）、热瓦甫、坦布尔、艾杰克、胡西塔尔。只要你想买的，就一定会买到，即使当下没货了，明天来，保证你挑来选去看花了眼！

我第一次来时，有经验的老师和朋友，让我代买一些头巾、披肩，还有一些稀罕的小东西随便带点。我也"不负众望""不辞劳苦"，带回来不少1.5米见方的不同质地、不同颜色的大头巾，还有1.5米长、40厘米宽的长围巾，还有我随便挑选的年轻人喜欢的小玩具、小雕刻、小瓷器、小乐器，还有很出名的英吉沙小刀具，我自己还买了一把胡西塔尔（不会演奏只为玩），等等。背回威海后，差点"累成狗"！家人们、邻居们、老师们、朋友们倒是不管我像不像狗，不一会儿工夫就疯抢了。声言下次再去还要买。果然，后来几次，我又当了几次"累死的狗"。

你若有空闲，不想到新疆喀什看看、玩玩吗？随着国家西部开发和战略布局的需要，喀什的城市地位肯定还要提高。

8 天山脊上羊肉串

新疆的天山名满天下，我觉得它是新疆的中脊，因为它横亘新疆大地1700多公里。天山以北是北疆，以南则是南疆。天山是世界上最大的，独立的横向山脉，也是世界上距离海洋最远的山脉。但是我觉得天山并不缺水。高峰顶上是皑皑的冰雪，还有烟波浩渺的天池，天池偎依在五千多米的博格达峰脚下，山上又是终年不化的冰雪。

登山路上，不时会看见穿着民族服装的人们摆卖着各种小食品、小玩意的小摊子，有的很漂亮，价格也不贵。我曾在小摊上买过一对雕刻了英雄人物头像的大羊角，长有30多厘米，立着放起来真有点威武雄壮。我还买过一对骨刻的小羊头，体积都不大，小巧玲珑，刻工很精致。两个羊头主体大致相似，方额尖颊，但两个羊头的角却完全不一样。一只羊的角从额头向左右伸展，共达七八厘米，超过了羊头的总长度；另一只羊的角是从额头两边稍向拱了一点，然后大回环向下，角尖儿一直达到羊嘴两边，像羊头上弯下来两个半圆形的巨大装饰。

我知道我写得有点啰唆了。因为我十分欣赏雕刻者的想象力和夸张手法。两个体积不如火柴盒大小的作品，他费了多少心思，做成这么充满艺术感的，惹人喜爱的作品。其实每个羊头才收五元钱，完全与他的艺术贡献不相称。因此我想这位雕刻者不是为了赚钱，而纯粹是一个艺术家的心灵表达。我觉得他很神圣，因此写了这么多。

上山路上更多的是卖羊肉串的小摊子。设备很简单，一个长条形的铁槽子，里面燃着木炭，卖者手里拿着装好的肉串放在炭火上方翻动炙烤。一阵阵肉香传来，我和同伴走上

尝一尝，味道真的不太一样

前，没有问价直接每人买了不少串。我只买了五串，因为不喜欢吃烧烤的食品，特别是肉类。这是因为在天山上，有一种新鲜感和莫名其妙的超越感才买了五串，吃起来确实滑嫩可口，味道不错。也不用担心卫生问题，现场经了火，马上入了口。

我把我们互拍大嚼羊肉串的照片，发给内地的朋友，他们个个大呼羡慕。是啊，吃羊肉串没什么可羡慕的，但这是西北边陲大新疆的天山上啊！老实说，我们当小学教师的，成天钻在教室里，有多少人能得到这样的机会！有人说："读万卷书，不如行万里路。"这话有道理。我要是去给孩子们讲天山，总要比没见过天山的老师讲得生动、真切。所以老师们有时讲课令人不满意，请不要单纯地责怪老师！

9 在汝州与武则天"同池"沐浴

要说汝州必须先说张相文,因为没有张相文,我就去不了汝州,也见不到那么多有趣的奇奇怪怪的东西。

张相文本是河南洛阳的一位小学优秀语文教师。20世纪70年代末,我第一次去洛阳讲课就遇见了他。高高的个子,白净的面容,"笑面虎"的脸。他原是底学峰老先生的爱徒,后来我也成了他的师父。我去洛阳,底先生必会流着泪,请我吃他一只心爱的信鸽,操刀手就是张相文。后来他当了校长,这校长兜兜转转,一路当到了汝州,所以我又被他劫持到汝州。在他当校长的学校讲完课,他就开始驾车带着我们夫妇,到处游玩。

先是去看汝瓷展览。好大的展厅摆满了工艺、造型、体量、颜色、用途各不相同的瓷器,看得人眼花缭乱。汝窑制造的汝瓷是宋代五大名瓷之首,号称"瓷魁"。对于瓷

汝州怪坡、后面是倒装的古式楼，一个真一个假

器我是一窍不通，张相文给我讲得口干舌燥，更把我弄到了云里雾中，他只好选了几样瓷器打发了我。当了半天"瓷盲"，得到几件"瓷魁"，倒也不算吃亏！

然后我们来到了汝州怪坡景区。我租了一辆自行车，试图从怪坡顶上滑下去。但不出所料，车子纹丝不动，似乎还要"往上退"；但从坡下往上骑，却根本不用做任何动作，车子就迫不及待地"往上跑"。老伴不服气也想试一试，结果也不出所料。因为她硬要和怪坡较劲，用力把车把横过来，不让它往下滑，结果摔倒了，差一点连她自己也滑到了坡底。她揉着屁股站起来，对着我们傻笑，张相文也放下"假正经"一起傻笑。

这里不仅有怪坡，还有"怪建筑"。一座宽约20多米、高15米多的古式三层楼，"倒装"在怪坡顶不远处。这倒装的楼房上宽下窄。最上层阔开五间,最下层虽仍有五间,但间面宽度已不足顶层的五分之三。每层都是红柱红瓦,但两边的飞檐却向下张扬。楼两边有人造的水泥"巨石"层层护持,一看就知道这个"景观"是人工特意制造的。虽然一眼就能看破,但也难为了设计人员,为了让游客"惊诧"一下,取个"一下子没有想到"的意外效果,也算苦心孤诣,一片好心了。

附近还有一棵"怪树"。远看没有什么特别之处,走近细察才发现是一棵体量不算太大的槐树,但令人惊奇的是,树上开放的槐花却是红色的。槐树是生长范围广阔的树种,几乎在全国各地都可见到,但我之前见到的一律是绿色羽状复叶,白色带香气的小花儿。但在这没有多大名声的小景区,

细看,广告牌、门楣上大书"武后池"

却让人大大地来了个"出乎意料"的叹息:"真是第一次开了眼!"

走马灯似的辗转了多半天,肚子空了,力气也所剩不多了。相文说:"咱们去泡一会儿温泉,解解乏再吃饭。"这个提议当然人人没意见。

于是我们去了一家门楣上庄重地写着"武后池"三个古隶大字的温泉浴池。唉!旅游就是这样,明知到处都是真真假假、以假乱真的现象,但来这样的"景点"的游人,还是让景点应接不暇,"情甘心不愿"地赞助老板发家致富——这样的游人包括当下的我们。"武后池"是假的,但温泉水却是真的。温泉水滑软柔嫩,水不留身。洗起来确实比自来水、井水舒服惬意。这也许是一种心理暗示,作用于人的感官,产生的感觉效应吧。不管怎么样,身体的疲劳已经是一干二净了。后面的吃饭就不献丑了。

10 从大兴安岭到陈巴尔虎旗

大概是20世纪90年代初期，内蒙古、河北、山东、河南等的教研室，共同组办了一次"黄河流域"的教研会。会址定在内蒙古自治区极北地方的牙克石市。我被邀请到会上讲讲课。

我还是第一次来到牙克石。这里街道整齐干净，不喧嚣，不拥挤，而且是一个多民族聚居区，据说有汉、蒙、回、满、朝鲜、达斡尔、俄罗斯、白、黎、锡伯、维吾尔、壮、鄂温克、鄂伦春等民族，可以想见，这里的人文生活一定丰富多彩。更令人欣喜的是，在内蒙古自治区教研主任丁培忠先生的指导下，教研工作搞得风生水起。我想，这里还真是研究学问的一个好地方。丁培忠先生是我的好朋友，多次邀我到呼和浩特、包头、赤峰等市和一些盟去讲课。在这里开会又能见到不少老朋友，所以我很高兴，也很期待。

代表们在牙克石宾馆前合影,可能一辈子就这么一次了,所以我珍惜

会议顺利结束后,大家来到了近在咫尺的大兴安岭。放眼四望,满山满野都是郁郁葱葱的森林。老师们大多没到过大兴安岭,呼吸着带点儿松脂味的清新的空气,欣赏着一望无际的白云、蓝天、绿岭、绿地,大家不约而同地背诵起老舍先生的名句:"横着的,顺着的,高点儿的,矮点儿的,长点儿的,短点儿的……""目之所及,哪里都是绿的……深的,浅的,明的,暗的,绿得难以形容。"老舍先生一个"优美词语"也没用,就这么淳朴优雅、深入浅出,这么从从容容地赞颂了大自然的壮美,表达了自己心中对它深切而又柔

大兴安岭去一次不容易，比想象中还美

柔的爱意。

背诵了老舍先生如诗的句子，我们又向往着他笔下的《草原》，想起了陈巴尔虎旗。陈巴尔虎旗是呼伦贝尔市辖下的一个县级行政区域。说走就走，不长时间就来到了陈巴尔虎旗，进入了草原。

站在草原中，我心中不禁有些失望。古人吟诵的《敕勒歌》："天苍苍，野茫茫，风吹草低见牛羊。"哪里去了？一尺多高的草，能"淹没"了牛羊吗？牧场的人向大家解释说：这么多年来草原退化严重，再加上雨量减少，沙化侵蚀，保养不力，就成了这个样子。老师们不禁心中黯然。我悄然跪在草原上让老师们拍照。草原在我的照片中，终于"恢复"了一点"旧貌"，草"长"到了我的腰际。家人们看了一个个非常惊奇。我想这样做算不算欺骗？

叹息一番之后，老师们放下心中惆怅，还是被草原美景吸引了过去。不管怎样，草原毕竟是草原，有它自己的骄傲！那一碧千里的绿，那风吹草荡的景象，那远处在地平线上微

陈巴尔虎旗，在老舍先生笔下更美丽

微起伏的，一抹绿的小山坡，那不在高空飘动，却堆压在苍穹四周边上的白云……都给老师们一种新奇、梦幻的感觉。

我又想起老舍先生描写草原的名句——"那些小丘的线条是那么柔美，就像只用绿色渲染，不用墨线勾勒的中国画那样，到处翠色欲流，轻轻流入云际"。我之前讲《草原》时，有学生提问质疑："草原绿色怎么会'流入云际？'"备课时我也考虑过这个问题，也准备好了答案。我向学生解释说："风吹着草，草儿就弯下去，风一过又直起来，形成了一层层草浪。草浪滚滚一直向天边涌去，所以作者说'流入云际'。"这个答案连听课老师都啧啧称赞。但在真正的草原上，我结合课文仔细观察。终于发现我当初给学生的解释，纯粹是不着边际的主观臆测，是不负责任的失职！老舍

先生的这段话开头就说的是"那些小丘的线条"!这"线条"是整个句子的主语。那后面所说的"就像……","不用……","到

陈巴尔虎旗

处……","轻轻……",一律都运用"承前省略"了主语"线条"两个字。分开读就是:小丘的线条就像只用绿色渲染,小丘的线条不用墨线勾勒,小丘的线条翠色欲流,小丘的线条轻轻流入云际。小丘的线条不是墨线勾勒的,是用绿色渲染的,所以这句话的最终意思,就是绿色流入云际——草原与天际合而为一,天地浑然一体!就如水天相接的地方一样的道理。多么浑大而奇特的描写!被我这失职的老师讲得差了十万八千里。一塌糊涂,简直是无法原谅。

　　说到这里,夏天的草原还真是有一个大缺点,就是蚊子又多又大。刚到陈巴尔虎旗的时候,当地摆摊的小贩都招呼我们买他的芭蕉扇,我想可以遮挡太阳就买了一把。面对一群一群扑来的蚊子,拿芭蕉扇扫过去,啪啦啦响成一片,只能不住地围着头脸不停地扫来扫去,还是免不了被偷袭。这可苦了不买芭蕉扇的老师们,特别是穿着短袖短裤的。读了这篇文章的您,千万严防夏日草原的蚊子!

11 响沙湾，地球的音乐

内蒙古自治区是距离我家乡张家口很近的地方，也是邀请我讲课最早、最多的地方。内蒙古共有地级单位12个（9个市、3个盟）。到现在为止，我已去过11个盟市，只有最西边的阿拉善盟没去过。早在20世纪70年代末，内蒙古伊克昭盟的东胜县（现为鄂尔多斯市东胜区）就请我去讲课。这是我走出河北省的最早一步，自此便开启了多年、多次的内蒙古讲课行，以及全国讲课行。这一"行"，一直"行"了后半生的40年。

在东胜县，我一下子讲了好几课，交了很多热情的朋友，到现在都有密切联系。尤其是当时伊克昭盟的教研主任白玉如先生，甚至也在威海市买了房避暑用。在内蒙古我印象最深的是，不论汉族老师还是蒙古族的老师，都是那么豪爽，那么热情，那么诚挚。吃饭时敬酒是最特别的场景。先是一个一个

响沙湾之一

地敬酒，一只手里端着酒杯高高举过头，唱着敬酒歌（敬酒歌多达好几首，有时还有蒙古族盛装的女老师伴舞）。客人不接酒杯，继续唱，继续舞，直到客人喝了酒。有时敬酒人手里拿个盘子，盘子里至少三杯酒，敬酒人先喝，然后客人喝，直到喝完盘子里的几杯酒。接着是敬酒人轮流与桌上的所有客人挨着个儿，一个一个地喝。这样的敬酒看起来有点"强制性""不近人情"，但是如果客人真的不善饮酒，或根本不会饮酒，敬酒人绝不会不饶不让敬到底。他会自己饮，或是很巧妙地动员其他人代饮，实在没办法，就道个歉，行个礼退去，不会让客人为难尴尬，下不来台。整个宴会从始至终歌声不断，舞影翩跹，洋溢着欢乐、友好的气氛，最后尽欢而去。我一向厌酒，基本滴酒不沾。我又是主客，内蒙古朋友非常宽容。敬我的酒，全是内蒙古朋友抢着代饮了。所以参加这样的宴请，我只有轻松愉快。

讲完课后，内蒙古朋友带我去了附近的毛乌素沙漠。毛

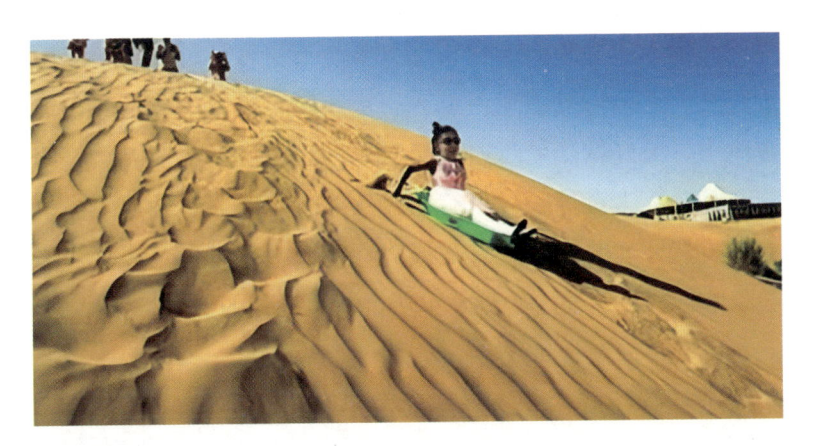

响沙湾之二

乌素沙漠是我国四大沙地之一。沙漠边缘有一处弯曲向内的地方叫"响沙湾"。顾名思义，我想这里的沙漠能发声。我们眼前是一座高高的沙丘。我们穿好长筒的红色布制阻沙靴（防止沙子钻进鞋子里），一步一陷，三步一歇，艰难地往上爬，多亏当时我只有40多岁，总算爬到沙丘顶上，已经是气喘吁吁，臭汗满身。沙丘顶上是一望无际的，一层一层起伏的小沙丘，远看就像大海的波浪，美极了。在沙丘上一匹匹的大骆驼，它们静静地卧着一动不动，眼睛望着远方，好像在回忆曾经的旅程。它们的嘴不停地蠕动着，既像口中咀嚼，又像用力吞咽。我想这是反刍。看完骆驼，内蒙古朋友带我到大沙丘边，就是我刚才登顶的地方，往下看，距离平地恐怕有七八十米高。朋友让我坐下，不要用力，自由地滑下去。我稍许有些胆怯，朋友说："别怕，沙子有阻力，速度快不了。"我们一起滑下去。起初不觉得有什么异样，滑了不到10米，沙子下嗡嗡嗡地有了轻响，越往下滑，响声越大。像群蜂乱舞——像人声沸腾——像马达嘶鸣——像远雷声续——像闷雷震耳——最后竟然成了满天雷声滚滚,震耳欲聋!但在这雷声中,又好像隐藏着西洋交响乐的轻声演奏和中国丝竹的音弦颤动。太奇妙了!只有大自然才有这样的音乐天才,只有大自然才能鸣奏出这么震撼人心的天地之声!响沙湾,不仅是响沙,还蕴藏着响地、响天、响人心扉的力量!

真是不虚此行!

12 邯郸——古赵京都,疯狂产成语

邯郸是国家历史文化名城,有 3100 年的建城史。"邯郸"二字作为地名几千年沿用不改,是中华地名文化的特例。

今天要说的是邯郸在文化上最脍炙人口的贡献——成语!2005 年 10 月 26 日,中国文联和中国民间文艺家协会在河北省邯郸市举行命名颁牌仪式,授予邯郸市"中国成语典故之都"称号。据专家统计,与邯郸有关的成语典故共有 1584 条。

漫步在邯郸的街头巷尾,随处都能见到成语遗迹及绘画、雕塑。如蔺相如"避车巷"、廉颇"负荆请罪"雕塑、学步桥和"邯郸学步"雕塑、"胡服骑射"雕塑等,一时说不尽,请参看文后所附实拍的照片。

现在我们来领略一下邯郸产生的,我们常用的、不常用的,甚至一般不用的成语,提到的也只是"沙里淘金"!

常用的：

脱颖而出	价值连城	纸上谈兵	南辕北辙
下笔成章	不遗余力	乐极生悲	一叶障目
奉公守法	始终不渝	声名狼藉	生灵涂炭
举措失当	取而代之	因势利导	不学无术
路不拾遗	顶天立地	步履蹒跚	推心置腹
志在四方	安然无恙	死有余辜	天经地义
犹豫不决	巧夺天工	言犹在耳	按兵不动
争先恐后	当局者迷	坐享其成	掩耳盗铃
纲举目张	赴汤蹈火	嫁祸于人	荡气回肠

不常用的：

一言九鼎	绝妙好辞	惊弓之鸟	旷日持久
毛遂自荐	三寸之舌	罪不当罚	罚不当罪
奇货可居	因人成事	狗尾续貂	以人为镜
疾风劲草	瓜田李下	孤注一掷	三人成虎
坚壁清野	利令智昏	无功受禄	人人自危
羽毛未丰	以卵击石	舍本逐末	一枕黄粱
欺世盗名	怙恶不悛	鹿死谁手	退避三舍
无出其右	面有菜色	巢毁卵破	市道之交

一般不用的：

河伯娶妇	胡服骑射	围魏救赵	载舟覆舟
春蚓秋蛇	极天际地	刎颈之交	倒履相迎
剖腹藏珠	效颦学步	徙宅忘妻	白云亲舍
唱筹量沙	山鸡舞镜	拒谏饰非	一狐之腋

第五部　地方记趣　395

　　篇幅有限，不能再举例了，举出来，估计大家也没时间看啊！就此别过。

①街头上的蔺相如"避车巷"　②"胡服骑射"雕塑
③"邯郸学步"雕塑　　　　　④"滥竽充数"雕塑

跋

本人自 1959 年从教到 1978 年，教了 19 年体育，喊了 19 年"1—2—1"！因为是本行，干得饶有兴趣，以为这一生就交给体育场了，但是操场半埋在地下的一块石头，撞断了我大脚趾的骨头，最后我又倒在了操场上。

学校正缺数学老师，校长让我教数学。我惭愧地对校长说："我是'数盲'，不会算小学四年级的混合计算题。"校长没好气地问我："你会说中国话吗？"我只好说："会说，但说不好。"校长无奈，扔下一句话："教语文去吧！教不好辞职。"我还能说什么？

初中时迷上了足球，哪里顾得上字词句段篇？上了体校，自然满脑子都是足球。体校也有语文课，我只对《孔雀东南飞》里的"举身赴清池"和"自挂东南枝"两句有了"灵感"。古人自杀——"投水"和"上吊"都说得这么有"有滋有味"！于是开始对文学感了兴趣。小学时本就爱看"闲书"，不过只是看故事。从此，我踢球累了，就到图书馆借书来看。古今中外的书看了不少，确实也滋养了我的文学细胞。有时我还写一点东西，我的一篇作文，还登上了当时的《少年文艺》杂志。由于在中小学、体校看了好多的书，所以校长让我教语文，教不了辞职的威胁，我根本没往心里去。一是我也爱语文，二是教体育多年锻炼了组织能力，与学生关系又好，不怕上课学生调皮捣蛋。再加上我刻苦练习了写字、朗读等基本功，又主动去听老师们的课，很快就入门了。

我又教了21年语文，退休后仍然在各地讲课、讲学23年，直到今年。19 + 21 + 23 = 63 年，正好是我从 20 岁毕业开始工作，到今天 83 岁止，中间度过的日子。

这样一算，我一生没有虚度，没有偷懒。2022年国家又把工资给我提高到5005元，养家糊口也绝对没问题。这一生总算对得起自己了。这本书是我的封笔之作，希望大家喜欢！